Sabine Asgodom

Leben macht die Arbeit süß

Sabine Asgodom

Leben macht die Arbeit süß

Wie Sie Ihr persönliches
Work-Life-Konzept entwickeln

Econ

Der Econ Verlag ist ein Unternehmen der
Econ Ullstein List Verlag GmbH & Co. KG, München

1. Auflage 2002

ISBN 3-430-11012-2

© 2002 by Econ Ullstein List Verlag GmbH & Co. KG, München
Alle Rechte vorbehalten. Printed in Germany
Herstellung: Helga Schörnig
Gesetzt aus der Rotis Sans und Rotis Serif bei
Franzis print & media GmbH, München
Druck und Bindearbeiten: Clausen und Bosse, Leck

Ich widme dieses Buch
den mutigen Menschen in Eritrea

Inhalt

Werden Sie Lebensunternehmer/in! 11
Alles hat seinen Preis 20
Das »Making of« 21
Das Prinzip Zufriedenheit 24

Die Fahrt geht los: 31
Die Fahrtroute zur Lebensfreude 32
    Management ist oft unmenschlich 35
    Was sich Nachwuchsmanager/innen wünschen 39
Und die Welt bewegt sich doch 41

Erste Etappe: Die Richtung festlegen 43
Ziel: Erfülltes Arbeiten 44
    Die große Geld-Lüge 49
    Wechseln Sie die Währung 53
Wissen, was zählt 54
Keine Angst vorm zweiten Anlauf 57
Wie lautet Ihr »Mission Statement«? 61
Mission Statement 1:
Meine Talente leben! 61
    Erkennen Sie Ihr Genie! 62
    Wann sind Sie im »Flow«? 64
Mission Statement 2:
Den Sinn der Arbeit wiederentdecken 66
    Zwischen Ehrgeiz und Prinzip Zufall 67
    Manche Jobs sind einfach vorbei 68

Mission Statement 3:
An meine Gesundheit denken 73
    Arbeitssucht ist gut fürs Prestige 73
    So beginnt Burnout 74
Mission Statement 4:
Meine Ideen umsetzen 80
    Nur nicht resignieren 80
    Von nichts kommt nichts 81
Mission Statement 5:
Mehr glückliche Momente 83
    Ein Hoch der Spießigkeit 84
    Glück ist Definitionssache 85

Zweite Etappe: Die Reisekasse füllen 89
Wir können nicht zwei Rollen auf einmal spielen 90
1. Begeisterung: Entfachen Sie Ihr Job-Feuer 91
    Was sind Sie bereit zu investieren? 94
2. Erfahrung und Ausbildung: Pfunde,
    mit denen Sie wuchern können 98
    Das Portfolio der Familienmanagerin 99
3. Ideen und Konzepte: Das Geheimnis der
    apricotfarbenen Pudel 102
    Führungskonzept als Puzzle 103
4. Ausstrahlung: Stellen Sie die »Magic Question« 107
    Das Selbstbewusstsein heilen 108
5. Mut und Risikobereitschaft:
    Keine Angst vor Bauchplatschern 113
    Stiften gehen 114
6. Durchsetzungskraft: Das bin ich mir wert 118
Vom Reaktionär zum Aktionär 122

Dritte Etappe: Die Verkehrslage checken 125
   Die Freiheit zur Selbstausbeutung 126
   Die Sinnsucher: Auf dem Weg zu ihrer Berufung 136
   Die zehn wichtigsten Prognosen
   für Reisende in Sachen Veränderung 141
   Die Zeitpioniere: Auf dem Weg zur Balance 151
      News für Zeitpioniere 154
      Test: Sind Sie in der Balance? 162
   Die Kosmopoliten: Auf dem Weg in die Welt 170
      20 gute Aussichten für Kosmopoliten 175
   Die kreativen Ästheten: Auf dem Weg zur Harmonie .. 179
      Wie ein Seeblick die Effizienz steigert 183
      7 Tipps für kreative Ästheten 186
   Die neuen Unternehmer: Auf dem Weg zum Ich 186
      Vom Leben lernen 187
      Das Konzept für Lebensunternehmer/innen 193

Vierte Etappe: Einen Plan machen 197
Die Zwei-Wochen-Regel 197
Ihr ganz persönliches Benchmarking 201
Nichts ist träger als die Gewohnheit 205
Plädoyer für den schleichenden Übergang 206
Rücke vor bis zur Schlossallee 214
Überzeugen mit dem KISS-Prinzip 225

Fünfte Etappe: Das Reiseteam zusammenstellen 229
Hilfe vom Partner 232
Feedback von Freunden 234
Mut vom Mentor 236
Konzept vom Coach 238
Kontakte vom Netzwerk 242
Klare Regeln auf dem Traumschiff 245

Sechste Etappe: Die Reisedauer festlegen 261
»Committen« Sie sich 267
Erfolg mit Savoir-vivre 268
Gelassen in die Puschen kommen 273

Siebte Etappe: Ankommen und feiern 275

Literatur 278

Asgodom live 279

Werden Sie Lebensunternehmer/in!

»Ich gehe jeden Morgen pfeifend ins Büro!« Ein Satz, der gute Laune macht. Er stammt von Dr. Heinz Klinkhammer, Personalvorstand bei der Deutschen Telekom in Bonn. Sein Lebens- und Arbeitsmotto lautet »Zufriedenheit«. Sein Ziel war stets, die Arbeit seinen Lebenswünschen anzupassen, nicht umgekehrt.

Heinz Klinkhammer ist einer der »Lebensunternehmer«, die Sie in diesem Buch kennen lernen können. Frauen und Männer, die gern arbeiten, teilweise auch recht viel. Menschen, die trotzdem wissen, dass »Leben die Arbeit süß macht«, die auf Lebensfreude setzen. In diesem Buch werden Sie unter anderem erfahren:

◆ Wie die Redakteurin Eva Müller, eine ausgesprochene Frischluftfanatikerin, mithilfe einer Terrasse am Starnberger See ihre Arbeitseffektivität um den Faktor 3 verbessern konnte.

◆ Wie der gelernte Drucker Sven Teske auf der Sinnsuche seinen Traumjob als Ingenieur fand, dass er gern Schlauchboot fährt und jetzt in Deutschland richtig Wind macht.

◆ Wie die Innenarchitektin Oliva Maitra nach einem Beinahecrash mit einem Geisterfahrer die wahre Erfolgsformel entdeckte.

◆ Wie die Hausfrau und Mutter Hanna Raissle ihr Traumunternehmen gründete, ihr Talent lebt und innerhalb von fünf Jahren ihren Umsatz verzehnfachte.

- Wie der Philosoph Christoph Schalhorn durch Zufall in die IT-Branche geriet und ihm dies ermöglicht, nebenbei das Theaterstück seines Lebens zu schreiben.
- Warum die städtische Angestellte Gudrun Wilke mit Tabletten und Alkohol fast vor die Hunde ging, sich dann selbst eine Stelle schaffte und heute als erfolgreiche Suchtberaterin Unternehmen und Behörden berät.
- Warum Erwin Staudt, Vorstandsvorsitzender von IBM, bei keinem anderen Unternehmen arbeiten möchte und welche Rolle Fleiß, Enthusiasmus und Kommunikation in seinem Leben spielten.
- Warum die Unternehmerin Sissy Closs 60 Mitarbeiter mit 50 Arbeitszeitmodellen beschäftigt und damit ihre Kunden schwer beeindruckt.
- Wie die Münchener Frauenärztin Dr. Silke Dabelstein Ästhetik als Eigenmotivation benutzt und ihre Praxis rund um eine »Nana« von Niki de St. Phalle aufbaute.
- Warum Bobby Dekeyser, ein ehemaliger Bundesliga-Torwart, auf die Idee kam, ein Unternehmen zu gründen, und nach einem Jahrzehnt der »Power« sowie einer Dekade des »Speed« jetzt das Jahrzehnt der »Silence« für ihn beginnt.

Diese Beispiele und noch viele mehr, die Sie später kennen lernen werden, stehen für einen Trend in unserer Gesellschaft: Immer mehr Menschen wünschen sich ein selbstbestimmtes, erfülltes Leben – das Arbeit als einen wichtigen Posten mit einbezieht.

Existenzsicherung und »Berufung« gehen dabei Hand in Hand. Diese Menschen sind aber nicht mehr bereit, ihr Leben der Arbeit zu opfern. Es geht ihnen darum, die Balance hinzubekommen, nicht mehr zwischen »Fron und Freizeit« zu unterscheiden. Bei diesen Menschen erleben wir eine Werteverschiebung – vom Luxus Geld geht es hin zum Luxus Zeit oder Freiheit, Sinn oder Harmonie.

Ich präsentiere Ihnen diese Lebensunternehmer/innen als Mutmacher, als »Role Models«, wenn Sie selbst den Wunsch haben, mit einer Arbeit, die Sie mögen, ein Höchstmaß an Selbstbestimmung, Erfüllung und Lebensfreude zu finden. Die Beispiele sollen zeigen: »Es geht!«

Ganz normale Menschen haben ihren Königsweg gefunden, aus welchem Grund auch immer: Es ist wohl kein Zufall, dass es oft einen Auslöser gab – eine Krankheit, die große Liebe, eine Kündigung, die Geburt eines Kindes, eine Enttäuschung, eine unverhoffte Chance oder den Wunsch, Grenzen zu überwinden.

Ich berate als Coach seit vielen Jahren Menschen, die Veränderungen in ihrem Leben wünschen, und ich kenne daher die Zwänge, in denen wir uns befinden, und die Möglichkeiten, die sich uns bieten – wenn wir Alternativen in Betracht ziehen. Dies ist die wichtigste Voraussetzung für Veränderungen: Alternativen für möglich zu halten und sie anzuschauen. Nach meiner Erfahrung wischen viele Menschen allein den Gedanken an Veränderung schnell weg: »Ach, spinn nicht rum!« Manchmal fehlt aber auch nur noch ein kleiner Anstoß, um das fertige Konzept, das sich im Unterbewusstsein längst gebildet hat, sichtbar zu machen.

Im Coaching erlebe ich es immer wieder: Die Lösungen kommen nicht von mir, sondern schlummern längst im Kopf des Kunden. Ich kann aber durch geschicktes Fragen mein Gegenüber zum Sprechen und zu lautem Träumen bringen. Und dann beginnt die Erfolgsspirale sich zu drehen!

Sie müssen wissen: Die Zeiten für Veränderungen waren nie besser als heute! Wir haben ein hohes Maß an Freiheit, unser Leben selbst zu bestimmen. Normen werden schwächer, vorgezeichnete Laufbahnen verblassen. In Unternehmen tobt trotz aller wirtschaftlichen Rückschläge der »War for Talents«, ein martialischer Ausdruck für die Notwendigkeit, die besten »Wissensarbeiter« für sich zu gewinnen. Nach einer Umfrage der *Wirtschaftswoche* kann bereits jedes dritte Unternehmen offene Stellen für Fachleute nicht mehr besetzen. Die Veränderungen sind auch daran zu erkennen, dass Unternehmen berichten, die Leistungsträger unter den Mitarbeitern bekämen viel öfter Alternativangebote als früher, und deshalb steht Mitarbeiterbindung ganz oben auf der To-do-Liste der Manager.

Doch der Fachkräftemangel, verbunden mit der Bevölkerungsentwicklung, hat für die, die ihre Arbeitskraft anbieten, einen faszinierenden Aspekt: Der Arbeitsmarkt verwandelt sich in einen »Bewerbermarkt«, auf dem die Kandidaten freie Auswahl an Angeboten haben werden. Logisch, dass sich die Rolle dessen, der die Bedingungen stellen kann, ebenfalls verändert.

Das hat auch Auswirkungen auf die Flexibilität der Arbeitsgestaltung; zwei Grundpfeiler unserer Arbeitskultur werden zur Disposition gestellt: die Uhr und der feste Arbeitsplatz. Von welchem Einsatzort aus die Mitarbeiter/innen arbeiten, mit wie vielen Wochen-, Monats- oder Lebensstunden, ob virtuell oder im Unternehmen, fest angestellt oder als Freelancer oder in einer Mischung aus allem – erste Modelle zeigen, dass unsere Phantasie oft noch viel zu beschränkt für die Möglichkeiten der Zukunft ist.

Dass die so genannten »Wissensarbeiter« hierbei im Vorteil sind, ist klar. Das Hirn wird zukünftig die stärkste Seite des Menschen sein, nicht mehr die Muskelkraft. Kreativität schlägt Transpiration. Zukünftig werden 200 Millionen User regelmäßig im Internet sein, wie die Autoren des Buches »Die 7 e-trends« beschreiben, und: Eine einzige Wochenendausgabe der *FAZ* versorgt einen Leser mit mehr Informationen als ein Mensch des 18. Jahrhunderts während seines ganzen Lebens erhielt. Wissen ist Macht, nie war dieser Spruch zutreffender. Und der einzelne Wissensarbeiter wird immer wichtiger, er verbindet das »Know-what« (explizites Wissen) mit dem »Know-why« (implizites Wissen) zum »Know-how«, wie es John Grundy, Direktor der Londoner »Knowlage Ability Ltd.« beschreibt.

Produkte ähneln sich immer mehr, es wird deshalb immer stärker auf die Menschen ankommen, auf ihre Köpfe. Das gilt übrigens nicht nur für Naturwissenschaftler oder Computerfreaks, sondern auch für Assistentinnen oder Verkäufer, für Floristen oder Erzieherinnen. Ich bin ganz sicher: Der Mensch macht den Unterschied. Und das steigert den Wert des Menschen im Unternehmen.

Das bedeutet aber auch das Ende der Einzelkämpfer, es erfordert Interaktion, Teamarbeit; »Connecting People« heißt das Motto. Jürgen Fuchs von der Beratungsgesellschaft CSC Ploenzke sieht gar eine »Renaissance der Persönlichkeit. Karriere zu machen heißt, wertvoller zu werden.«

Und die schwedischen Autoren Jonas Ridderstråle und Kjell A. Nordström prophezeien: »Die bürokratischen Dinos der Industriegesellschaft haben ihren Mitarbeitern nichts als Unsicherheit und Zukunftsangst hinterlassen. Man muss den klugen Köpfen nur genügend Freiraum geben, dann wird es in unserem turbulenten globalen Dorf niemals langweilig.«

Diese von vielen Forschern skizzierte Zukunft der Arbeit, die Jobs in »New Work«, fordert geradezu den Mitarbeiter als Lebensunternehmer/in: also Menschen, die sich vom Gedanken des lebenslangen Normalarbeitsplatzes mit einer vorgezeichneten Fahrstuhlkarriere verabschiedet haben; Frauen und Männer, die einerseits ihr Fachgebiet beherrschen und andererseits ein hohes Maß an Sozialkompetenz zeigen, die marktorientiert denken, selbstmotiviert und selbstorganisiert handeln können.

»Jeder ist der Unternehmer seiner Talente«, sagt Thomas Sattelberger, Vorstandsmitglied der Lufthansa, in einem Artikel der *Süddeutschen Zeitung.* »Was wir brauchen, sind weniger Vorgaben als Aufgaben«, meint denn auch Werner Then, Chef des Zeitarbeitsriesen Randstad. Er ist Gründungsmitglied der Initiative »Wege zur Selbst-GmbH«. Mehr als 100 Personalmanager und Entscheider, die sich den unternehmerisch denkenden Mitarbeiter wünschen, haben sich darin zusammengefunden.

Menschen, die dem lebenslangen Lernen aufgeschlossen gegenüberstehen, die aber auch mit ihrer Energie verantwortungsbewusst umgehen, wissen, wie sie sich vor Frustration und Ausgebranntsein schützen können. »Portfolio-Leben« nennt der amerikanische Zukunftsprophet Charles Handy die Anforderungen von morgen: »Jeder braucht sein Portfolio von Fähigkeiten, um sein Überleben in wechselnden Tätigkeiten zu sichern.«

Dies ist übrigens auch eine Riesenchance für ältere Menschen (dazu gehört man ja heute schon ab Mitte 30!). Ich werde Ihnen zeigen, dass der Jugendwahn endlich vorbeigehen wird, weil es nicht nur weniger Junge geben wird, sondern weil auch die Älteren häufiger ihren Job wechseln und nicht mehr mit 54 abgeschrieben werden. (Der Gedanke macht mir ehrlicherweise viel Spaß!)

Überhaupt wird sich in vielen Unternehmen einiges ändern müssen; die alte 3-K-Methode – Kommandieren, Kontrollieren, Korrigieren – wird von einem einzigen K abgelöst: »Kommunizieren«! Oder, wie die »e-trend«-Autoren die Organisationspsychologin Inka Rimpler zitieren: »Arbeit ist, was man tut – und nicht der Platz, wo man hingeht. Künftige Unternehmen kann man mit Wohngemeinschaften vergleichen, da ist jeder unabhängig und oft nicht zu Hause, aber es gehören alle zusammen und geredet wird auch regelmäßig miteinander.«

Dr. Heinz Klinkhammer ist nicht nur ein Lebensunternehmer für sich selbst, er bestimmt als Personalvorstand der Deutschen Telekom auch über die Arbeitsplatzgestaltung von über 250 000 Mitarbeitern. Sein Credo: »Nur zufriedene Mitarbeiter bringen letztendlich super Leistungen. Also müssen wir uns bemühen, dass sie zufrieden sind, also jeden Morgen pfeifend ins Büro kommen. Arbeit muss so sein, dass man sich darin persönlich entfalten kann, dass man auch seine Persönlichkeit einbringt.«

Um ein attraktives Mitarbeiterkonzept zu bieten, hat beispielsweise die Telekom gerade einen bahnbrechenden Haustarifvertrag abgeschlossen. Er revolutioniert das alte, aus dem öffentlichen Dienst stammende Bezahlungssystem durch neue Vergütungsstrukturen, die den Unternehmenserfolg sowie die individuelle Leistung der Mitarbeiter honorieren. Auch die Arbeitszeit gestaltet Klinkhammer in seinem Unternehmen immer flexibler. Über Lebensarbeitszeitkonten sollen die Mitarbeiter entweder ein Sabbatical nehmen, sich für ein Jahr um die Familie kümmern können oder ein Auslandsjahr einschieben oder über die Altersteilzeit früher aus dem Betrieb ausscheiden dürfen. Als Nächstes geht es um die Kombination von Arbeitszeit und Qualifizierung. Jeder Arbeitnehmer hat ein Recht auf Qualifizierung, bringt aber seinerseits als »Investition« einen Teil der Zeit als Freizeit oder Überstunden ein. Klinkhammer: »So teilen wir das miteinander. Eine hochspannende Geschichte.«

Professor Dr. Michael Schumann vom Soziologischen Forschungsinstitut der Universität Göttingen sieht die Vorteile einer innovativen Arbeitspolitik sehr klar: Beschäftigte gewinnen die Möglichkeit,

- an der Gestaltung ihrer Arbeitssituation teilzunehmen;
- berufsbezogene Interessen verwirklichen zu können;
- betriebliche Leistungszumutungen erfolgreich parieren zu können;
- eine Rücknahme persönlicher Überwachung und dafür detailliertere Anweisungen, vergrößerte Handlungs- und Entscheidungsspielräume zu genießen;
- qualifiziertere und selbstverantwortlichere Arbeit leisten zu können;
- verbesserte Entwicklungschancen zu bekommen.

Sie werden in diesem Buch noch mehr Interessantes über die Zukunft unserer Arbeitswelt erfahren:

- Experten wie der Arbeitszeit-Papst Dr. Andreas Hoff und der Sozialforscher Nick Kratzer werden ihre Erkenntnisse mit Ihnen teilen, Trends aufzeigen und Möglichkeiten skizzieren.
- Berater wie Achim Mollbach, der Leiter der Kienbaum-Akademie und kluger Philosoph, wird zehn Prognosen zur Arbeit der Zukunft formulieren.
- Der Kommunikationstrainer und Erfolgsveranstalter Hermann Scherer wird Durchsetzungsstrategien für neue Ziele verraten, und die Gesundheitsberaterin Christina Maiwald wird über den Trend zur Mitarbeiterbefragung berichten.

Und auch ich möchte in diesem Buch die Erkenntnisse und Strategien aus meinen Coachings mit Ihnen teilen:

- Sie werden erfahren, wie Sie Ihr maßgeschneidertes Work-Life-Konzept entwickeln und durchsetzen können.
- Sie werden herausfinden, ob Sie zu den Sinnsuchern, den Zeitpionieren, den Kosmopoliten, den kreativen Ästheten oder den neuen Unternehmern gehören.

◆ Sie können Ihren Wünschen und Sehnsüchten, aber auch Ihren inneren Handbremsen auf die Spur kommen.
◆ Sie können Ihren Hauptmotivationsfaktor erkennen und die »Magic Question« für mehr Lebensfreude nutzen.
◆ Sie werden erfahren, mit welchen Erfolgsstrategien Sie Ihre neuen Lebenspläne Ihrer Umwelt »verkaufen« können und wie Sie Unterstützung bekommen.
◆ Sie werden Tipps für die Zeitplanung auf Ihrer Reise bekommen und erfahren, warum Begeisterung ein wichtiges Utensil in Ihrem Reisegepäck sein sollte.

Veränderungen benötigen Energie und Mut. Menschen, die beschlossen haben, etwas an ihrem Leben zu verändern, fragen sich zwischendurch: Ist es das alles wirklich wert? Sie möchten vielleicht alles abblasen und sich doch mit dem Gewohnten bescheiden. Aber dann erkennen sie hoffentlich: Es ist ihr Leben, sie haben nur dieses eine, es ist ihre Zufriedenheit, ihre Lebensfreude, um die es geht. Ich sage es noch viel drastischer: Das Leben ist zu kurz, um auch nur einen Tag lang unter unseren Möglichkeiten zu leben.

Ich weiß, wovon ich rede: Ich habe schließlich selbst nach 25 Jahren Angestelltendasein mit 46 Jahren den Schritt in die Selbständigkeit gewagt. Und ich kann Ihnen versichern: Ich habe ganz schön Angst gehabt. Werde ich genügend Kunden bekommen? Wird der Weiterbildungsmarkt halten? Werden meine Themen weiter aktuell bleiben? In den Monaten nach meiner Kündigung habe ich nachts so mit den Zähnen geknirscht, dass ich mir eine Krone ausgebissen habe!

Also ich weiß: Eine feste Gehaltsüberweisung am Ende des Monats kann ganz schön beruhigend sein. Abgesehen davon, dass diese Sicherheit nur eine vermeintliche ist (jede Woche können wir davon im Wirtschaftsteil der Zeitung lesen) – mein Leben ist um so vieles freier, selbstbestimmter und lustvoller geworden, dass ich meine Entscheidung keine Sekunde bereut habe (ganz abgesehen davon, dass ich inzwischen ein Vielfaches meines alten Gehalts verdiene). »Passion pays«, wie die Amerikaner sagen: Leidenschaft zahlt sich aus.

Alles hat seinen Preis

Ich habe also in dieses Buch auch meine eigenen Erfahrungen einfließen lassen, meine eigenen Erfolgsstrategien und meine eigene emotionale Entwicklung. Fazit vorweg: Es ist nie zu spät, etwas Neues anzufangen, sich den Sehnsüchten hinzugeben und an Umsetzungsstrategien zu arbeiten. Eines sollten wir uns dabei immer wieder in Erinnerung rufen: Alles hat seinen Preis – Erfolg oder Erfolglosigkeit, angestellt sein oder freiberuflich arbeiten, 14 Stunden reinklotzen oder die Muße pflegen, Routine oder Risiko. Die Frage ist immer: Sind wir bereit, diesen Preis zu bezahlen?

Dieses Buch möchte wie ein Straßenatlas für Sie sein, der die Verbindungen zwischen dem »Eigentlichland« und der »Stadt Tun« aufzeigt. Kennen Sie das Eigentlichland? Das Leben dort ist ziemlich bequem, denn man muss nie etwas von seinen Träumen umsetzen, kann aber immer davon reden. Leider ist dieses Leben auch furchtbar langweilig, weil jeder Traum von einem großen »Aber« kaltgestellt wird. Die Verantwortung für mangelnde Lebensfreude oder fehlende Erfolge wird gern anderen zugeschoben: »Hätten mich meine Eltern anders erzogen...«, »Mein/e Gatte/in wünscht das nicht...« »Mein/e Chef/in lässt mich ja nicht...« Die Bewohner hängen »Hätte...«- und »Wäre...«-Überlegungen nach, leben rückwärtsgewandt und nehmen gern übel.

Das Leben in der Stadt Tun dagegen ist aufregend, spannend, nie langweilig, ja ein bisschen risikoreich, denn eine

Garantie auf Erfolg gibt es im Leben leider nicht. Aber dort tobt der Bär, das Leben prickelt, Chancen sind greifbar nah, Entschlossenheit bestimmt das Stadtbild, Erfüllung ist der Lohn des Tuns. Die Bewohner tragen die Verantwortung für ihr Lebensglück, kommen aus dem »Eigentlich-Denken« heraus und entscheiden sich klar für oder gegen etwas. Ziemlich erwachsen die Bewohner der Stadt Tun. Als Definition von Erwachsenwerden las ich neulich: Erwachsen werden heißt, dass die Risiken größer werden. Darin liegt auch ein Reiz.

Ich lade Sie deshalb ein: Folgen Sie mir auf die Reise, lernen Sie hilfreiche Etappenziele und faszinierende Mitreisende kennen, und entwickeln Sie Ihre ganz persönliche Fahrtroute. Setzen Sie Herz und Verstand ein, Intelligenz und Intuition, Spontaneität und Strategie. Das Ziel, mehr Lebensfreude, lohnt sich auf jeden Fall, denn: Leben macht die Arbeit süß!

Das »Making of«

Das gilt übrigens auch für die Arbeit des Bücherschreibens.

Die begann bei den ersten Brainstormings für dieses Buch mit meinem wunderbaren Freund und Programmchef des Econ Verlags, Jens Schadendorf. Bei Latte Macchiato und italienischen Vorspeisen saßen wir stundenlang in einem Terrassencafé und haben miteinander Gedanken gesponnen. Nach und nach kristallisierte sich dieses Buch mit seinen Themen und Aussagen heraus.

Die vier Monate Recherche waren eine absolute Bereicherung für mich, erinnerten mich an meine schönsten Zeiten als Reporterin und beschenkten mich mit Begegnungen mit wundervollen Menschen. Meine Interviews führten mich quer durch die Republik, und mit dem Reisen kam auch Bewegung in die Gestaltung des Buches.

Um eine Struktur auszuarbeiten, habe ich mich für eine Woche in ein zauberhaftes Wellnesshotel zurückgezogen, in dem ich »ganz nebenbei« eine neue Freundin kennen lernte, wiederum ein Geschenk. Ich habe dort ein großes Zimmer mit Schreibtisch bezogen, auf dem sich neben dem Notebook die Papiere türmten. Morgens habe ich aber erst einmal etwas für meine Lebensfreude getan: Ich habe mich nach einem Powerwalk bei herrlichem Wetter um den nahen See im Whirlpool entspannt, bin meinen Gedanken nachgehangen und habe die Kraft geschöpft, um mich der Arbeit hinzugeben. Denn dass Arbeit Energie kostet, darüber sind wir uns wohl einig. Gerade deshalb sollten wir es uns dabei gut gehen lassen!

Das Schreiben geht übrigens am besten zu Hause, habe ich wieder einmal festgestellt. Mein Büro wurde unterdessen wie immer professionell von meiner Office-Managerin Monika Jonza betreut, danke Moni. Ich verkroch mich in das kleine Arbeitszimmer daheim, das fast einer Mönchszelle entspricht. Der Schreibtisch ist der über 20 Jahre alte ehemalige Wickeltisch meiner Kinder (ein Gruß an IKEA), auf der linken Seite sind noch die Kratzspuren des kleinen blauen Holzpuppenwagens meiner Tochter zu sehen. Ab und zu schaut jemand aus meiner Familie herein (danke Teferi, Bilen und Semhar für euer Verständnis und eure Liebe); ich verliere den Anschluss nicht und tauche doch immer wieder schnell in meine Buchwelt ein.

Der Alltag bietet aber auch genügend Möglichkeiten für Meditationen: Wenn ich gedankenversunken mal eben eine Waschmaschine ein- oder die Spülmaschine ausräume, formulieren sich Sätze in meinem Kopf, verknüpfen sich Gedanken, bilden sich plötzlich klare Strukturen wie kleine Eiskristalle. Wenn ich rüber in die Küche gehe, um mir eine

Tasse grünen Tee zu machen, »zieht« der Gedanke mit und bekommt Gehalt. Und ich kehre solcherart inspiriert an den Computer zurück.

Auf der anderen Seite kommen mir beim entspannenden Kartenspielen mit meinem Mann plötzlich gute Ideen, die ich schnell in meine bereitliegenden Mindmaps, also die Kapitelstrukturen, eintrage. Oder ich finde, auf dem Sofa liegend, beim Zeitschriftenblättern ganz zufällig einen interessanten Gedanken, der mir neue Impulse gibt und mich zurück an den Schreibtisch lockt. Ich schreibe übrigens ausschließlich auf einem kleinen, leichten Notebook; das kann ich überall mit hinnehmen, es birgt meinen Schatz, und ich kann schreiben, wann immer mir etwas einfällt.

Beispielsweise in Zügen. Ich fahre auf meinen Reisen zu Vorträgen oder Seminaren jedes Jahr über 40 000 Kilometer mit der Bahn (etwa einmal rund um die Welt), für mich eine wunderbare Gelegenheit, entspannt zu lesen oder zu arbeiten (Voraussetzung ist allerdings ein Ticket erster Klasse und eine Reservierung »mit Tisch«). Man kann nicht weg, wird nicht abgelenkt, hat nichts Besseres zu tun, und auf den Verkehr aufpassen muss man auch nicht. Und wenn ich gerade einen »Knoten in der Leitung« habe, spreche ich schon mal mein Gegenüber an: »Entschuldigung, würden Sie das verstehen?« Ich habe auf diese Weise schon sehr nette Bekanntschaften geschlossen.

Sie sehen, Bücher schreiben ist, neben der Anspannung (die es durchaus mit sich bringt, vor allem wegen des Zeitdrucks), eine sehr sinnliche Angelegenheit. Genuss in vollen Zügen sozusagen. Wobei wir wieder beim Thema Reisen sind. Auf einer meiner Reisen traf ich Heinz Klinkhammer, den Mann, dessen Motto »Zufriedenheit« heißt. Was mir bei der ersten Begegnung anlässlich einer Podiumsdiskussion bei der Telekom schon an ihm gefiel: dass er überhaupt keine

Vorstandsallüren zeigt und redet, wie ihm der Schnabel gewachsen ist. Lassen Sie uns gemeinsam anschauen, wie er das Thema Zufriedenheit in den Mittelpunkt seines Lebens stellt.

Das Prinzip Zufriedenheit

Dr. Heinz Klinkhammer ist Jahrgang 1946, er ist in Krefeld aufgewachsen und hat in Berlin Jura und Betriebswirtschaft studiert. Er ist verheiratet und hat zwei Kinder. Ich habe in ihm einen typischen »Lebensunternehmer« entdeckt.

Herr Klinkhammer, war es Ihnen in die Wiege gelegt, Vorstand bei der Deutschen Telekom zu werden?
(Lachend:) Nein, sicher nicht. Ich komme ja aus ganz einfachen Verhältnissen. Als ich die mittlere Reife machte, sagten meine Eltern, so, jetzt wirst du Inspektor, das reicht. Wenn mir nicht ein Lehrer geholfen hätte, der gesagt hat, der muss Abitur machen, wer weiß, wo ich dann gelandet wäre.

Sie wären ja beinahe Hochschullehrer geworden, was ist dazwischengekommen?
Ja, ich hatte hervorragende Examina gemacht und viele Möglichkeiten. Es war eine spannende Zeit; ich habe als Assistent am Institut für deutsches und europäisches Arbeits-, Sozial- und Wirtschaftsrecht in Berlin gearbeitet, habe viel geschrieben in dieser Zeit – auch Bücher. Der Weg zum Hochschullehrer schien programmiert. Meine Frau arbeitete damals bei der Post, im Fernmeldebereich. Wir haben in Berlin in einer Wohngemeinschaft gelebt, es war Aufbruchstimmung; in dieser Zeit wurden unsere beiden Kinder geboren. Dann trafen meine Frau und ich bewusst eine Entschei-

dung, die sehr viel Freiraum bot. Wir wollten die Anfangsphase mit unseren Kindern gut hinkriegen, wollten beide arbeiten und uns die Lasten teilen. Und deshalb bin ich mit der Familie als Arbeitsrichter nach Nordrhein-Westfalen gegangen. Arbeitsgerichtsbarkeit hat den großen Vorteil, Sie haben das Sagen, können die Sitzungen so anberaumen, wie es in Ihren Zeitplan passt, können sie auch mal unterbrechen, weil die Kinder vom Kindergarten abgeholt werden müssen.

Als die Kinder dann größer wurden, bin ich ins Ministerium für Arbeit, Gesundheit und Soziales gewechselt. Bei Minister Fahrtmann war ich erst Chef des Kabinettreferats, am Schluss dann Chef der Zentralabteilung.

Also schon eine ganz schöne Karriere. Aber es hat Sie weitergetrieben?
Ich war zehn Jahre im Ministerium; es war wirklich eine spannende Zeit. Wir haben gerade in der Gesundheitspolitik wirklich Pflöcke eingeschlagen, das Methadonprogramm für Süchtige durchgekämpft, ich habe das erste Aids-Referat gebildet – und das als Nichtmediziner. Nebenher habe ich an der Uni gelehrt, habe Schlichtungen in Tarifauseinandersetzungen geleitet. Und dann wurde ich wegen des großen Erfolgs Chef der Zentralabteilung – und verschwand als graue Maus wieder hinter den Kulissen.

Und das hat Ihnen keinen Spaß gemacht?
Na ja, nicht so viel wie vorher. Was hätte ich auch noch werden können, Staatssekretär vielleicht, wenn dem damaligen Ministerpräsidenten Rau das gefallen hätte.

Waren Sie zu aufmüpfig?
Erst mal kam ich aus dem falschen Stall; Friedhelm Farthmann war nie sein Ding. Und Rau meinte, ich sollte Staats-

sekretär in Brandenburg werden – diese Vorstellung hatte ich nicht. Und wenn man nicht mehr zufrieden ist, muss man was anderes machen. Ich möchte morgens pfeifend ins Büro gehen. Zufriedenheit entsteht natürlich auch durch Erfolge, dass man etwas bewegen kann, und wenn das nicht mehr so gut geht, muss man was verändern. Ich habe damals quasi über Nacht eine ganze Reihe Angebote bekommen. Und ich habe mir mit knapp 40 das spannendste aussuchen können.

Langweiliger wurde Ihr Leben dadurch gerade nicht?
Ne, ich bin Arbeitsdirektor der Mannesmann-Hütte in Duisburg geworden, mit der spannenden Aufgabe, die Belegschaft aus Rheinhausen zu integrieren. Das bedeutete, einen großen Teil der Belegschaft von dort zu übernehmen und die Leute einzubinden. Und ich muss wohl auch nicht so ganz unerfolgreich gewesen sein. Denn ich bekam ein neues Angebot. 1992 wurde ich in den Vorstand der Mannesmann Röhrenwerke berufen, und das war dann schon ein internationales Spiel.

Und trotzdem haben Sie sich vier Jahre später von der Telekom abwerben lassen? Was war die Herausforderung?
Na ja, etwas Spannenderes als die Telekom gibt es ja kaum. Nein, es war einfach ein viel größeres Rad. Und ich hatte auch den Eindruck, du passt auf diesen Job wie kein anderer. Mit meinen Erfahrungen aus dem öffentlichen Dienst und aus der Wirtschaft. Und die Erfahrung mit den Sozialpartnern, also mit den Gewerkschaften; ich denke, man muss sehr transparente Prozesse mit denen durchleben, sonst kann man nicht erwarten, dass diese sie begleiten.

Die Herausforderung war der Umbau des Konzerns. Das ist ja vor allen Dingen ganz zentral auch eine Frage des Umbaus des Personalkörpers. Die Telekom ist gestartet mit

230 000 Beschäftigten, mit der klaren Ansage, es dürfen nur 170 000 übrig bleiben. Und das haben wir auch mehr als geschafft. Es sind 100 000 raus aus der alten Telekom und durch Akquisitionen viel mehr wieder rein in den neuen Konzern. Sodass man heute das Unternehmen gar nicht mehr wiedererkennt.

War Ihre Frau damals noch bei der Telekom?
Hat sie Sie akquiriert?
Nein, schon lange nicht mehr. Sie managt heute ein Schulsekretariat mit sehr viel Vergnüglichkeit. Sie hat 70 Lehrer und 750 Schüler und schafft das zeitlich sehr gut, sodass sie auch noch was anderes machen kann. Die Kinder sind ja eigentlich schon aus dem Haus, sind aber doch noch viel zu Hause. Und da sie inzwischen Partner mitbringen, ist die Familie größer geworden, nicht kleiner.

Sie haben also immer darauf geschaut, dass Sie die Balance hinkriegen?
Ich sage mal, meine Frau hätte etwas anderes gar nicht zugelassen. Selbst wenn ich es anders gesehen hätte. Ich erinnere mich, früher, als die Kinder noch klein waren, hatte ich mir angewöhnt, die Termine meiner Kinder, die wichtig waren, in meinen Dienstkalender einzutragen. Meine Frau und ich versuchen auch heute noch, unsere Termine abzustimmen, selbst wenn das nicht mehr so einfach ist.

Sonst sagt die Frau irgendwann mal, es interessiert mich nicht mehr, was du machst? Das wäre gefährlich?
Das ist nicht nur gefährlich, sie sagt es auch manchmal, etwas geschickter oder charmanter; sie sagt beispielsweise, wir sollten mal wieder eine Führung durchs Haus machen, damit ich mich erinnere, wo ich zu Hause bin.

Wir arbeiten alle sehr viel in diesem Vorstand. Montags ist immer Vorstandssitzung, und da macht es typischerweise für mich Sinn, dass ich den Sonntagnachmittag am Schreibtisch verbringe. Aber der Samstag ist frei. Und da versuchen wir in der Familie auch immer etwas zusammen zu machen. Und in der Woche, wenn beispielsweise ein Termin am Nachmittag platzt, dann fahre ich schon auch mal früher nach Hause und gehe mit meiner Frau durch Krefeld bummeln.

Also immer noch glücklich verheiratet?
Ja. Es ist auch heute noch so, dass wir sehen, dass wir beide uns wohl fühlen. Deshalb leben wir auch immer noch in der gleichen Doppelhaushälfte in Krefeld, die wir vor 22 Jahren mit großen finanziellen Anstrengungen gebaut haben, und fühlen uns da sauwohl. Lieber fahre ich von dort zur Arbeit, als umzuziehen, oder besser gesagt, jetzt lasse ich mich fahren, sodass ich die Fahrtzeit voll als Arbeitszeit nutzen kann. Wir haben immer noch die gleichen Nachbarn, unsere gleichen Freunde, sind im Prinzip die gleichen Menschen geblieben. Meine Frau kauft noch in den gleichen Geschäften, wo auch ihre Mutter eingekauft hat, eine andere Mode natürlich. Und ich trage auch keine maßgeschneiderten Anzüge ...

Nicht Armani?
Null problemo.

Status interessiert Sie nicht?
Wenig. Höchstens unter dem Aspekt, dass ich nicht anders und schlechter behandelt werden will als jemand, der auf Status Wert legt. Ich habe auch kein Problem mit großen Menschen. Ich schwindle auch nicht und sage, ich bin 1,70, obwohl ich nur 1,68 bin. Liegt vielleicht daran, dass ich wäh-

rend meiner Studienzeit sehr stark von Biedenkopf profitiert habe, der ist ja auch nicht größer als ich. Und aus dem ist auch was geworden.

Haben Sie schon mal überlegt, wie es bis zur Rente weitergeht?
Ich glaube nicht, dass man einen Job wie meinen beliebig lange machen sollte. Ich plane für mich sicherlich nicht, mit 65 hier immer noch beschäftigt zu sein.

Eine neue Herausforderung?
Ja, aber ganz anders. Ich denke, dass ich hinterher wieder schreibend, beratend, lehrend tätig sein werde. Ich träume davon, mal wieder ein Problem wirklich zu Ende denken zu können. Ich habe den alten Kollegenkreis aus Berlin eigentlich nie aufgegeben. Davon sind heute fast ein Dutzend Professor geworden, und wenn ich sehe, dass die abends ihr Buch zuklappen und sagen, am nächsten Tag schlage ich es wieder auf, das hat was. Das geht hier nicht. Hier müssen Sie immer unter Zeitdruck entscheiden, Sie versuchen sich zwar so weit wie möglich von »Sachzwängen« frei zu machen, aber sie sind da.

Wie gehen Sie mit dem Stress um?
Ich habe eine Art Fitnessraum zu Hause, den ich einmal in der Woche intensiv nutze. Sonst hätte ich ein Problem, ich sitze zu viel, esse zu viel, trinke zu viel ... Ich mache dann ein bisschen Gymnastik, ein bisschen Hantelarbeit, ein bisschen Intervalltraining, und dann setze ich mich noch mal 40 Minuten aufs Fahrrad – und schau dabei »Wall Street« um Viertel nach zehn, und ab halb elf die »Tagesthemen«. Und dann ist es elf, ich bin total verschwitzt, trinke noch ein Gläschen Rotwein und kann dann total gut schlafen.

Sie können also auch gut abschalten?
Sowieso. Ich weiß auch bei meinem Handy, wo der Knopf zum Abschalten ist. Da habe ich überhaupt keinen Stress damit, auch nicht im Urlaub, das kann ich prima.

Was mir an Ihnen besonders gefällt, ist, dass Ihnen offensichtlich ein Gen fehlt – das Wichtigmacher-Gen, das ist sehr sympathisch.
(Lachend:) Nö, ich glaube nicht, dass ich das hab! Aber gut, das müssen immer andere beurteilen!

Die Fahrt geht los

Mir gefällt das Bild einer Reise, deren Straßenkarte Sie hier vor sich haben. Die Straßen sind eingezeichnet, Wegweiser sind aufgestellt; die genaue Richtung und die Zwischenetappen wählen Sie – und fahren müssen Sie auch selbst. Aber wie es so vor großen Reisen ist: Es kann hilfreich sein, die Erfahrungen anderer Reisender zu hören, die diese Strecke schon bewältigt haben. Es kann sinnvoll sein, einen Kompass einzustecken oder, die moderne Variante, sich gleich einem satellitengestützten Ortungssystem anzuvertrauen.

Etwas mit Autofahren haben die Veränderungen zu tun, die Oliva Maitra (29) für sich beschlossen hat. Die Innenarchitektin mit einem eigenen Planungsbüro und mit Feng-Shui-Ausbildung sagt von sich: »Ich war so ein typisches Power-Mädchen meiner Generation. Habe gepowert wie eine Irre.«

Bis sie eines Tages auf der Autobahn bei Heidelberg fast mit einem Geisterfahrer zusammenstieß. Das Wunder des Super-Crashs: Sie blieb zwar nach einigen Überschlägen hochkant mit ihrem geschrotteten Auto auf der Standspur liegen, war aber mit einem Schleudertrauma und einer leichten Gehirnerschütterung nur leicht verletzt. »Ich weiß nicht, wie viele Schutzengel ich gehabt habe. Mir ging in diesem Moment ein Spruch durch den Kopf: Das Leben ist zu Ende, wenn es zu Ende sein soll.«

Sie nahm den Unfall aber auch als deutliches Zeichen, ihre Lebensqualität zu erhöhen, kürzer zu treten. Sie ging fortan mit weniger Verbissenheit an ihre Arbeit, an die Akquise neuer Kunden. »Ich spürte plötzlich den Wunsch nach mehr Ruhe, beschloss, weniger zu arbeiten. Das Verrückte daran: Seither kommen die Aufträge von ganz allein, verdiene ich wesentlich mehr Geld! Ich muss gar nicht so krampfen.«

Oliva Maitra hat selbst einen Vergleich angestellt: Vor dem Unfall war sie, nach eigenen Worten, zickig, verbissen, hat viel persönlich genommen. Nach dem Unfall wurde sie: gelassener, toleranter, großzügiger, nimmt weniger übel. Sie ist, wie sie sagt, »erwachsen geworden«. »Ich arbeite anders, geschickter und wirtschaftlicher, konzentrierter, effektiver. Und das Wichtigste: Die Arbeit, ja das ganze Leben macht noch viel mehr Spaß!«

Die Fahrtroute zur Lebensfreude

Gut, wenn wir so einer dramatischen Situation nicht bedürfen, um dieses Quantum mehr an Spaß in unser Leben einzubauen. Ich möchte Ihnen hier die Etappen vorstellen, die sich in meiner Arbeit mit Reiselustigen in Sachen Lebensfreude als hilfreich erwiesen haben. Die Fahrt vom Eigentlichland in die Stadt Tun führt über folgende sieben Stationen:

Erste Etappe: Die Richtung festlegen
Zweite Etappe: Die Reisekasse füllen
Dritte Etappe: Die Verkehrslage checken
Vierte Etappe: Einen Plan machen
Fünfte Etappe: Das Reiseteam zusammenstellen
Sechste Etappe: Die Reisedauer festlegen
Siebte Etappe: Ankommen und feiern!

Ich werde Ihnen in den nächsten Kapiteln diese möglichen Etappen zu mehr Lebensfreude ausführlich vorstellen und an vielen Beispielen zeigen, wie andere Reisende diesen Weg bewältigt haben. Ich möchte damit Ihre Reiselust schüren, die Sehnsucht nach der Ferne wecken und Energie in Ihren Tank schütten. Denn die Reise lohnt sich!

Vorsicht dabei vor Raserei! Wie die *Wirtschaftswoche*[1] berichtete, starben 1999 77000 Menschen an Herzinfarkt, die psychosomatischen Abteilungen der Spezialkliniken für Burnout-Geschädigte, unter ihnen vor allem Akademiker, sind ausgebucht. Jeder zweite Arbeitnehmer, das zeigte kürzlich eine Studie, hat einen zu hohen Blutdruck. Professor Dr. Jochim Schrader, Leiter der Studie: »Wir hatten mit maximal 30 Prozent gerechnet. Doch mehr als jeder Zweite hatte Bluthochdruck am Arbeitsplatz. Das kann nur mit negativ erlebtem Stress zusammenhängen. Dieser stressbedingte Bluthochdruck ist bei einer Untersuchung im Ruhezustand beim Arzt nicht zu erkennen.«[2]

Der Arbeitsmediziner hält nichts davon, das Leiden nur mit Tabletten zu bekämpfen: »Ich wünsche mir einen Wechsel zwischen An- und Entspannung am Arbeitsplatz. Ich kann mir durchaus vorstellen, dass es dazu in Zukunft ganz andere Perspektiven gibt. Dazu müssten allerdings Arbeitnehmer und Arbeitgeber ihre Trägheit überwinden.«

Vor allem in den Unternehmen der New Economy wurde die letzten Jahre geschuftet, als gäbe es kein Morgen mehr. Prominentes Beispiel: Alexander Samwer, einer der Mitbegründer der erfolgreichen Jamba AG in Berlin. Mit 26 zog er die Notbremse, tauschte die früheren 20-Stunden-Arbeitstage gegen ein gesundes Maß an Arbeit und viel

---

1 *Wirtschaftswoche* 23.4.2001
2 www.zdf.de/ratgeber/praxis/archiv

Freizeit ein. Die verschreibt er auch den rund 60 Jamba-Mitarbeitern: »Die Leute sollen ihre Freunde besuchen und Zeit zum Faulenzen haben.«

♦ ♦ ♦ ♦ ♦

BURNOUT IST ANSTECKEND

Eine Untersuchung unter 164 High-School-Lehrern der Universität Utrecht in den Niederlanden hat ergeben, dass Burnout ansteckend sein kann.[3] Es sei gar nicht immer die eigene Arbeitsbelastung, die Energie und Lebensfreude kosten kann, manchmal seien es auch die Kollegen. So wie man sich eine Erkältung einfangen kann, so die Forscher, kann man sich auch Niedergeschlagenheit, Zynismus und Leistungsabfall »einfangen«. Das geschieht vor allem bei Gesprächen mit den Burnout-Kollegen, meint der Studienleiter und Psychologe Arnold Bakker. Sein Gegenrezept: Verständnis zeigen, aber nicht in das Klagelied einstimmen. Wenn Sie Ihren Job lieben, rät er, zeigen Sie es auch Ihren Kollegen, denn Enthusiasmus ist ebenfalls ansteckend.

♦ ♦ ♦ ♦ ♦

Zeit zum Innehalten, das ist noch lange keine selbstverständliche Überlegung in deutschen Führungsetagen. Nach einer Statistik des Karlsruher Instituts für Arbeits- und Sozialhygiene (IAS)[4] ist jede vierte Führungskraft gesundheitlich gefährdet. Und das, obwohl die untersuchten 1000 Manager/innen weniger rauchten und weniger Alkohol tranken als der Durchschnitt der Bevölkerung. Ihre Hauptbeschwer-

---

3 Redbook 10/2001
4 *Financial Times Deutschland* 26.5.2000

den: Gelenk- und Rückenschmerzen, Reizbarkeit, Schlaflosigkeit, depressive Stimmung und Erschöpfung. Der Hauptgrund: Dauerstress.

Management ist oft unmenschlich

Ich vermute es schon seit vielen Jahren: Management ist oft unmenschlich. Wir erleben erstmals in der Geschichte, dass die Führungselite wesentlich mehr arbeitet als ihre Mitarbeiter und noch mehr Druck aushalten muss. Dass sich keiner kümmert, wenn sie abends bis zehn am Schreibtisch sitzen und schon am nächsten Morgen um halb sechs zum Flieger hetzen.

Ich gestehe, ich habe viele Jahre als Ressortleiterin bei der Zeitschrift *Cosmopolitan* Frauen aufgefordert, wie die Männer zu werden, dann könnten sie auch in die Führungsetagen aufsteigen. Ich wollte sie dazu bringen, die Hürden zu überwinden, die berüchtigte »glas ceiling« zu durchstoßen, um endlich ganz oben mitzuspielen. Bis ich irgendwann merkte: Hey, der Preis ist so verdammt hoch, deshalb zögern so viele Frauen, weichen zurück, wenn sie dann doch mal eine Chance bekommen.

Erst wenn die Mehrheit Normen in Zweifel zieht, gibt es eine Chance, sie zu ändern.

Management ist unmenschlich; das haben zuerst die Frauen gemerkt, deren Lebenskonzepte bunter sind als die von Männern. Die neben der Arbeit ein erfülltes Privatleben, vielleicht Kinder, Freunde, Freude wünschten. Und dieses Leben der Karriere opfern sollten. Viele entschieden sich dagegen, und ich verstehe heute ihren Entschluss. Und bemerke mit großem Interesse, wie immer mehr Männer die große Karriere kritisch betrachten und sich fragen, ob nicht auch für sie der Preis zu hoch ist. Sehe dies mit Interesse und einer zarten Hoffnung. Denn erst wenn die Mehrheit Normen in Zweifel zieht, gibt es eine Chance, sie zu ändern – und so interessante, verantwortungsvolle Positionen zu schaffen, die Leben zulassen.

Die große amerikanische Wirtschaftsprüfungsgesellschaft Deloitte & Touche hat vor einigen Jahren ihre gesamte Unternehmenskultur unter die Lupe genommen, weil dem CEO Mike Cook aufgefallen war, dass tüchtige, viel versprechende Mitarbeiterinnen nicht Partner wurden, sondern das Unternehmen nach einigen Jahren wieder verließen. Und damit Wissens-Know-how in dreistelliger Millionenhöhe entzogen.

In einem Artikel für das Magazin *Harvard Business Manager* wurde diese Metamorphose sehr interessant beschrieben. Zu den Maßnahmen, die talentierten Frauen zu halten, gehörten:

♦ Sämtliche Niederlassungen wurden aufgefordert, das Vorwärtskommen weiblicher Fachkräfte zu überwachen. Es gab klare Signale, dass die Geschäftsführung auf die Entwicklung achten würde.
♦ Mit allen 5000 (!) Führungskräften wurden zweitägige Workshops durchgeführt, um das Bewusstsein für das Problem zu schärfen.
♦ Frauen bekamen Mentoren zur Seite gestellt und erhielten einen angemessenen Anteil an Klientenaufträgen.
♦ Frauen, die ausschieden, wurden befragt, warum sie gehen. Die meisten kündigten in dem Augenblick, in dem sie eine Beförderung erwartet hatten.
♦ Die Balance zwischen Beruf und Familie herzustellen wurde Frauen und Männern erleichtert, Teilzeit nicht mehr als Karrierekiller gesehen.

Das Ergebnis war äußerst ermutigend: Die Zahl der Partnerinnen stieg von fünf auf 14 Prozent; 1995 wurde die erste Teilzeit arbeitende Frau als Partnerin aufgenommen; die Fluktuation von Frauen und Männern sank insgesamt von 25 auf 18 Prozent.

Denn die Aktion hatte ein weiteres sehr spannendes Ergebnis: Umfragen des Vorstands ergaben, dass die jungen Männer (wie die Frauen) in der Firma nicht dieselben Karriereziele verfolgten wie die älteren. Sie waren nicht auf ein so hohes Einkommen aus, dass ihre Ehefrauen nicht mehr arbeiten mussten. Sie wollten lieber nur 60 statt 80 Stunden, wie damals üblich, arbeiten. Sie waren nicht bereit, für 100 000 Dollar mehr im Jahr auf ihr Familienleben und ihre Freizeit zu verzichten. Daraufhin wurde die Arbeitsweise der Berater verändert, sodass sie weniger unterwegs sein mussten. Ein unglaublich spannendes Beispiel, das Schule machen sollte.

In Deutschland erleben wir erste Anfänge von veränderten Unternehmenskulturen. Die Verantwortlichen werden langsam aufmerksam, sorgen sich um ihre Führungsetagen, die vielleicht bald verwaisen könnten. Viele der älteren Topmanager sind selbst noch ganz auf Leistung und Pflicht getrimmt, oft haben sie ihr Leben lang Gefühle unterdrückt, haben private Opfer gebracht, »sehen die Familie nur als sozialen Rückhalt, der sie wenigstens ein Stück am Leben anbindet«, wie die Managementberaterin Gertrud Höhler meint. Ein böser Witz beschreibt die Situation: Wird der Vorstandsboss in einem Interview gefragt: »Haben Sie auch Familie?« Er überlegt lange: »Familie? Äh, ich weiß nicht. O doch, das würde die fremden Leute bei mir zu Hause erklären.«

Gar nicht witzig findet Susanne Bohn, was ihre Klienten immer wieder in ihre therapeutische Sprechstunde treibt: »Ein Mann traut sich seiner Frau nicht zu sagen, dass ihm die

Arbeit wichtiger ist als die Familie. Aber er will doch seinem Vater endlich beweisen, was er kann.« Ein anderer berichtet, dass er sich »zwischen Hals und Lenden« wie taub fühle. Darauf wartet, dass er irgendwann mal weniger Stress haben wird, und dass es dann bestimmt besser werden muss. Doch dass seine Ehe derweil gerade draufgeht. Ein dritter erzählt ihr, dass er es nur noch beim Joggen schafft, sich selbst wahrzunehmen, Gefühle rauszulassen.

Die Therapeutin, die sich auf das Thema Work-Life-Balancing spezialisiert hat, erkennt aber auch einen gegenläufigen Trend: »Die jungen Männer reden öfter von Gefühlen. Die meisten haben das Haus, das sich die Eltern noch erarbeiten mussten, schon geerbt; denen geht es nicht mehr darum, den Status erarbeiten zu müssen. Bei ihnen dreht sich viel um den Sinn. Alles Wichtige in dieser Welt ist schon erfunden, was bleibt ihnen zu tun?«

Ein Topmanager-Leben kreise »um Leistung, Leistung und noch mal Leistung«, wie eine Studie der Zeitschrift *Capital*[5] im Herbst 2001 ergab. Sie allein nähre das Selbstwertgefühl. Die Nachkriegsgeneration habe gelernt, dass nur »Kinder, die Leistung brachten und funktionierten, die Liebe ihrer Eltern bekamen«, wie die Psychoanalytikerin Claudia Sies feststellt. Diese Kinder hätten schnell gelernt: Gefühle stören Leistung. Und sie lernten, Gefühle wegzudrücken, Pflicht vor Schmerz zu stellen. »Topmanager«, so mutmaßt der Autor Reinhard K. Sprenger in diesem Report, »sind im tiefsten Innern unsicher. Sie brauchen die Rolle und die Sicherheit der Hierarchie.«

---

5 *Capital* 9/2001

Was sich Nachwuchsmanager/innen wünschen

Kein Wunder, dass sie nur wenig Verständnis für die jungen Nachwuchsmanager aufbringen können, die Beruf und Familie als gleich wichtig und gleichwertig ansehen und nicht mehr bereit sind, sich ihre Kinder abends lediglich zum Küssen reichen zu lassen. Die mehr vom Leben wollen als »Mühe und Arbeit«, wie es die protestantische Arbeitsethik propagiert. Oder, wie es der junge Investmentbanking-Vorstand der Dresdner Bank, Leonhard Fischer, formuliert: »Ich lebe nach der Devise: Work hard and have fun. Wir dürfen heute Gefühle zeigen, für die Alten war das unmännlich. Wir Jüngeren sehen den Sinn des Berufs ganz anders. Und wer in unserer Dienstleistungsgesellschaft kreativ sein will, muss einfach Spaß haben ...«[6]

> **Ich will nicht Geld machen, ich will wundervoll sein!**
> Marilyn Monroe

Der amerikanische Unternehmensberater und Erfolgsautor Jonathon Lazear[7] beschreibt sehr eindrucksvoll, wie das alte Managementideal sein Leben fast zerstörte: »Arbeit war ein Schutz, der Ort, an dem man sich sicher fühlte, kompetent und gebraucht. Stress kam nicht von der Arbeit. Stress kam von allem, was nicht Arbeit war.« Er stellt fest: »Arbeit ist die perfekte Möglichkeit, sich vor der Wirklichkeit des Lebens zu verstecken. Schon als kleiner Junge wirst du darauf vorbereitet, dein Leben durch den Job zu definieren. Ich dachte, mein Vater würde mich endlich respektieren, wenn ich mich zu Tode geschuftet hätte.« Und er beschreibt das sanfte Gift des Erfolgs: »Wenn du auf einer Party zehn Glas Alkohol trinkst, wird deine Frau mit dir ein ernsthaftes Wort

---

6 *Capital* 9/2001
7 »The Man Who Mistook His Job for a Live«

reden. Wenn du übers Wochenende zehn Stunden arbeitest, fragt dich keiner.«

Doch wir erleben eine Revolution, auch im Management. Vor allem die 25- bis 35-jährigen Wohlstandskinder, auch die »Generation Golf« genannt, sind die Promoter eines neuen Work-Life-Konzepts. Sie haben vielleicht nicht die Utopien der Nachkriegsgesellschaft, aber sie haben ihre eigene Sehnsucht: nach Sinn und Substanz, wie der Autor Eckhardt Nickel, selbst ein Kind dieser Generation, beschreibt[8]: »Gerade wer sich die Annehmlichkeiten des bürgerlichen Lebens leisten kann, die äußere Perfektion unseres Alltags zwischen Vielfliegerbonus, Versicherungspaket und Wellness-Wochenende, hat die Chance, die Sehnsucht nach Nähe und Anerkennung weiterzudenken.« Das Ziel, so Nickel: »Lebe wie ein Bürger, aber denke wie ein Gott.« Ein ganz schön hoher Anspruch. Personalchefs – oder wie es heute eleganter heißt: Human Resource Manager – können sich schon mal warm anziehen.

»Gesundheit ist nicht alles, aber ohne Gesundheit ist alles nichts«, schrieb Jürgen Schrempp, Vorstandschef von DaimlerChrysler, vor einiger Zeit an seine Mitmanager, als ein Mitglied der Führungscrew plötzlich verstarb. »Leute, tut mir einen Gefallen, kümmert Euch mehr um Eure Gesundheit!«[9] Der Autokonzern war übrigens einer der ersten, der einen »Arbeitskreis Lebensunternehmer« gründete.

Auch in anderen Unternehmen wird plötzlich das Thema Work-Life-Balance aktuell: Die Telekom veranstaltete einen ganzen Tag zum Thema Balancing – und zwar nicht für doppelbelastete berufstätige Mütter, sondern vor allem für aufstiegswillige Männer. Auch wenn Heinz Klinkhammer auf

---

8 *FTD* 15.12.2000
9 *FTD* 26.5.2000

dem Podium selbstkritisch anmerkte: »Solange wir keinen Vorstand mit Teilzeit haben, werden die Nachwuchskräfte wohl auch nicht darauf abfahren.«

Die Firma IBM lud vor einiger Zeit ihre »Emerging Leaders« zu einem Kick-off-Meeting nach Bregenz – Schwerpunkt: Work-Life-Balance. Wohl eingedenk eines Zitats von Thomas Huxley: »Die Sprosse einer Leiter ist nicht dazu da, sich darauf auszuruhen, sondern dafür, den Fuß eines Mannes so lange zu halten, bis er höher steigen kann.« Der Vorstandsvorsitzende verabschiedete sich übrigens vorzeitig, weil seine Frau ein Gartenfest für den Abend geplant hatte – »Da muss ich hin, sonst kriege ich Probleme«.

Bei Firmen wie Audi und Unilever, bei Banken und in der Pharmabranche beweisen immer mehr Personalchefs Verständnis für Mitarbeiterwünsche nach einem ausbalancierten Leben. Unilever-Personalchef Peter Barz empfahl kürzlich in einem Artikel der *Financial Times Deutschland*[10] seinen Kollegen mehr Flexibilität, die sei besser als der Verlust guter Leute. Auch wenn es kein Unternehmen so richtig zugeben will: Die Sorge um die gestressten Manager wächst. Rette sie (sich), wer kann.

Und die Welt bewegt sich doch

Ich erinnere mich an einen Vortrag, den ich vor einiger Zeit vor Managern zum Thema Work-Life-Balance gehalten habe. Mit großen Kinderaugen hörten sie mir zu. Sie sahen so nachdenklich und verwirrt aus, dass ich ihnen am Schluss spontan zurief: »Ich wünsche Ihnen: Vergessen Sie Ihre Lieben nicht, vergessen Sie die Liebe nicht!« Das Feedback hinterher war

---

10 *FTD* 13.7.2001

rührend, einzeln kam nachher der eine oder andere zu mir, um sich persönlich bei mir zu bedanken. Sie hätten lange nicht mehr über sich selbst so viel nachgedacht und hätten den Mut zum Ich und zum Privaten sehr gut brauchen können.

Und die Welt bewegt sich also doch – wenn auch ganz langsam: Als ich mein erstes Buch über Balancing schrieb, 1991, interessierten sich ausschließlich Frauen für dieses Thema. Männer konnten mit diesem Begriff damals gar nichts anfangen und waren wenn, dann zufällige »Mitleser«.

Das hat sich offensichtlich geändert. Männer haben keine Lust mehr auf das, was Jonathon Lazear über seine Generation von Managern schreibt: »Die meisten Männer ziehen sich knapp nach dem Augenblick von ihrer Familie zurück, in dem sie gerade eine geworden sind.« Und noch nachhaltiger: Immer mehr junge Frauen haben keine Lust mehr auf Partner, die sich hinter ihrer Arbeit verstecken und ihnen die Organisation des familiären Social Life überlassen. Auch sie brauchen jemanden, der hinter ihnen steht, sie entlastet, wenn sie die Erfüllung in ihrer Arbeit suchen.

Ein weiterer Beweis für bessere Zeiten: das Thema Diversity. Wie so viele Trends aus den USA nach Europa herübergeschwappt, respektiert Diversity die Unterschiedlichkeit und Einzigartigkeit der Mitarbeiter und bietet Raum, diese Einzigartigkeit ins Team einzubringen. Anders ausgedrückt: Wenn jeder nach den eigenen Vorstellungen, dem eigenen Rhythmus arbeiten kann, bringt man sein Bestes. Das klingt gut. Und klingt nach einer gleichmäßigen Teilhabe von Frauen und Männern an Teams und Projekten, an Verantwortung und Entscheidung.

Sie sehen also, Ihre Chancen, Ihre ganz persönliche Arbeitsgestaltung durchzusetzen, wachsen. Jetzt sind Sie gefragt, es geht um Ihren Mut und Ihre Entschlossenheit. Auf zur ersten Etappe der Reise zur Lebensfreude.

Erste Etappe:
Die Richtung festlegen

Es gibt eine Fernseh-Quizshow, in der sich die Kandidaten für eine von drei Türen entscheiden müssen. Hinter zweien warten attraktive Preise, hinter der dritten der »Zonk«, was heißt: »Pech gehabt!« Wenn es um Lebensentscheidungen geht, dann fühlen wir uns oft wie vor einer solchen Alternative: Welches ist das richtige Türchen? Ziel eins oder zwei, oder wartet auf uns nur ein hämisch grinsender »Zonk«? Um die richtige Richtung herauszufinden, ist es hilfreich, erst einmal zu wissen, was uns im Leben antreibt, was uns wirklich wichtig ist, wofür es sich überhaupt lohnt, etwas an unserem Leben zu verändern.

Ich erinnere mich an einen Oberarzt, der bei mir ein Coaching gebucht hatte. Er wollte Chefarzt werden, war jedoch bei einigen Berufungen immer wieder als »Zweitbester« durchgefallen. Er wollte nun von mir wissen, ob er habilitieren solle, um seine Chancen zu verbessern. Ich fragte ihn, warum er selbst meinte, dass er den Professor machen sollte.

Seine Antwort: »Mein Vater war selbst Chefarzt, und er meint, ohne den Titel geht es nicht.«

Ich sagte: »Dann machen Sie es doch!«

Er überlegte, dann kam sein Einwand: »Meine Frau hält gar nichts davon. Wir haben zwei kleine Kinder, und sie fürchtet, dass ich dann drei Jahre lang überhaupt keine Zeit für die Familie haben werde.«

Ich: »Dann lassen Sie es doch.«

Jetzt war er vollends verwirrt.

Nachdem ich ihn ein bisschen hatte schmoren lassen, sagte ich, so sanft ich nur konnte: »Oder machen Sie doch einfach das, was Sie selbst wollen!«

Er starrte mich wortlos an. Den Blick werde ich nie vergessen. Erst lag noch viel Zweifel darin, aber dann erkannte ich dieses Aufglimmen von Hoffnung; Lebensfreude blitzte auf, ja Schalk.

Dieser erwachsene, Verantwortung tragende Mann hatte sich bei mir quasi die Erlaubnis geholt, das zu tun, was er selbst möchte. Er fühlte plötzlich ein Stück Freiheit – wie noch nie in seinem Leben, wie er mir später erklärte. Es sprudelte nur so aus ihm heraus: Er war sehr glücklich als Oberarzt, die Arbeit mit den Patienten, aber auch mit den Kolleginnen und Kollegen, das war es, was ihm richtig Spaß machte. Er wollte von sich aus gar nicht Chefarzt werden, aber andere erwarteten das von ihm, ja, forderten es geradezu, meinte er. Seinem Vater, seiner Frau, einigen kritischen Kollegen hatte er etwas beweisen wollen. Doch sein Herz war nicht dabei. Der Preis war viel zu hoch. Nicht umsonst waren seine Bewerbungen nicht erfolgreich gewesen. Chefarzt zu werden war einfach nicht die Erfüllung seiner ganz persönlichen Sehnsucht.

Ziel: Erfülltes Arbeiten

»Erfüllung« – dieses Wort muss man sich auf der Zunge zergehen lassen. Erfüllung – da steckt die Fülle drin, voll gefüllt, erfüllt, füllen. Das Gegenteil ist – Leere. Wenn ich an dieses Wort denke, wird mir das Herz schwer, fühle ich so ein Ziehen in der Brust, denke an sinnentleert, hohl, vertan, vergeudet.

Wenn ich das Wort »Leere« höre, denke ich an:

- Jobs, die man nicht liebt;
- Aufgaben, deren Sinn man nicht sieht;
- Vorgesetzte, die man nicht achten kann;
- Anweisungen, die man nicht versteht;
- Ziele, die man nicht mitträgt;
- Projekte, deren Nutzen man nicht erkennt;
- Büros, die man hasst;
- Tage, in die man nicht aufwachen will;
- Abende, die den Tag nicht mehr retten können.

Doch kehren wir lieber gleich zum Wort »Erfüllung« zurück – bei diesem Begriff denke ich an:

- Freude beim Aufstehen;
- den »Flow« bei der Arbeit;
- Stunden, die wie im Flug vergehen;
- kraftvolle Auseinandersetzungen;
- Anstrengungen und Bemühungen;
- Freude und Anerkennung;
- ein Lachen, das man teilt;
- Partner, für die man sich einsetzt;
- Ziele, die man definiert und anstrebt;
- einen fruchtbaren Austausch;
- wohlige Müdigkeit.

Zu arbeiten ist ein Grundbedürfnis des Menschen. Arbeit bedeutet: die eigenen Talente einsetzen zu können, etwas zu schaffen, etwas zu bewegen, Ideen umzusetzen, sich widerzuspiegeln, wichtig zu sein, die Existenz zu sichern. Das meiste gilt übrigens für die bezahlte Arbeit wie für ehrenamtliches Engagement, für außerhäusliche Erwerbstätigkeit wie für Fa-

Gewiss, er hat eine Bandscheibenoperation hinter sich. Aber es ist, wie Milberg selbst sagt, nicht so, dass er den Job nicht noch ein paar Jahre ausüben könnte und »ich jetzt nur noch als Krüppel herumlaufe«. Doch im letzten Sommerurlaub habe er »über die Dinge des Lebens nachgedacht« ...

Der SPIEGEL[11] über den überraschenden Rücktritt des BMW-Vorstandsvorsitzenden Joachim Milberg, 58

milienarbeit, für kreative Tätigkeiten wie für ordnende, für Handwerk wie Büro, für Frauen wie Männer, für Jung oder Alt.

Dann allerdings beginnt schon die Individualisierung, die Verschiedenheit, die persönliche Priorität. Was treibt den Einzelnen an? Womit kann er sich selbst motivieren? Was ist das »Mission Statement«, wie es die Amerikaner nennen? Und damit die Frage auf den Punkt bringen: Was ist die Mission? Nicht religiös verstanden, sondern im Sinn von »Mission Moon« oder »Mission Impossible«. Die Mission ist noch ein bisschen unkonkreter als ein Ziel, ist quasi der Vorläufer. Sie bedeutet: Wofür stehe ich? In welche Richtung soll es gehen?

Wir befinden uns auf unserer ersten Etappe auf unserem Weg zur Lebensfreude: Die Richtung definieren. Was ist Ihr »Mission Statement«? Was wollen Sie – wirklich? Um das herauszufinden, können einige kleine Übungen hilfreich sein, die Sie in ein paar Minuten gemacht haben können. Sie brauchen nur einen Stift und ein Stück Papier.

Kennen Sie Ihre wichtigsten Werte, was steht ganz oben auf Ihrer Werteliste im Beruf? Wie hoch ist Ihre Motivation, die Ihnen hilft, etwas zu verändern? Das können Sie sehr schnell und einfach mit dem Motivationsraster herausfinden, das Sie auf der nächsten Seite finden. Ich bin mir sicher: Wer längere Zeit gegen seine Werte lebt und handelt, wer sie

---

11 SPIEGEL 50/2001

ÜBUNG

Ihr Motivationsraster:

Was uns im Leben treibt, was uns wichtig ist, sind Werte, an die wir glauben. Finden Sie unter den folgenden 24 Wertbegriffen denjenigen heraus, der Ihr wichtigstes Motiv für Ihr Handeln ist:

Ruhm	Herausforderung
Spaß	Unabhängigkeit
Geld	Harmonie
Anerkennung	Ordnung
Freiheit	Ehre
Kollegialität	Abenteuer
Macht	Ästhetik
Sinn	Status
Freude	Sicherheit
Einfluss	Gerechtigkeit
Muße	Erfolg
Wichtigkeit	Zeit

1. Schritt: Vergleichen Sie jeweils die zwei gegenüberstehenden Begriffe miteinander und entscheiden Sie sich für den wichtigeren – schreiben Sie ihn auf ein Blatt Papier.

___

___

___

___

___

_____

_____

_____

_____

_____

_____

2. Schritt: Vergleichen Sie unter den übrig gebliebenen Begriffen wieder jeweils zwei, von oben anfangend: Der wichtigere bleibt stehen, der andere kommt weg.

3. Schritt: Vergleichen Sie nun wiederum von oben nach unten paarweise, bis nur noch ein Begriff übrig ist. Damit haben Sie Ihr stärkstes Motiv, wobei der als Letzter gestrichene Begriff ebenfalls sehr wichtig in Ihrem Leben ist.

Ihr wichtigstes Motiv:

ERFOLG

Mit dieser Übung haben Sie einen ersten Schritt zu Ihrem Lebensfreude-Ziel gemacht. Ihre Werte müssen Sie immer mit berücksichtigen, wenn Sie Ihrem Leben eine neue, noch glücklichere Wendung geben wollen. Sie können Sie quasi wie ein Raster über alle Entscheidungen legen.

unterdrückt und wegschiebt, wer sich dadurch selbst untreu wird, kann auf Dauer nicht glücklich sein. Nicht umsonst spricht man bei manchen exorbitanten Gehältern von »Schmerzensgeld«.

Die große Geld-Lüge

Geld spielt generell eine sehr große Rolle bei Veränderungen, oder besser gesagt: bei der Scheu vor Veränderungen. Das habe ich in unzähligen Workshops zum Thema Veränderung und in ebenfalls zahllosen Einzelcoachings erfahren. »Das kann ich mir nicht leisten, ich habe doch finanzielle Verpflichtungen«, höre ich da, oder: »Ich möchte aber meinen Lebensstandard beibehalten.« Das Unglück ins Gesicht geschrieben, der Magen übersäuert, die Seele bewölkt – aber »meinen Lebensstandard möchte ich nicht aufgeben«.

> **Arbeit ist ein Rauschgift, das wie ein Medikament aussieht!**
> Tennessee Williams, Dramatiker

Welches Leben, welchen Standard?, fragt sich der objektive Betrachter. Genug Geld zu haben, um sich mit Frustkäufen zu trösten? Nach zwölf Stunden Arbeit in die leere, aber mangels Partner oder Familie hübsch aufgeräumte Designerwohnung zurückzukehren? In teuren Hotels den Alltag zu vergessen? Dreimal im Jahr im Urlaub das Lebensgefühl zu genießen, das uns 46 Wochen lang schmerzlich fehlt?

Welchen Preis an Unglück sind wir bereit für den »Lebensstandard-Luxus« zu zahlen? Ins Coaching kommen zu mir natürlich meistens die, deren Lebensmodell bereits einen kleinen Riss hat; die schon merken, dass die Bilanz nicht (mehr) stimmt; deren Sehnsucht die Vernunft ab und

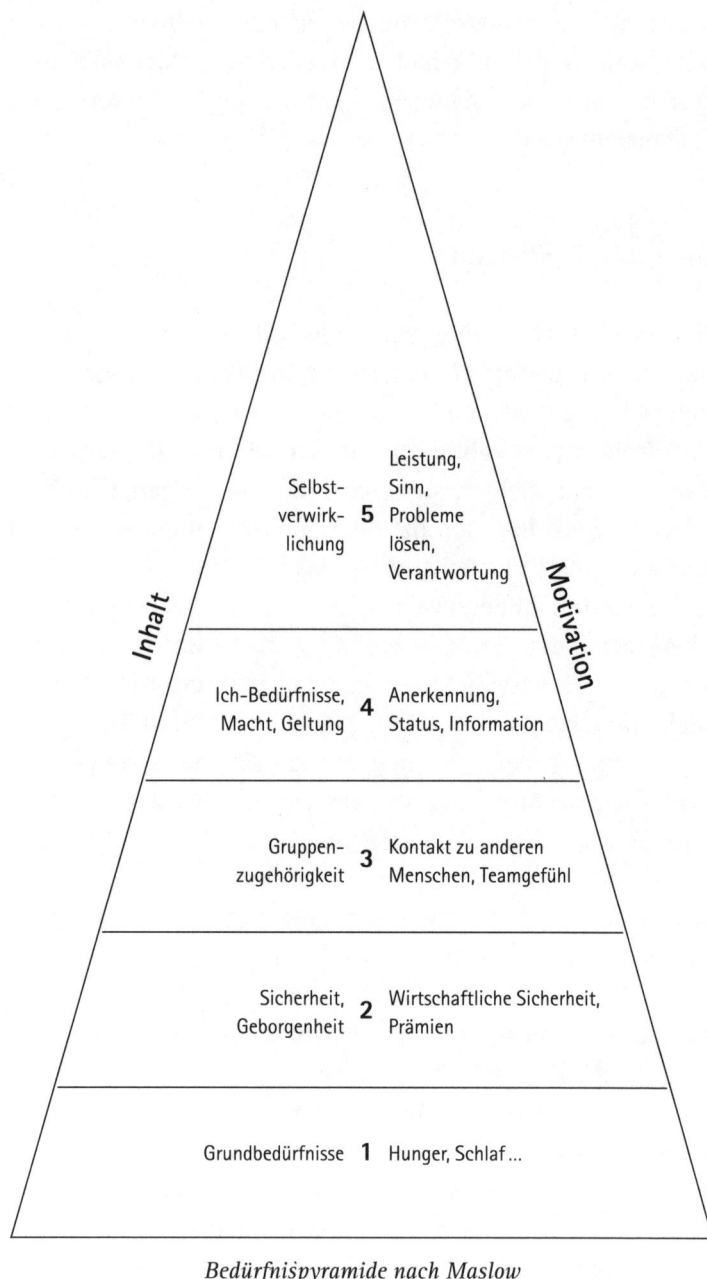

Bedürfnispyramide nach Maslow

zu übertönt. Aber auch die bringen eine gewaltige Furcht mit: »Ich kann doch nicht einfach...« Ich mache dann zu Beginn gern eine Übung mit diesen Klienten, die den unausgesprochenen Wünschen den Weg frei macht: das Sechs-Millionen-Euro-Spiel. Wenn die Angst wegfällt, vor dem finanziellen Nichts zu stehen, dürfen die Sehnsüchte laut werden. Ich kann Ihnen diese Übung sehr empfehlen.

Bei meinen Klienten kann ich immer wieder denselben interessanten Aspekt beobachten: Im Schutz von sechs Millionen Euro wird das Hirn frei; die Phantasie schickt klare Bilder, ja manchmal fertige Konzepte. Frage ich dann, ob es wirklich das viele Geld braucht, um die Vorstellungen in die Realität umzusetzen, sehe ich in verblüffte Gesichter, die sich dann zum Lächeln wandeln, wenn sie merken, dass ich sie gerade ein »bisschen hereingelegt habe«. Es gibt vier Hauptantworten: 1. »Ich würde genau das machen, was ich jetzt auch tue, wäre aber noch freier, wenn ich das Geld im Nacken hätte.« 2. »Nein, ich bräuchte überhaupt kein Geld dazu, mir fehlt nur der Mut, das zu tun, was ich mir erträume.« 3. »Ich bräuchte für meine Pläne schon ein kleines Startkapital, damit ich die Übergangszeit überstehen könnte.« 4. »Ja, ich brauche für mein Konzept Investitionskapital, aber das könnte ich mir bei Banken oder Venture-Capital-Gebern besorgen.«

Der Psychologe Victor Maslow hat bereits vor vielen Jahren in einer Pyramide aufgezeigt, was Menschen brauchen. Zum Fundament gehören das Erfüllen von Grundbedürfnissen und Sicherheit, auch finanzieller Art. Darauf wird der Wunsch gesetzt, zu einer Gruppe zu gehören; dann kommt der Wunsch nach Macht und Geltung. Und die Spitze der Bedürfnisse ist Selbstverwirklichung, also der Wunsch nach Sinn und Verantwortung. Wie schade, wenn Menschen im Fundament stecken bleiben und die nächsten Stufen

ÜBUNG

Das Sechs-Millionen-Euro-Spiel

Stellen Sie sich vor, Sie erhielten eine Erbschaft von sechs Millionen Euro. Sie dürfen das Geld aber nur behalten, wenn Sie berufstätig bleiben. Ob fest angestellt oder selbständig, halbtags oder ganztags, in Deutschland oder irgendwo sonst in der Welt, bleibt Ihrer Phantasie überlassen. Ein Beispiel: Nur noch auf den Bahamas am Strand liegen, gilt nicht. Eine Tauchschule oder einen Sonnenschirmverleih auf den Bahamas gründen, gilt.

1. Was würden Sie beruflich machen?

2. Brauchen Sie für dieses Vorhaben wirklich sechs Millionen Euro? Wofür?

3. Was brauchen Sie außer Geld?

nicht mehr erklimmen. Wenn ihnen die vermeintliche finanzielle Sicherheit wichtiger ist als der grandiose Ausblick, den man von der Spitze der Pyramide hat.

Wechseln Sie die Währung

Geld ist die Hauptausrede, nichts verändern zu können, besser gesagt, verändern zu müssen. Und das hat einen Grund: Geld war die Glückswährung, in der wir in den letzten 50 Jahren gedacht haben. Mit Geld konnte man vielen Menschen Sinn, Freude, Gerechtigkeit, Anerkennung, Zeit, Zufriedenheit und was weiß ich noch abkaufen. Aber die Währung Geld ist dabei, ausgetauscht zu werden. So wie der Euro die Mark abgelöst und Reisen innerhalb Europas noch einfacher gemacht hat, so wird der Status *Geld* vom Luxus der *Zeit* abgelöst: Zeit für mich, Zeit für Beziehungen, Zeit für Gemeinschaft, Zeit zum Nachdenken, Zeit für Liebe, Zeit zum Träumen, Zeit für Engagement, Zeit zum Leben. Und immer mehr Menschen sind bereit, der Zeit zum Leben eine höhere Priorität einzuräumen.

In unzähligen Seminaren und Vorträgen habe ich das Motivationsraster bei Menschen abgefragt, wollte ihre Werte erkunden, und wenn bei zweien von 100 Geld als Begriff übrig blieb, dann war es viel. Es ist völlig okay, wenn jemand sich zu Geld als höchstem Wert bekennt, er muss nur wissen, welchen Preis er dafür zu zahlen hat. Wie jeder den Preis für das kennen muss, für das er sich im Leben entscheidet. Viel schlimmer, wenn andere Werte im Vordergrund stehen, wir uns aber vom Geld den Schneid abkaufen lassen.

Jetzt kommen wir zu einem Hauptirrtum der Menschen, die etwas verändern möchten, aber glauben, sich dieses neue, lustvolle, Sinn machende Leben nicht leisten zu können: Sie wissen nicht, dass sich mit dem, was wir gern, was wir mit Leidenschaft und Können machen, auch viel Geld verdienen lässt. Ich habe noch niemanden unter meinen Klienten gehabt, der nach seiner beruflichen Veränderung schlechter gestellt war als vorher! Passion pays! Man muss sich ein erfülltes Leben nicht »leisten können«. Sondern ein erfülltes Leben sorgt für unsere Existenzsicherung und darüber hinaus!

Die meisten Menschen kommen schon mit anspruchsvollen, qualifizierten, marktgerechten Ideen ins Coaching. So gut wie niemand träumt davon, sozial abzusteigen, nur noch im Supermarkt Regale einzuräumen oder gar nichts mehr zu tun. Im Gegenteil, die meisten wüssten »eigentlich« genau, womit sie Erfolg haben könnten. Und sie brauchen nur noch jemanden, der sie in ihrem Plan bestätigt, der ihnen hilft, die wirren Gedanken zu ordnen, oder dem Plan seinen »Segen« gibt.

»Passion pays!« – Leidenschaft hilft Geld verdienen

Wir haben es in Coachings schon geschafft, innerhalb von zwei Stunden vollständige Firmenkonzepte zu erstellen, den Namen für das neue Unternehmen eingeschlossen. Oder eine Selbstmarketingstrategie für die Bewerbung im Traumunternehmen zu zimmern, die einfach stimmte. Das geht wirklich nur, wenn die Grundlagen dafür schon im Kopf oder im Herzen bereitet sind.

Wissen, was zählt

Was aber, wenn jemand von solch einem Konzept noch weit entfernt ist, wenn jemand gerade mal weiß, was sie/ihn unglücklich macht, aber noch nicht, was sie/er wirklich will? Dann lässt sich auch dieses Wissen nutzen, um einen großen Schritt nach vorn zu machen. Ich empfehle in diesem Fall die

ÜBUNG

Die Anti-Anti-Übung

Zeichnen Sie auf ein Blatt Papier eine Tabelle mit drei Spalten, schreiben Sie über die linke Spalte »Unglücklich«, über die mittlere »Glücklich« und über die rechte »Glücksfaktor«.

Schreiben Sie zuerst in der linken Spalte untereinander alles auf, womit man Sie beruflich kränken kann oder was Sie unglücklich macht. Zum Beispiel: nicht auf mich hören, mich ungerecht behandeln, meine Leistung nicht anerkennen, mich dauernd kontrollieren, mich anschreien oder, oder... Denken Sie auch an Kleinigkeiten wie: mich in der Kantine nicht grüßen...

Unglücklich	Glücklich	Glücksfaktor Ist-Stand (von 1 bis 10)
Ewiges Rumnörgeln	Sachliche, konstruktive Kritik	4
Keine Anerkennung	Anerkennung	4
Routine	Herausforderungen	2
Neid und Intrigen	Ehrlichkeit und Kollegialität	7
Unklare Aufgabenstellung	Klare Aufgaben und Kompetenz	8
Gegen mein Gewissen handeln	Nach meinem Gewissen handeln können	3
Vorgesetzte, die ich verachte	Vorgesetzte, die ich schätzen kann	2
Ideen werden abgelehnt	Ideen werden ernst genommen	3

Beispiel für eine Anti-Anti-Übung

Wenn ein Blatt nicht reicht, legen Sie ein zweites an.
Drehen Sie dann die »Unglücklich-mach-Faktoren« in »Glücklich-mach-Faktoren« um: Was ist das Gegenteil von dem, was

in der Spalte unter »Unglücklich« steht, Beispiel: Neid und Intrigen – Ehrlichkeit und Kollegialität; tragen Sie die positiven Umkehrungen in die Spalte »Glücklich« ein.

Im dritten Schritt bewerten Sie, wie der Ist-Stand in Sachen Glück bei Ihnen ist. Verteilen Sie für jeden Begriff in der zweiten Spalte Punkte: Inwieweit erfüllt Ihre jetzige Berufssituation diese Kriterien? »Gar nicht« bekommt null, »trifft genau zu« zehn Punkte, was dazwischen liegt, gewichten Sie nach dem eigenen Gefühl. Analysieren Sie die in der dritten Spalte aufgeführten Zahlen: Alles was unter acht liegt, ist nicht optimal, was unter fünf liegt, eine Warnung, und alles unter drei macht uns unglücklich und auf Dauer krank. Kränkungen machen krank, wie die Sprache sehr deutlich ausdrückt.

Die nächste Frage ist dann: Was kann ich tun, um mehr von meinen Glücksfaktoren zu bekommen? Die Antwort kann jede/r sich selbst geben: Ich muss etwas bewegen, mich bewegen. Sie kennen doch sicher ein Mobile. Wenn ich nur davor stehe und denke: »Los, Teile, bewegt euch«, passiert gar nichts. Aber wenn ich an einem Teil des Mobiles ziehe, bewegt sich das ganze System!

Anti-Anti-Methode, wie ich dieses Kreativitätsspiel nenne. Dabei geht es als Erstes darum aufzulisten, was uns beruflich unglücklich machen kann, was uns kränkt oder schon mal gekränkt hat. Dabei heißt es, ehrlich mit sich selbst zu sein. In dieser Übung brauchen wir nicht so zu tun, als wenn wir über den Dingen stünden. Ich kenne kaum einen Menschen, der mit nichts zu kränken wäre; die meisten können eine ganze Litanei aufzählen (mich eingeschlossen, ich bin so ein rechtes Sensibelchen).

Im zweiten Schritt drehen wir die Kränkungsgründe um, um herauszufinden, was uns glücklich macht. Deshalb der Name Anti-Anti-Übung. Und im dritten Schritt kann ich dann beurteilen, wie viele Glücksfaktoren in meinem Beruf schon stimmen und wo ich Defizite habe beziehungsweise wovon ich mehr brauche.

Aus dem Amerikanischen kommt die Job-Formel: »Love it, change it oder leave it.« Wenn ich meine Arbeit nicht mehr mag, kann ich etwas daran verändern, damit es mir wieder besser geht. Wenn dies nicht möglich ist, weil sich etwa das System als zu starr erweist, habe ich immer noch die Alternative zu gehen. Auf jeden Fall die bessere Variante, als unglücklich zu bleiben!

Keine Angst vorm zweiten Anlauf

Da ist Pia Kühn, 40. Die gelernte Krankenschwester war viele Jahre lang sehr glücklich in ihrem Beruf. »Ich habe so ein Helfersyndrom, ich will Menschen helfen.« Doch die Arbeitsbedingungen veränderten sich nach und nach zum Schlechteren: »Es war kein Job für mich, sondern eine Berufung. Am Anfang hatten wir gute Teams und eine optimale Pflege. Doch durch die Gesundheitsreform, Kürzungen und Einsparungen verschlechterten sich die Bedingungen in unserer Rehaklinik zusehends; mit immer weniger Personal wurde der Pflegeaufwand immer höher. Zwischen den Ansprüchen von Krankenhausträger und Ärzten sowie den Patienten und ihren Angehörigen wurde ich zerrieben. Irgendwann konnte ich meine Arbeit nicht mehr perfekt und optimal leisten, meine Unzufriedenheit wuchs.«

Durch eine private Krise, eine Scheidung, wurde sie mit Anfang 30 bestärkt, etwas ganz Neues anzufangen. »Ich wollte mich beweisen. Und ich brauchte wieder frisches Leben um mich herum.«

♦ ♦ ♦ ♦ ♦

DAS ENDE DER EMANZIPATION

»Der neue Mutterstolz – Kinder statt Karriere« war vor einiger Zeit eine SPIEGEL-Geschichte[12] betitelt, in der sich die beiden Autorinnen darüber mokierten, dass all die tollen Karrierefrauen jetzt plötzlich Kinder bekämen und dafür die Karriere opferten. Ja, man sah darin schon das »Ende der Emanzipation«. Als Beispiele mussten unter anderen Prominente wie Madonna, Steffi Graf oder Gabi Bauer herhalten.

Ach, du liebes Lieschen, was ist daran so verwerflich, sich ein Kind zu wünschen? Wer bestimmt, was glücklich macht? Wie hoch ist der Preis für den Verzicht? Warum sollten sich berufliche Selbstverwirklichung und Kinderkriegen ausschließen? Und wen geht das überhaupt was an?

Was für mich in dieser Geschichte wieder deutlich wurde: Frauen sind immer die Doofen (im SPIEGEL sowieso), egal was sie tun: Wollen sie keine Kinder, ist

---

12 SPIEGEL 29/2001

es nicht recht; arme Inder müssen dann nach Deutschland kommen, damit die Renten dieser Sozialschmarotzer später mal bezahlt werden können. Bekommen sie Kinder, geraten sie ins nächste Dilemma: Arbeiten sie weiter, sind sie Rabenmütter, und alle drohen ihnen mit der »Doppelbelastung«: Sie werden schon noch sehen (für jegliche Jugendkriminalität sind sie sowieso verantwortlich)! Bleiben sie dagegen zu Hause, gelten sie als Ausbeuterinnen ihrer schwer arbeitenden Gatten und als faule Tennisplatz-Queens, die ihre Kinder verweichlichen.

Soll ich Ihnen was verraten? Es steht mir bis hier! Ich kann nur allen Frauen raten: Wenn Sie ein Kind möchten, kriegen Sie ein Kind, wenn mehrere, dann mehrere. Wenn Sie weiter arbeiten wollen, arbeiten Sie weiter. Wenn Sie eine Familienpause machen wollen, bleiben Sie zu Hause. Wenn Sie kein Kind kriegen wollen, dann verhindern Sie, dass Sie eines kriegen. Und werden Sie glücklich mit Ihrer Entscheidung – denn es ist Ihr Leben!

Das Gleiche gilt übrigens auch für alle verantwortungsbewussten Väter.

PS: Aus meiner Zeit als Redakteurin bei der Zeitschrift ELTERN weiß ich, dass es ungezählte Studien gibt, die alle eines bestätigen: Glückliche Mütter haben glückliche Kinder, egal welches Lebensmodell sie wählen! Und erst kürzlich stand in der Zeitschrift BIZZ[13] zu lesen: »Neue Studien und eine BIZZ-Umfrage zeigen: Erfolg und Zufriedenheit im Job nehmen mit Kindern zu.« Also: Happy kidding!

◆ ◆ ◆ ◆ ◆

---

13 BIZZ 8/2001

Da Pia Kühn schon als kleines Mädchen verrückt aufs »Haarefrisieren« war und zwischendrin in einem Salon immer wieder mal als »Schamponeuse« ausgeholfen hatte, lag die Entscheidung nahe – sie beschloss, Friseurin zu werden. Mit großer Mühe, Ausdauer und Überredungskunst gelang es ihr mit 35, vom Arbeitsamt eine Umschulung zu bekommen. »Die mögen diesen Beruf überhaupt nicht, die wollten mir alles andere andrehen, mich ins Büro setzen, aber das bin ich nicht. Ich muss immer unter Menschen sein.«

Pia Kühn fand nach einigem Suchen tatsächlich eine Lehrstelle, aber nach drei Monaten wurde der Salon geschlossen, sie musste wieder von vorn anfangen. Bei einem Salsakurs lernte sie eine Friseurin kennen, der sie erzählte, dass sie ihre Lehrstelle verloren hatte, und die andere sagte: »Komm doch zu uns.« In zwei Jahren absolvierte sie Ausbildung und Schule, machte einen ordentlichen Abschluss und arbeitet derzeit in einem Friseurgeschäft in einem kleinen bayerischen Kurdorf. Ihre Bekannten konnten sie anfangs überhaupt nicht verstehen, fragten sie: »Bist du verrückt geworden? In deinem Alter noch mal ganz von vorn zu beginnen?« Heute sind sie stolz auf sie, bewundern sie sogar wegen ihres Mutes.

Ihre eigene Bilanz, mit 40: Die Anstrengungen haben sich gelohnt, auch wenn es manchmal nicht ganz leicht fiel, sich wie eine 16-Jährige rumkommandieren zu lassen. Die finanzielle Durststrecke hat sie gut überwunden – »Ich hatte alles, was ich brauchte«.

Ihre Vision: In ein paar Jahren die Meisterprüfung machen und vielleicht einen Salon übernehmen. Aber erst wird sie mit ihrem neuen Partner für einige Wochen nach Mauretanien fahren. Ihren afrikanischen Freund Sada hat sie vor zwei Jahren in München beim Tanzen kennen gelernt und noch einmal das ganz große Glück gefunden.

Man glaubt dieser Frau mit dem strahlenden Lachen jedes Wort, wenn sie sagt: »Ich fühle mich freier und selbstsicherer als je zuvor.«

Wie lautet Ihr »Mission Statement«?

Das »Mission Statement« von Pia hieß vielleicht: »Ich werde Friseurin!« Oder: »Ich werde allen beweisen, dass ich noch was lernen kann!« Oder: »Ich will wieder mehr Spaß in meinem Leben!« Wie lautet Ihr Selbstauftrag? Was fehlt, wovon wollen Sie mehr, was soll Ihnen Erfüllung bringen? In welche Richtung soll Ihre Reise gehen?

Mission Statement 1: Meine Talente leben!

Wollen Sie Ihre Fähigkeiten mehr als bisher einsetzen? Und Ihrem Genius folgen? Ja, richtig. Sie sind ein Genie – wussten Sie das? Wenn Sie jetzt fröhlich zustimmen, herzlichen Glückwunsch. Wenn Sie zweifelnd den Kopf schütteln oder sich an die Stirn tippen, sich schlecht fühlen oder gar spüren, dass Sie ärgerlich werden – doch, glauben Sie mir, ich mache keinen Witz! Was bedeutet *Genius* oder *Genie*? Im Internet-Brockhaus findet man unter *Genius*: der Geist, auch Schutzgeist, und unter *Genie*: 1. höchste schöpferische Geisteskraft, 2. mit der Schöpferkraft begabter Mensch.

Erst im Lauf der Zeit wurde die ursprüngliche Bedeutung des Begriffs Genie von der Einzigartigkeit jedes Einzelnen zu einer außergewöhnlichen geistigen Leistung verändert, à la Einstein, Hildegard von Bingen oder Stephen Hawking. Ursprünglich war es also der unterstützende Geist, der dem Menschen dabei hilft, der zu werden, der er sein soll.

Erkennen Sie Ihr Genie!

Jeder von uns hat ein solches Genie, also eine besondere Begabung, im Umgang mit Menschen vielleicht, mit Blumen, Tieren oder der Technik. Manche haben eine besondere Begabung für Problemlösungen, andere ein Händchen für feinste handwerkliche Kunst. Andere erkennen sofort, was jemand anderes anziehen sollte oder warum ein Kind weint.

Wie können Sie Ihre ganz besondere Begabung erkennen? Am einfachsten vielleicht, indem Sie an die Dinge denken, die Ihnen in Ihrem Beruf ganz leicht von der Hand gehen; die Erfolge, für die Sie gelobt werden, von denen Sie aber sagen: Das ist doch ganz einfach, das kann doch jeder!

»Wann immer Sie sich das sagen hören, sind Sie Ihrem Genius ganz nah!«, meint auch die bekannte amerikanische Psychologin und Lebensberaterin Martha Beck.[14] »Ich treffe immer wieder Menschen, die die unglaublichsten Talente als ganz selbstverständlich empfinden.«

Wie viele Menschen leben ihre Talente aber nur in der Freizeit aus? Organisieren rauschende Feste für 100 Kindergartenkinder und deren Eltern; restaurieren in ihrer Freizeit alte Möbel, beraten Freunde und Verwandte, entwerfen Traumwohnungen, organisieren ihre Großfamilie, nähen die kreativsten Kleidungsstücke ...

In den meisten Menschen steckt sehr viel mehr Potenzial, als im Beruf von ihnen verlangt wird. Ich frage regelmäßig in Seminaren die Teilnehmer/innen, wie viel Prozent ihres Potenzials in der Arbeit von ihnen gefordert wird. Die eigenen Einschätzungen reichen meist von 40 bis 60 Prozent, nur Einzelne sagen von sich, dass sie 99 Prozent ihrer Talente einsetzen können. Die Glücklichen! Und die anderen?

---

14 *Redbook* 10/2001

◆ ◆ ◆ ◆ ◆
ENGAGEMENT AM ARBEITSPLATZ

Aussagen	Engagierte Mitarbeiter (16 Prozent)	Unengagierte Mitarbeiter (69 Prozent)	Aktiv unengagierte Mitarbeiter (15 Prozent)
Fehltage	5,42	6,03	8,88
Möchte nächstes Jahr noch bei selbem Arbeitgeber sein	90 %	66 %	41 %
Empfehle Produkte des Arbeitsgebers an Bekannte	73 %	37 %	22 %
Empfehle den eigenen Arbeitsplatz an Bekannte	70 %	22 %	5 %
Habe Karriereabsichten beim derzeitigen Arbeitgeber	71 %	38 %	16 %
Habe Spaß bei der Arbeit	78 %	34 %	11 %

(Quelle: Gallup GmbH, Wiesbaden)

◆ ◆ ◆ ◆ ◆

Vielleicht haben die schlechten Zahlen damit zu tun, dass nach einer Umfrage des Gallup Meinungsforschungsinstituts nur 16 Prozent der deutschen Arbeitnehmer von sich selbst sagen, dass sie »sehr engagiert« in ihrem Beruf sind, das heißt, sie sind loyal, produktiv, empfinden ihre Arbeit als befriedigend. 69 Prozent dagegen sind wenig engagiert, das heißt, sie sind zwar produktiv, spüren aber keine Verpflichtung ihrer Arbeit und ihrem Unternehmen gegenüber. Und der Rest von 15 Prozent gilt sogar als »aktiv unengagiert«, sprich, er ist verstimmt, negativ eingestellt, aggressiv oder in der inneren Kündigung und schadet dem Unternehmen.[15] Der gesamt-

---
15 Pressemitteilung von The Gallup Organization 9/2001

wirtschaftliche Schaden – aufgrund schwacher Mitarbeiterbindung, hoher Fehlzeiten und niedrigerer Produktivität – belaufe sich, so die Forscher, auf rund 220 Milliarden Euro im Jahr, das entspricht fast dem gesamten Bundeshaushalt 2001! Die Hauptursache der Misere, so die Forscher, liege am schlechten Management. Arbeitnehmer wüssten nicht, was von ihnen erwartet wird; Vorgesetzte interessierten sich nicht für sie als Mensch; sie machten Arbeiten, die ihnen nicht lägen; und ihre Meinung hätte kaum Gewicht. Das entspricht den Diskussionen in meinen Seminaren. Die Teilnehmer/innen sagen übereinstimmend: »Die wollen ja gar nicht mehr von meinem Potenzial!« Ich frage mich, wie lange es sich Unternehmen noch leisten können, so viel Potenzial brachliegen zu lassen, so fahrlässig mit den Talenten ihrer Mitarbeiter umzugehen.

Wann sind Sie im »Flow«?

Doch zurück zu Ihren Talenten: Wenn Sie keine genaue Vorstellung von Ihrem Genius haben, weil Sie ihm in Ihrem Beruf viel zu wenig nachspüren können, dann denken Sie daran, was Sie in Ihrer Freizeit am liebsten machen, was Ihnen leicht von der Hand geht, worin Sie sich ganz »versenken« und »verlieren« können. Wann immer Sie in den »Flow« geraten, also bei einer Tätigkeit die Zeit vergessen, tiefe Glücksmomente erleben, wenn etwas sich »aus Ihnen« entwickelt, dann sind Sie Ihrem Genius ganz nah!

Der Glücksforscher Mihaly Csikszentmihalyi hat vor 35 Jahren bei Künstlern den »Flow« beobachtet: das Malen um des Malens willen, also den Rausch des Schaffens. Die deutsche Flow-Expertin Inken Plöhn beschreibt, wie auch »normale« Menschen bei ihrer Arbeit diesen Zustand erle-

ÜBUNG

Ihre größten Erfolge

Schreiben Sie doch mal die fünf größten Erfolge Ihres Berufslebens auf: Wofür sind Sie belobigt oder ausgezeichnet worden? An welche gewonnene Herausforderung erinnern Sie sich besonders gern? Bei welchen Tätigkeiten geraten Sie in den Flow? Können Sie Gemeinsamkeiten feststellen? Was haben diese Erfolge mit Ihren Talenten zu tun? Mit welchem?

Meine Erfolge:

_____

_____

Gemeinsamkeiten:

_____

_____

Meine Talente:

_____

_____

Ich möchte mehr:

_____

_____

ben: »Sie identifizieren sich mit dem, was sie arbeiten, wie Künstler, zielgerichtet, scheinbar mühelos konzentriert und merken oft nicht, wie die Zeit vergeht. Alles fühlt sich richtig an.«[16]

Um in solche Momente der Schaffenskraft zu kommen, bedarf es der Herausforderungen. Es braucht einen gewissen Kitzel, um die Arbeitslust zu entfalten. Wenn dieser Kitzel von Routine verdrängt wird, ist es Zeit, sich auf die Reise zu machen, ein neues Ziel zu definieren, neue Perspektiven anzustreben.

Mein Talentziel:

_____

_____

_____

Mission Statement 2:
Den Sinn der Arbeit wiederentdecken

Vor einiger Zeit las ich in der *Wirtschaftswoche* eine interessante Geschichte über einen überaus einflussreichen Unternehmer aus dem Silicon Valley. Sein Name ist Symbol: Larry Brilliant. Er ist Vorstand der SoftNet Systems AG in San Francisco, einer Gesellschaft, die Highspeed-Internetanschlüsse verkauft; Börsenwert: fast 350 Millionen Euro.[17] Larry hat nicht immer in diesem Bereich gearbeitet. Mehr als

---
16 *Wirtschaft & Weiterbildung* 9/2001
17 *Wirtschaftswoche* 26.10.2000

zehn Jahre seines Lebens verbrachte er als Arzt in Bangladesch und Indien. Dort hat er erkannt, »was wirklich wichtig ist, die Politik des Herzens und des Geistes«. Larry hat durch seine Erfahrungen eine ganz eigene Lebensphilosophie entwickelt. Vor allem setzt er sich mit dem Ehrgeiz auseinander, den seine Generation der heute Mittfünfziger treibt: »Lebe dein Leben ohne Ehrgeiz, aber lebe wie die Ehrgeizigen. Strebe nicht nach Macht oder Erfolg. Aber lebe wie diejenigen, die diesen Ehrgeiz haben.« Er behauptet von sich: »Die besten Dinge in meinem Leben habe ich immer per Zufall bekommen, nicht durch Planung.«

Zwischen Ehrgeiz und Prinzip Zufall

In Indien lernte er einflussreiche Menschen kennen, Steve Jobs beispielsweise, der damals gerade Apple gegründet hatte. Brilliant kaufte Jobs einige Apple-Aktien ab. Die wurden später sein Startkapital, als er begann, eigene Internetfirmen zu gründen. Dann lernte er den jungen Mann kennen, der SoftNet gegründet hatte. Die Aktie des Unternehmens stand damals bei vier Dollar. Brilliant erklärte sich bereit, ein halbes Jahr als Vorstand zu fungieren. Mittlerweile sind es schon mehr als zwei Jahre, die Aktie steht bei zehn Dollar, und es macht ihm unheimlich viel Spaß, »interessante neue Leute zu finden, ein Unternehmen aufzubauen, ein Team zusammenzustellen und gute Produkte anzubieten«.

Und das alles ohne Ehrgeiz? Larry Brilliant: »Solange ich Ehrgeiz habe, ist meine Urteilsfähigkeit getrübt, weil mein Ehrgeiz nur darauf gerichtet ist, etwas zu bekommen. Wenn ich den Menschen nicht mehr erkenne und stattdessen nur noch sehe, was er mir nützt, scheitere ich.«

Ich finde dies eine sehr interessante Interpretation von Ehrgeiz. Es kann durchaus passieren, dass Menschen sich von Ehrgeiz leiten lassen und darüber den Sinn ihres Tuns verlieren. Dass sie an Status oder Wichtigkeit hängen, aber sich nur noch mühsam motivieren können. Und die irgendwann morgens aufwachen und keinen Grund mehr sehen, ins Büro zu gehen.

Auch das Prinzip Zufall von Larry Brilliant kann ich sehr gut verstehen. Ich wurde neulich in einem Radiointerview gefragt: »Frau Asgodom, wie sieht Ihre Zielgruppe für das Coaching aus, das Sie anbieten?« Meine Antwort: »Ehrlicherweise habe ich keine Zielgruppe, die Menschen kommen einfach von allein. Es hat sich so ergeben.« Die zweite Frage lautete: »Was machen Sie, wenn der Coaching-Boom vorübergeht?« Meine Antwort: »Keine Ahnung. Ich weiß es wirklich nicht, irgendetwas anderes halt.«

Manche Jobs sind einfach vorbei

Die Journalistin war außerordentlich verblüfft. Aber woher soll ich wissen, was ich in zwei, drei Jahren machen werde? Wie soll ich wissen, was diese Welt alles noch für mich bereithält? Wie sich die Dinge aus dem heraus entwickeln, was ich jetzt tue? Das Jetzt ist das Allerwichtigste. Dass ich jetzt etwas schaffe, was sinnvoll ist; die Zukunft wird sich daraus entwickeln. Davon bin ich überzeugt. Ich weiß zwar nicht, was es genau sein wird, aber ich weiß genau, wie es sein muss: selbstbestimmt, Sinn schaffend, mit viel Spaß und vor allem – mit Menschen.

»Wie kamen Sie dazu, Managementtrainerin zu werden?«, werde ich auch oft gefragt. »Ich bin meinem Talent gefolgt«, könnte ich sagen. Schon mit 14 habe ich schließlich eine Jungschar der evangelischen Kirche geleitet. »Keine Ahnung«, müsste ich ehrlicherweise antworten. Es fing alles damit an, dass ich in meinem Beruf als Journalistin an die Sinnfrage kam. Irgendwann fand ich es nicht mehr befriedigend, immer nur das zu schreiben, was andere sagten, dachten oder machten, und das noch sehr oberflächlich.

Deshalb schrieb ich vor über zehn Jahren mein erstes Buch, dieses Buch über die Balance von Arbeit und Familie (für mich als berufstätige Ehefrau und Mutter zweier Kinder mein ureigenes Thema also). Die Resonanz der Leserinnen war sehr ermutigend. Ich bekam erste Einladungen, ein Referat über das Thema zu halten, dann den ersten Workshop.

Ich schrieb das nächste Buch, 1993, über Selbstmanagement, entwickelte die nächsten Workshops. Wurde eingeladen. Meine ersten Kunden waren kleine Volkshochschulen rings um München. Kurse am Samstag, Honorar etwas über 100 Mark für einen ganzen Tag. Dazu kamen Auftritte bei Frauennetzwerken und -verbänden. Ich arbeitete damals als Redakteurin in einer Vier-Tage-Woche und hatte dadurch einen »Spieltag« frei.

Meine Seminare wurden mit der Zeit ausgefeilter, die Nachfrage stieg. Ich bekam in der Frauenszene langsam einen Namen. Auf der Frauenmesse Top in Düsseldorf stand ich mehrmals erfolgreich auf der Bühne. Der Kreis der Frauen, die mich kannten, empfahlen und einluden, vergrößerte sich. Nach sieben Jahren intensiver Nebentätigkeit lief diese so gut, dass ich mich entscheiden musste: entweder mein Job als Journalistin oder die Selbständigkeit als Trainerin – beides war zu viel.

Und außerdem, um ehrlich zu sein, begann es mich zu »zerreißen«: an Wochenenden die Wegweiserin, die Frauen Mut machte: »Sei du selbst, entwickle deine Persönlichkeit, setz auf deine Stärken!«, unter der Woche die Redakteurin, die sich in Konferenzen anhören musste, welche Schuhe frau in dieser Saison zu tragen hatte, um »dazuzugehören«. (»Wozu« konnte mir übrigens niemand jemals genau sagen.)

Auch wenn ich die Jahre als Redakteurin als eine große Bereicherung empfand und ich mich in dieser Zeit ungeheuer entwickeln konnte, kam mir irgendwann der Gedanke: Bist du inzwischen nicht ein bisschen zu alt für diese Themen? Möchtest du bis zur Pensionierung über solche Themen diskutieren müssen? Die Antwort war deutlich: Um Gottes willen, nein! Als ich mich endlich traute zu kündigen – nach 25 Jahren Festanstellung wirklich keine einfache Entscheidung –, war niemand überrascht; alle anderen hatten längst gesehen, dass dies mein Weg war.

Am Abend der Kündigung hatte ich zwei neue Aufträge auf meinem Anrufbeantworter, ich nahm es als gutes Omen. Auch wenn die Angst vor dem Neuanfang und vor allem vor der Unsicherheit lange blieb. Nachts im Schlaf knirschte ich derart mit den Zähnen, dass ich mir eine Krone ausbiss und von meiner Zahnärztin eine Anti-Knirsch-Schiene verpasst bekam.

Ich habe diese Entscheidung trotzdem keine Sekunde bereut. Es kamen so wundervolle Projekte auf mich zu. Wohlwollende etablierte Trainerkollegen empfahlen mich ihren Kunden. Frauen aus meinen Seminaren holten mich in ihre Unternehmen. Teilnehmer von Kongressen, auf denen ich sprach, buchten mich für sich selbst oder ihre Teams. Politiker/innen und Führungskräfte aus der Wirtschaft, die meine Bücher gelesen hatten, fragten nach Coachings (da wusste ich noch kaum, was das genau ist). So kam ich langsam aus der Frauenecke in das allgemeine Managementtraining, wurde zu Kick-offs von Sales-Abteilungen und zu

ÜBUNG

Was ist der Sinn meines Lebens?

Wofür lohnt es sich, meine Kräfte einzusetzen?

___

___

___

___

Wer braucht das, was ich kann?

___

___

___

Wie sähe die »sinnvolle« Arbeitsplatzbeschreibung aus?

___

___

___

___

Kundenveranstaltungen von Banken oder IT-Unternehmen eingeladen.

Und das mit *meinen* Themen, also mit den mir wirklich wichtigen Aussagen und Lebensstrategien. Ich habe seither den Sinn in meiner Arbeit wiedergefunden. Kein Tag vergeht, ohne dass ich weiß, warum ich dies alles mache. Ich gebe gern zu, noch nie so viel gearbeitet zu haben wie heute. Aber es bringt nicht nur ein schönes Einkommen, sondern macht so verdammt viel Spaß!

Auf meiner Homepage[18] habe ich ein Gästebuch eingerichtet. Und sollte ich jemals erschöpft sein oder mich fragen, warum ich dies alles tue, muss ich nur die Einträge von Seminarteilnehmern oder Coachingkunden dort lesen, und schon zaubert sich ein breites Lächeln in mein Gesicht. Das macht Sinn!

Wie sieht Ihr Sinnziel aus, wofür lohnt es sich, etwas zu verändern, sich auf die Reise zu machen?

Mein Sinnziel:

_____

_____

_____

_____

_____

_____

_____

---

18 www.asgodom.de

Mission Statement 3:
An meine Gesundheit denken

Arbeitssucht ist gut fürs Prestige

Zuerst war es dieses Geräusch im Ohr, dieser hohe Ton, der dann zu einer Art »Musik« überging, Tag und Nacht. Als Norbert Müller[19] endlich zum Arzt ging, war der Tinnitus schon manifest. Seit über einem Jahr hört der Abteilungsleiter einer Behörde regelmäßig diese lauten Geräusche. Vor allem, wenn er zur Ruhe kommt. Er nimmt es als Schicksal hin. Ein halbes Jahr später bekam er plötzlich starke Schmerzen im rechten Bein, es tat so weh, dass er oft keinen Schritt mehr machen konnte. Er konnte nicht stehen, nicht sitzen, nicht liegen. Und ins Büro gehen konnte er schon gar nicht. Oft schossen ihm vor Schmerzen die Tränen in die Augen. Sein Arzt konnte keine Ursachen feststellen, schrieb ihn erst mal für zwei Wochen krank, verordnete starke Schmerzmittel. Aus den zwei Wochen wurden sechs, bis sich erste Besserungen einstellten. Seltsamerweise besserten sich die Ohrgeräusche in dieser Zeit ebenfalls.

Als Norbert Müller wieder ins Büro zurückkehrte, waren die Schmerzen im Bein vergessen, er stürzte sich in die Arbeit, die sich angehäuft hatte. Und der Tinnitus kehrte zurück. Das alles hat natürlich überhaupt nichts mit Stress zu tun, meint Herr Müller. Nee, wirklich! Ja natürlich hätte er einen stressigen Job, und zurzeit im Zuge einer Umorganisation wäre es schon alles ein bisschen viel. Aber psychisch, na, also das ist es bestimmt nicht! Davon hält er gar nichts.

---

19 Name geändert

»Der Arbeitssüchtige besitzt das größte Prestige aller Suchtkranken. Und das Bemerkenswerte ist: Unsere gegenwärtige Wirtschaft braucht die Arbeitssüchtigen. Die Manager-Rennwagen werden in einem Höchstmaß frisiert auf die Piste gejagt, als müssten sie nur diesen einen Spurt bewältigen.« Das schreibt der Unternehmensberater und Autor Johannes Czwalina.[20]

Und das macht es so verdammt schwierig, mit diesem Phänomen umzugehen. Tatsache ist: Die Zahl der Menschen mit Burnout-Symptomen, mit Anzeichen von Überarbeitung, mit Managerkrankheiten wie Hörsturz und Herzattacken wächst. Krankenkassen wie die Barmer bieten jetzt schon kostenlose Cardio-Übungsprogramme für junge gestresste Mitglieder, um dem Herzinfarkt vorzubeugen. Frauen sind dabei übrigens tüchtig am Aufholen.

So beginnt Burnout

Arbeitspsychologen schätzen, dass etwa drei Viertel aller Führungskräfte unter Magenbeschwerden, Bluthochdruck und Herzrhythmusstörungen, Motivationsverlust oder Depressionen leiden. Viele nehmen Tabletten. Andere saufen. Die Anforderungen an die Menschen steigen immer schneller: wachsende Mobilität, ständige Verfügbarkeit, globale Präsenz und Durchdringung aller Lebensbereiche durch die Technik. Die Designerdroge der Weltwirtschaft heißt »Speed«.[21]

Es trifft übrigens nicht nur Manager/innen, sondern besonders häufig auch Menschen in helfenden Berufen: Leh-

---

20 »Der Markt hat keine Seele. Zwischen Erfolgsdruck und Lebensqualität«, FAZ Verlag, 2001
21 *manager magazin* 5/2001

rer/innen, Krankenschwestern/-pfleger, Sozialarbeiter/innen und Ärzte/innen, wie der österreichische Neurologe Dr. Günther Possnigg erläutert: »Meist waren sie mit Feuereifer unterwegs und haben beachtliche Karrieren hinter sich. Berufliche Interessen wurden vor private gestellt. Arbeit war das Wichtigste im Leben der Betroffenen. Auf berufliche Rückschläge und Misserfolge reagierten sie empfindlich und arbeiteten noch mehr.«

Auf seiner interessanten Homepage[22] beschreibt er die verschiedenen Phasen des Burnout-Syndroms sehr anschaulich:

1. Phase: Erste Signale des Körpers wie Erkältungen, Allergien, Verdauungs- und Gelenkprobleme oder Schlafstörungen werden nicht ernst genommen. Erholung aus dem Urlaub vergeht sehr rasch. Zynismus macht sich breit, auch Resignation.

2. Phase: Mit der Abstumpfung verschwinden nicht nur Ärger und Sorgen, sondern auch Freude und Lust. Alkohol und Suchtmittel werden konsumiert. Die erste Krise kommt: ein Herzanfall, eine Schwindelattacke oder eine andere Erkrankung, die einen zwingt, einige Tage nicht an den Beruf zu denken.

3. Phase: Die Gedanken werden trüb, alle Farben schwarz, Tod eine passende Alternative. Die Betroffenen funktionieren gerade noch. Sie haben keine Zukunftsperspektiven mehr, keine Hoffnung oder Erwartung, keine Lust, keine Freude, aber auch keine Trauer, weder Furcht noch Ärger.

---

22 www.possnigg.at

Ohne Gesundheit ist alles nichts. Das wissen wir schon lange. Sogar ein Wirtschaftstycoon wie der New Yorker Immobilienkönig Donald Trump antwortet in einem Interview auf die Frage »Was macht Sie zufrieden?«: »Ich finde, dass eine wirklich starke Beziehung zu jemandem ein sehr wichtiges Element im Leben ist. Nein, die Gesundheit kommt zuerst. Dann die Beziehung und der Erfolg. Erfolg ist eine tolle Sache, aber Gesundheit ist die Grundvoraussetzung dafür.«[23]

◆ ◆ ◆ ◆ ◆
*Du weißt nicht mehr, wie Blumen duften,
kennst nur die Arbeit, nur das Schuften,
so gehen sie hin, die schönen Jahre,
auf einmal liegst du auf der Bahre.
Und hinter dir, da grinst der Tod:
Kaputtgerackert, Vollidiot ...*
Joachim Ringelnatz, Kabarettist und Dichter
◆ ◆ ◆ ◆ ◆

Eine angeschlagene Gesundheit kann uns oft etwas über die (Un)Zufriedenheit im Beruf sagen. Zu viel negativer Stress (Distress) macht uns beispielsweise krank (der gute, herausfordernde Eustress dagegen macht uns gut gelaunt). Die ständige Verfügbarkeit durch die moderne Technik raubt uns alle Rückzugsmöglichkeiten. Die Pseudogeschäftigkeit raubt uns den letzten Nerv. Zu glauben, in meiner Position dürfte ich mein Handy niemals ausschalten, ist ein Irrtum. Also, noch einmal: Nicht die Arbeit an sich macht krank, sondern ihre negativen Auswüchse.

Als Vorstufe des gefürchteten Burnouts zählt Dr. Possnigg auf: extremes berufliches Engagement, Reduktion bis

---

[23] *Life & Style* 2001

Aufgabe der privaten Interessen, Hobbys und Beziehungen. Der Wunsch, beruflich perfekt zu sein. Beruflicher Erfolg ist die Belohnung, der Anreiz für die Arbeit. Gleichzeitiger sozialer Aufstieg und gehobenes gesellschaftliches Ansehen verhindern die Reflexion über die eigene private Situation und die mangelnde Beziehungsfähigkeit.

Gott sei Dank merken viele beruflich stark engagierte Menschen bereits während der ersten Phase das beginnende Abdriften und stellen sich die Frage: »Das kann doch wohl nicht das Leben sein?« In Unternehmen der New Economy wachten viele Mitarbeiter erst kürzlich nach zwei, drei Jahren der absoluten Hochphase, der gemeinsamen 16-Stunden-Tage, des großen »Familiengefühls« mit gemeinsamen Pizzaabenden und Billardpausen auf und stellten fest: »Hilfe, ich habe drei Jahre lang nicht gelebt. Was war los in der Welt?«

> **Glückliche Menschen gehen in ihrer Arbeit auf, aber niemals unter!**
> Rudolf Scheid, Hauptgeschäftsführer Zentralverband der Elektrotechnischen Industrie

Und auch immer mehr Unternehmen reden nicht nur über Leben und Gesundheit, sondern werden aktiv: Christina Maiwald wird als Diplom-Sozialwirtin und Mediatorin in Hamburg immer öfter gebucht, um mit ihren Mitarbeiterbefragungen[24] Licht ins Dunkel der Unzufriedenheit zu bringen. In mehreren Gruppengesprächen forscht sie je nach Auftrag und Bedarf nach

♦ den Schwachstellen in der Arbeitsorganisation und der -gestaltung von Abteilungen;

---

24 www.maiwald3M.de

- gerechter Arbeitsauslastung;
- der ergonomischen Umgebung des Arbeitsplatzes;
- dem Führungsstil und dem zwischenmenschlichen Klima;
- der Wertschätzung der Arbeitnehmer vonseiten des Unternehmens;
- der Kommunikationspolitik;
- der betrieblichen Zusammenarbeit;
- der Pausengestaltung;
- Diskriminierung und
- Mobbing.

Das heißt, sie spürt mit den Betroffenen alle Quellen auf, die kränkend und krank machend sein können. Sie erarbeitet dann zusammen mit den Mitarbeitern (den Experten) Lösungen für bessere Bedingungen. Und dient danach als Sprachrohr, um die von den Mitarbeitern entwickelten Lösungen in einem anonymisierten Protokoll an die Unternehmensleitung oder an die Projektgruppe »Gesundheit« weiterzugeben.

> Arbeitsbelastungen sind dann Belastungen, wenn sie nicht mehr kompensiert werden können.
> Christina Maiwald, Diplom-Sozialwirtin und Mediatorin

Die Sozialforscherin sieht durch diese Befragungen eine mehrfache positive Wirkung: »Der Arbeitgeber zeigt, dass Raum und Zeit für die Meinung der Mitarbeiter/innen da ist. Und er erfährt, was sie wirklich denken, das weiß er nämlich meistens gar nicht. Die Mitarbeiter/innen können angstfrei, einmal ohne Chefs, über das sprechen, was sie bedrückt. Und sehen, dass ihre Vorschläge ernst genommen werden. Das erzeugt wieder eine größere Achtsamkeit. Manchmal sind nur ganz einfache Veränderungen nötig und die Zufriedenheit steigt.«

Wenn Sie sich als Ziel gesetzt haben, wieder mehr für Ihre Gesundheit zu tun, hier vorweg einige von Dr. Possniggs Vorschlägen für Verhaltensänderungen:

1. Gehen Sie überlegt und ökonomisch mit Ihren Kräften um.
2. Achten Sie auf Ihren Arbeitsablauf, erkunden Sie Ihren persönlichen Tagesrhythmus.
3. Gönnen Sie sich täglich eine mindestens 20-minütige Pause, in der Sie nicht über die Arbeit reden, sondern Entspannungsübungen machen oder spazieren gehen. Geschäftsessen in der Mittagspause sind tödlich.
4. Bauen Sie in jede Stunde eine fünfminütige Kurzpause ein, bewegen Sie sich in dieser Zeit möglichst.
5. Vermeiden Sie Übermüdung und Jetlag. Nehmen Sie sich nach anstrengenden Reisen einen Tag frei.
6. Vermeiden Sie Alkohol und andere Suchtmittel, vor allem als »Muss zum Runterkommen«.
7. Stehen Sie zu Ihrem Privatleben. Achten Sie auf die Bedürfnisse Ihrer Familie, vor allem Ihrer Kinder.
8. Treffen Sie Ihre Freunde, rufen Sie sie regelmäßig an.
9. Vermeiden Sie intime Beziehungen am Arbeitsplatz oder solche, die durch Arbeit entstehen. Es gibt kaum einen stärkeren Beschleuniger des Burnouts.

Wie Sie diese Veränderungen im Einzelnen schaffen, können Sie im weiteren Verlauf dieses Buches, mit Ihrer ganz persönlichen Reiseplanung, entwickeln. Der wichtige erste Schritt dabei: Alternativen überhaupt für möglich halten. Wer jetzt schon ausruft: »Solche Spinner, keine Ahnung, das geht doch sowieso nicht!«, hat schon verloren, bleibt in den Spurrillen stecken. Erinnern Sie sich: Ohne ein klares Reiseziel brauchen wir gar nicht erst loszufahren!

Mein Gesundheitsziel:

_____

_____

_____

_____

Mission Statement 4: Meine Ideen umsetzen

Nur nicht resignieren

»Ich wüsste ja schon, was man anders machen müsste, aber ist das meine Firma!?« Dieses resignierte Statement höre ich immer wieder von Seminarteilnehmern oder Zuhörern. Hervorgerufen durch Ablehnungen, mangelnde Wertschätzung der Mitdenker und Querdenker, fehlenden Anreiz und wenig Ermutigung. Mitarbeiter machen immer wieder die Erfahrung: Ideen werden nicht gehört, nicht beachtet und häufig sogar gedämpft, belächelt oder gar bestraft. Was Wunder, wenn sich dann auf zig Pinnbrettern Sprüche finden wie: »Sie werden hier nicht fürs Denken bezahlt, sondern fürs Arbeiten!« Und die Masse der Mitarbeiter in die innere Kündigung abtaucht.

Die besten Denker allerdings lassen sich nicht auf Dauer stoppen – sie verlassen ein Unternehmen, in dem ihre Ideen nicht ernst genommen werden, und das zu Recht. Sie finden entweder andere Firmen, die Wert auf mitdenkende, kreative Mitarbeiter legen, oder sie machen sich gleich selbständig.

Wie die österreichische Nachwuchsdesignerin Ines Valentinitsch, von der die Grazer *Kleine Zeitung* stolz berichtete: »Vom steinigen Weg in den Modeolymp: Jüngst hat die 29jährige ihre dritte Kollektion in Mailand präsentiert«.[25] Ines Valentinitsch hat sich bei Designern, wie sie der Zeitung sagte, »wie eine Zitrone auspressen lassen. Je berühmter der Designer, umso geringer die Bezahlung«. Für ihre erste eigene Schau musste sie Klavier und Auto verkaufen, um das nötige Geld zusammenzubekommen, Freunde dienten als Models.

Von nichts kommt nichts

Sie steht für einen Grundsatz, den alle beherzigen müssen, die aus ihren Ideen etwas machen wollen: Du musst investieren! Oder, wie der Volksmund sagt: Von nichts kommt nichts! Bei Ines investierten auch die unterstützenden Eltern mit: »Sie haben etwa den Wintergarten nicht gebaut, damit ich wieder ein paar Models mehr bezahlen konnte.«

Dafür kann sie absolute Glücksmomente registrieren, wie sie der *Grazer Zeitung* erzählte: »Als ich entdeckte, dass in Paris in der Nähe des Louvre in einer Boutique neben Gaultier alles voll mit meinen Sachen war, da hätte ich heulen können. Oder wenn in einem Modemagazin meine Sachen neben Prada zu sehen sind...« Ein ermutigendes Beispiel. Hier hat ein Mensch seine Träume verwirklicht, hat alles dafür eingesetzt – und hat Erfolg.

Was sind Ihre Ideen, für die es sich lohnt, auf Reisen zu gehen? Welche Konzepte stecken in Ihrem Kopf? Worin kön-

---

25 *Kleine Zeitung* 10.10.2001

ÜBUNG

Meine Erfolgsidee

_____

_____

_____

_____

Welches Unternehmen kann diese Idee brauchen?

_____

_____

_____

_____

Wie werde ich mich fühlen, wenn die Idee Wirklichkeit geworden ist?

_____

_____

_____

_____

Dafür lohnt sich ein Versuch!

nen und wollen Sie investieren? Womit werden Sie den beruflichen Durchbruch schaffen? Letzte Handbremsen, die Sie womöglich noch stoppen, können Sie in einem späteren Kapitel bearbeiten.

Mein Ideenziel:

_____

_____

_____

Mission Statement 5:
Mehr glückliche Momente

Manchmal wünschen wir uns eine Fee, die uns küsst und damit alles Glück dieser Welt beschert. Diese Fee gibt es leider nur in Märchen oder in Filmen, den Märchen von heute. Wie in dem Film »Sweet November«, in dem ein karrieregeiler Business-Zombie, gespielt von Keanu Reeves, von einer zauberhaften Hippi-Fee (Charlize Theron) wachgeküsst und gerettet wird. Vielleicht haben Sie diese typisch amerikanische Geschichte eines bekehrten Workaholics gesehen. Aber wie gesagt, so etwas passiert leider nicht in der Realität. Dort sind wir selbst für unser Glück verantwortlich, für unsere Freude, unseren Spaß.

Das setzt allerdings voraus, dass wir einen Anspruch auf Glück erheben. Ich habe das Gefühl, dass wir das Wort Glück in den letzten Jahren ein bisschen vernachlässigt haben, Erfolg hat es in den Schatten gestellt. Wurde darüber geschrieben, dann häufig in der verniedlichenden Form von einem »kleinen Glück«, das hatte so den Ruch nach Pantoffeln und Sofakissen, ziemlich spießig.

Ein Hoch der Spießigkeit

Ich bekenne mich zur Spießigkeit, ich liebe Sofakissen, möglichst viele, und Hausschuhe, möglichst kuschelige. Ich will Glück. Und zwar jede Menge davon! Ich liebe es, nach der Rückkehr von einer Reise die Schuhe von den Füßen zu schleudern, in warme Puschen zu schlüpfen und den Duft des eritreischen Essens zu erschnuppern, das mein Mann für meine Heimkehr vorbereitet hat. Dafür lasse ich jedes Galadiner in einem vornehmen Restaurant sausen! Vielleicht kein Wunder, wenn man wie ich über 100 Tage im Jahr unterwegs ist, in Hotelzimmern lebt und in Hotelrestaurants isst.

Ich liebe es, sonntags mit meinem Mann am Küchentisch Canasta zu spielen, mich zu freuen, wenn ich einen »Tausender« habe, und tierisch zu ärgern, wenn er den tollen Haufen bekommt (das gehört dazu). Ich finde das wesentlich reizvoller, als unter lauter fremden Leuten auf einer Vernissage Bilder anzugucken, die ich nicht verstehe, und Gespräche zu führen, die mich nicht interessieren. Vielleicht kein Wunder, wenn man weiß, dass ich jedes Jahr Tausende von Menschen bei meinen Vorträgen und Seminaren treffe.

Ich liebe es, nach einem gemeinsamen Essen noch stundenlang mit meinen Kindern zusammenzusitzen und mich zu unterhalten und zu lachen. Nie kann ich alberner sein als mit meinen wunderbaren Kindern (Sie merken schon, der Küchentisch ist ein Zentrum meines privaten Glücks). Vielleicht kein Wunder, wenn man weiß, dass ein großer Teil meiner Tage mit dem Klingeln des Weckers beginnt, weil ich einen Zug oder einen Flug erreichen oder pünktlich in einem Seminarraum stehen muss.

Ich liebe Familienfeste, auf denen ich meine lebenslustige Mutter, meine beiden lustigen Brüder und ihre Frauen, all die vielen zauberhaften Cousinen und Cousins treffen und ganz unoriginell zu ihren Kindern sagen kann: »Bist du groß geworden!« Ich liebe Besuche bei meiner fast 100-jährigen Großmutter. Ich liebe es, neben ihr auf der Veranda zu sitzen und zu schauen, welche Nachbarn vorbeilaufen. Oder neben ihr im Garten unter dem alten Apfelbaum zu sitzen und einfach zu schweigen. Vielleicht kein Wunder, wenn man weiß, dass ich fast täglich neue Menschen kennen lerne und klugen Smalltalk führen muss.

> Um wirklich glücklich zu sein, muss man einen geliebten Menschen, eine Aufgabe und eine große Hoffnung haben.
> Ricarda Huch, Schriftstellerin

Ich liebe mein kleines privates Glück. Und ich habe für mich festgestellt: So viel Geld kannst du gar nicht verdienen, als dass du dir dieses Vergnügen »abkaufen« lassen solltest.

Glück ist Definitionssache

Nun ist die Definition von Glück sehr unterschiedlich, wie Sie vielleicht sehen. Vielleicht ist meine Glücksvorstellung ein Graus für Sie, und Sie wünschen sich aber nun wirklich etwas ganz anderes. Wovon ich zu viel habe, haben Sie vielleicht zu wenig. Wonach ich mich sehne, ist vielleicht das, was Sie im Überfluss besitzen. Nur zu, schreiben Sie Ihre eigenen Vorstellungen auf, es gibt für jeden nur die eigene Definition von Glück! Denken Sie mit allen Sinnen an Ihre

ÜBUNG

Das bedeutet privates Glück für mich:

glücklichen Momente: Wie sie aussehen und sich anhören, an Gerüche und Geschmack. Überlegen Sie, wie sich Glück anfühlt, und auch, welches Gefühl es im Bauch auslöst. Was macht Ihr Glück aus?

Gerade las ich im Flugzeug eine Notiz über den Vorstandschef des Modekonzerns Hugo Boss, Werner Baldessarini. Er gab bekannt, dass er in den Aufsichtsrat wechseln wolle, da er sich künftig »mehr den Luxusfaktor Zeit gönnen« möchte.[26] Was habe ich im letzten Kapitel geschrieben: Die Erfolgswährung Geld wird von der Erfolgswährung Zeit abgelöst, unabdingbare Voraussetzung für privates Glück.

Wenn Sie Glück für sich definiert haben, können Sie entscheiden, welchen Weg Sie einschlagen wollen, um mehr davon zu bekommen. Die Zielrichtung wird klar, und die Motivation steigt. Reinhard Sprenger, Philosoph, Unternehmensberater und Motivationskritiker, nannte nicht umsonst ein Buch »Die Entscheidung liegt bei dir«. Seiner Meinung nach braucht ein Mensch zu seinem Lebenserfolg:

1. ein Commitment;
2. Kreativität;
3. persönliches Unternehmertum.

Er ist überzeugt: »Um aus dem zwanghaften Leben herauszukommen, braucht der Mensch mehr Selbststeuerung. Ich muss mich ansehen: Fühle ich mich als Opfer, oder agiere ich selbstbestimmt? Ich selbst nehme mir die Freiheit.«

Im nächsten Kapitel werden Sie einige Übungen finden, die mit dem »Anspruch auf Glück« zu tun haben und mit dessen Durchsetzung. Welche Lebensunternehmer-Modelle

---

26 *Handelsblatt* 7.12.2001

sonst noch denkbar sind, erfahren Sie im Kapitel »Dritte Etappe: Die Verkehrslage checken«.

Mein Glücksziel:

_____

_____

_____

_____

Wie immer Ihr »Mission Statement« ausfällt: Wenn Sie es als Wegweiser nutzen wollen, dann schreiben Sie Ihr Statement auf einen großen Zettel und hängen ihn an eine Stelle, an der Sie ihn regelmäßig sehen können. So, dass Sie die Richtung fest im Auge behalten. Und dann können Sie darangehen, Ihre Reisekasse zu füllen!

Zweite Etappe:
Die Reisekasse füllen

Was braucht man, um sich auf eine weite Reise zu machen? Geld in der Währung des Landes, das man bereisen will, eine Kreditkarte, vielleicht Traveller Checks oder ein Sparbuch. Was brauchen Sie, um die Reise vom Eigentlichland in die Stadt Tun anzutreten? Das Wissen um die eigenen Stärken ganz bestimmt, den Anspruch, glücklich sein zu dürfen, ebenfalls. Und dazu ein paar Eigenschaften, um Menschen zu begeistern, die Sie auf Ihrer Reise treffen werden.

Welche Eigenschaften das vor allem sind, das erleben Teilnehmer meiner Selbst-PR-Seminare in einem Warm-up-Spiel, dem inzwischen legendären Zirkusspiel. In diesem Spiel geht es darum, sich als Zirkusstar in einem Vorstellungsgespräch zu beweisen. Gefragt sind darin Phantasie, Humor und jede Menge Spaß am Spinnen. Da erzählen Dompteurinnen von ihren Sensationsnummern mit rosa Meerschweinchen oder gefleckten Krokodilen. Zauberer berichten, wie sie David Copperfield die berühmten Tricks beigebracht haben. Artisten schildern ihre Todessalti unter der Zirkuskuppel, dass den Zuhörern ganz schwindelig wird. Messerwerferinnen versichern, dass ihre Unfallrate bei null liegt, und zukünftige Direktoren erläutern, wie sie den Zirkusumsatz verdreifachen werden.

»Erzählen Sie was vom Pferd«, ermuntere ich die Kandidaten – es geht schließlich darum, den jeweiligen Befrager zu überzeugen. Abgesehen davon, dass dieses Spiel mit viel Lachen über die Bühne geht, kommen wir immer wieder zu wichtigen Erkenntnissen. Der jeweilige »Zirkusbesitzer«, also der Interviewer, muss nämlich anschließend drei Eigenschaften notieren, mit denen der Bewerber/die Bewerberin sie beeindruckt hat.

Aus weit über 100 Spielen kann ich inzwischen die Hitliste der überzeugenden Eigenschaften zusammenstellen. Hier die Top Six des erfolgreichen Auftritts:

1. Begeisterung
2. Erfahrung und Ausbildung
3. Ideen und Konzepte
4. Ausstrahlung
5. Mut und Risikobereitschaft
6. Durchsetzungskraft

Wir können nicht zwei Rollen auf einmal spielen

Es ist immer wieder ein kleines Aha-Erlebnis, wenn wir gemeinsam feststellen, dass diese Eigenschaften gar nichts mit Zirkus zu tun haben, sondern ganz viel mit dem normalen Berufsleben. Mit genau den genannten Eigenschaften überzeugen wir andere Menschen – Vorgesetzte, Personalleiter unserer Traumunternehmen, Kunden.

Außerdem habe ich im Lauf der Jahre eine sehr interessante Beobachtung gemacht: Der Mensch kann offensichtlich nicht zwei Rollen auf einmal spielen. Das heißt, die Teilnehmer müssen sich so intensiv in ihre Zirkusrolle hineindenken, dass sie sich bei ihrer Vorstellung genauso geben, wie sie wirklich sind, also ruhig oder risikofreudig, leidenschaftlich oder erfolgsorientiert. Am Ende stehen genau die drei Eigenschaften auf der Liste, die sie auch im wirklichen Leben, in ihrer Arbeit auszeichnen.

Was bedeuten die Top Six jetzt für unser Thema, Ihre Reise zu mehr Erfüllung? Wenn Sie neue Wege gehen wollen, sollten Sie sich möglichst viele dieser Eigenschaften in Ihre Reisekasse packen. Sie werden Sie noch gut brauchen können, um Ihre Träume zu verwirklichen. Lassen Sie uns mal sichten, was Sie schon haben und was Sie vielleicht noch zusätzlich besorgen können.

1. Begeisterung: Entfachen Sie Ihr Job-Feuer

Möchten Sie ein überzeugendes Beispiel, was Begeisterung bewirkt? Hier ist es: Barbara Wittmann, 26, war immer schon ein »Tom-Boy«, wie sie von sich selbst sagt. Mit fünf zerlegte sie ihr erstes Fahrrad – und baute es wieder zusammen. Mit elf jobbte sie nach der Schule in einem Fahrradgeschäft, weil sie sich sehnlichst ein Mountainbike wünschte. Sie bekam eines im Wert von 1500 Mark und arbeitete es mit fünf Mark die Stunde ab. Sie hat alles gemacht: gefeilt, gebaut, repariert. Technik war ihre Leidenschaft, die Schule lief so »nebenher«. »Ich wusste, das will ich, Fahrräder bauen, reparieren.«

Nach ihrem Realschulabschluss bekam sie in ebendem Fahrradladen in Rosenheim eine Lehrstelle als Einzelhandelskauffrau. Und lernte, dass es neben der Technik auch Spaß macht, mit Menschen umzugehen, zu verkaufen. Sie verkaufte Mountainbikes und Rennräder, dann Tandems. Lernte, wie man ein Fahrrad zwischen 10 000 und 25 000 Mark verkauft – erfolgreich.

Auf einer Messe nahm sie ihren ganzen Mut zusammen und sprach den Firmengründer des amerikanischen Tandemherstellers Santana an. Bill McCready, selbst ein leidenschaftlicher Biker, war fasziniert von ihrer Begeisterung für Zweiräder und lud die junge Frau spontan nach Los Angeles ein. Er wurde ihr beruflicher »Ziehvater« in Sachen Biking.

Barbara Wittmann: »Mein Englisch war schwach, aber mit 18, gleich nach Ende der Ausbildung, packte ich meine Koffer, sagte meinen Eltern Lebewohl und flog nach L. A.« Dort übersetzte sie die englischen Kataloge ins Deutsche und durfte ansonsten überall hineinschnuppern. Sie lernte den Fahrradrahmenbau von der Pike auf, arbeitete an der Drehbank, schweißte. Sie wohnte Anfangs beim Chef selbst, dann bei einer Mitarbeiterin, wurde behandelt wie eine Tochter. Geld bekam sie nicht, sie wurde »mit Wissen bezahlt«. Zusammen mit ihrer Chefin fuhr sie an Wochenenden Mountainbike-Rennen auf einem Tandem, nach eigenen Worten der ultimative Test, und gewann mehrere Preise.

Und dann musste sie nach 18 Monaten nach Deutschland zurück, »gebrochenen Herzens«, wie sie sagt. Die amerikanischen Behörden gaben ihr keine Arbeitserlaubnis, Verkäuferinnen waren keine Mangelware in den USA. Sie begann wieder in ihrem Fahrradladen in Rosenheim zu arbeiten. Ihre Liebe zu Tandems blieb. Sie konnte nebenbei Händler für Santana schulen, in Deutschland, Österreich und England. Der Höhepunkt: Sie organisierte eine einwöchige Tandemveranstaltung rund um den Bodensee, mit 200 Amerikanern auf 100 Tandems – eine Wahnsinnsorganisation, eine Riesengaudi und ein Riesenerfolg. »Ganz nebenbei« absolvierte Barbara Wittmann eine Ausbildung zur Marketingfachfrau und machte ihr Cambridge-Diplom in Englisch.

Mit 21 Jahren ging sie zur Firma BST nach München, machte Einkauf und Logistik für Mountainbikes. In einem

Alter, in dem andere Menschen überlegen, was sie denn später mal beruflich machen könnten, reiste sie durch die Welt, verhandelte mit Lieferanten in Taiwan, trug eine Millionenverantwortung.

Dadurch bekam sie Connections zu einem US-Federgabelhersteller. Der warb sie ab. Sie zog in die Schweiz, fing als Sales Assistant an, ihr Verkaufsgebiet umfasste neben Deutschland Großbritannien, die Niederlande, Österreich und Griechenland. Sie war mehrere Monate im Jahr unterwegs, fühlte sich geehrt, dass sie immer mehr Arbeit bekam, trug mit 23 die Planungsverantwortung für ganz Europa.

»Ich habe ganz neue Standards für Planungsprozesse entwickelt, es war eine aufregende Zeit«, erzählt Barbara Wittmann mit leuchtenden Augen. In den USA wechselte der CEO, ein 35-jähriges Wunderkind mit MBA. Ihn fragte sie forsch: »Was muss ich tun, damit ich in zehn Jahren auf deinem Platz sitze?« Er wurde ihr »Career Counseler«, wie sie sagt. Er riet ihr, noch einmal zur Schule zu gehen, ihr Abitur zu machen, sie bräuchte den Titel Betriebswirt und einen MBA drauf. Sonst hätte sie in der Branche keine Chance.

> Success is liking yourself, liking what you do, and liking how you do it.
>
> Maya Angelou, Poetin

Aber der CEO war weit. Ihre direkten Vorgesetzten in der Schweiz konnten sie nicht beeindrucken, hatten keine Visionen. Barbara Wittmann, inzwischen Sales Manager, arbeitete derweil wie verrückt, kannte kein Privatleben mehr und keine Zeit. Und sie spürte, wie ihr nach und nach die Begeisterung abhanden kam. Das Leben in der Schweiz gefiel ihr plötzlich immer weniger, genauso die viele Reiserei. Sie merkte, dass sie immer öfter krank wurde; es wurde ihr schmerzlich bewusst, dass sie keine Freunde hatte, ihre Partnerschaft zerbrochen war. Sie stellte sich einen Spruch der Schriftstellerin Maya Angelou auf den Schreibtisch: »Erfolg ist, dich selbst zu mögen, zu mögen, was du tust, und zu mögen, wie du es tust.«

Und sie zog einen Schlussstrich: Sie kündigte mit 26 Jahren, zog zurück zu den Eltern an den Chiemsee. »Es war anfangs ziemlich schwierig, alle fragten ständig: Hast du schon was Neues? Aber ich habe nichts. Ich brauche erst einmal ein bisschen Zeit, um wieder zu mir zu kommen. Ich habe die letzten zehn Jahre reingeklotzt wie eine Narrische, ich muss mich erst mal wieder neu sortieren.«

Sie führte Gespräche, schaute sich verschiedene Unternehmen an, lehnte mehrere Jobs ab (unter anderem als Verkaufsleiterin für Christbaumständer) und wartete auf das Angebot, das das Flattern in ihrem Bauch wieder entfacht. Denn ohne Leidenschaft kann sie sich Arbeit nicht vorstellen. Jetzt steht fest: Sie geht nach Saarbrücken und wird sich als Trainee in einem sehr interessanten IT-Unternehmen ausbilden lassen.

Was sind Sie bereit zu investieren?

Wie steht es um Ihre Begeisterung, wofür können Sie Enthusiasmus entwickeln? Und was sind Sie bereit zu investieren? Ich kenne viele Menschen, die niemals eine Zeit lang »für nichts« irgendwo arbeiten würden. »Das kommt gar nicht in Frage.« Personalchefs erzählen von Jungakademikern, die sich im Vorstellungsgespräch nach der Betriebsrente erkundigen. Und Möchtegern-Trainer/innen würden erst umsatteln, wenn ihnen Spitzenhonorare zugesagt werden würden. Wo bleiben da Begeisterung und Feuer?

◆ ◆ ◆ ◆ ◆ ◆
Demotivation durch Führungskräfte senkt Produktivität und Arbeitsleistung um 23 Prozent, die Arbeitsfreude um 21 Prozent. Das ergab eine Studie der Universität St. Gallen anhand von Interviews und Befragungen von 180 Führungskräften aus Deutschland und der Schweiz.[27]
◆ ◆ ◆ ◆ ◆ ◆

Ich möchte keine Illusionen unterstützen: Wer sich nur mit schwach dosierter Energie einsetzt, wird auch nur laue Jobs bekommen! Wer eine Arbeit macht, weil ihm nichts Besseres einfällt, wird durchfallen. Und wer alles »cool« nimmt, wird kalt baden.

Vor einiger Zeit war ich in einem Café im Hamburger Levantehaus unfreiwillig Zeugin eines Einstellungsgesprächs. Eine Kandidatin im Gespräch mit einer jungen, energischen Dame, die eine Verkäuferin für eine Parfümerieeröffnung suchte. »Was verbinden Sie mit Dior?«, wurde sie gefragt. »Äh«, stotterte sie. »Puh, ja, Kosmetik.« »Wissen Sie, welcher Designer den Stil in diesem Modehaus derzeit bestimmt?« Null Peil. »Wissen Sie, wie einige der Pflegeserien oder Parfüms dieser Marke heißen?« Schweigen. Nun gut, es war nicht die Sendung »Wer wird Millionär«. Aber hallo, es ging um einen Job.

Mir wurde wieder einmal klar, was für eine große Rolle das Interesse und der Enthusiasmus für eine verantwortungsvolle Arbeit, das persönliche Fachgebiet spielen. Ich kann allen, die sich demnächst verändern wollen, nur raten: Lernen Sie jede Woche etwas aus Ihrem Fachgebiet, lesen

---

[27] *Business2.de* 6/2001

Sie, während Sie beim Arzt oder Friseur warten, den Wirtschaftsteil einer Tageszeitung oder Fachzeitschriften, schauen Sie sich, statt vor der Glotze zu hocken, eine halbe Stunde lang im Internet die Seiten der Marktführer Ihrer Branche an, bummeln Sie beim Warten auf den Zug durch die Bahnhofsparfümerie oder die -buchhandlung. Aber entwickeln Sie Begeisterung. Nur dann können Sie wirklich mitreden. Und zeigen, dass Sie aktiv sind.

Neulich las ich ein sehr interessantes Interview mit dem türkischen Starpianisten Fazil Say. Er wohnt in New York, hat in Düsseldorf studiert, spielt auf internationalen Bühnen Klassik und manchmal auch mit viel Spaß Jazz. Dem Interviewer Helmut Mauró sagte er über die Leidenschaft für seinen Beruf: »Dieser Lebensstil erfordert einen kämpferischen Geist. Manchmal schmerzt es, insbesondere dann, wenn man glaubt, bestens vorbereitet zu sein, und dann doch nicht so spielen kann, wie man es wollte. Das gibt es... Im Übrigen mag ich es auch, wenn das Publikum miterlebt, wie ich langsam auftaue während eines Abends. Die Hörer dürfen auch merken, wenn ich kämpfen muss. Manchmal bin ich sauer, und dann spiele ich auch entsprechend wütend. Es ist doch gar nicht erstrebenswert, dass jeder Abend gleich klingt ... Zum Geist gehört doch auch Emotion. Oder auch Verrücktheit. Ich jedenfalls mag das.«[28]

Thomas Alva Edison hatte über 1000 Fehlversuche, bevor er die Glühbirne entwickelte. Hätte er nach dem zehnten Versuch aufgegeben, säßen wir heute noch bei Kerzenschein.

Ziehen Sie Ihre eigene Begeisterungsbilanz: Mit wie viel Grad brennt Ihr Job-Feuer? Und was bräuchte es, um die

---

28 *Süddeutsche Zeitung* 8.12.2001

ÜBUNG

Meine Leidenschaftsbilanz

Bei diesem Thema spüre ich ein Kribbeln im Bauch:

_____

_____

_____

_____

_____

_____

Dafür würde es sich lohnen, mich zu engagieren:

_____

_____

_____

_____

_____

_____

Flamme anzuheizen? Bei welchem Thema beginnen Sie innerlich zu glühen und äußerlich zu strahlen? Wofür können Sie sich und andere begeistern?

Überlegen Sie, mit wie viel Enthusiasmus und Begeisterung Sie Ihre Reisekasse füllen können, und wofür? Spüren Sie da eine Leere im Beutel, dann überlegen Sie, welcher »Taschendieb« Ihnen die Freude und das Engagement gestohlen hat. Wann war das? Was ist noch zu retten? Was muss passieren, damit Sie wieder »brennen« können? Begeisterung ist eine der Währungen, mit denen wir auf der Reise zahlen können. Wir brauchen möglichst viel davon.

2. Erfahrung und Ausbildung: Pfunde, mit denen Sie wuchern können

Immer wieder tappen Teilnehmer/innen des Zirkusspiels in die »Understatement-Falle«. Das geht beispielsweise so: »Ich habe zwar noch nie als Zirkusreiterin gearbeitet, aber ich würde das gern mal in Ihrem Zirkus ausprobieren. Ich fand Pferde immer schon interessant. Ich könnte mir das ganz schön vorstellen.« Dazu einen unschuldigen Augenaufschlag. Und dann wundern sie sich, wenn sie am Schluss nicht »eingestellt« werden.

Im Spiel wie im Leben gilt: Erfahrung überzeugt. Wie soll das gehen, werden Sie vielleicht denken, wenn ich doch etwas ganz Neues anfangen möchte, in dem ich noch keine Erfahrung habe? Es geht weniger um die exakte Erfahrung in einer bestimmten Position, sondern es geht um die Voraussetzungen dazu; ich muss irgendetwas können, was in der neuen Position von mir verlangt wird, sonst habe ich ein Problem.

Wenn ich keine Ahnung von Bilanzen habe, ist es schwer, Controller zu werden. Wenn ich noch nie auf einem Pferd gesessen habe, kann ich schlecht Zirkusreiterin sein. Wenn ich noch nie auf Schlittschuhen gestanden habe, kann ich kaum Eislaufweltmeisterin werden. Ein gewagter Vergleich? Ich selbst träumte als 13-, 14-Jährige davon, die Nachfolgerin von Marika Kilius zu werden (Ältere von Ihnen erinnern sich vielleicht an das Traumpaar des deutschen Eiskunstlaufs in den frühen 60er Jahren). Ich stand aber in meiner ganzen Jugend nie auf Schlittschuhen. Schlechte Voraussetzungen. Deshalb blieb es ein Traum.

Realistisch werden Ziele, wenn ich die Voraussetzungen dafür schaffen kann, wenn sie also im Bereich meiner eigenen Möglichkeiten, meiner Entwicklung liegen. Manchmal haben wir viel mehr Voraussetzungen, als wir selbst wissen. Weil sie uns nicht bewusst sind oder wir sie gering schätzen. Das wird mir immer wieder klar, wenn ich mit Coachingkunden oder Seminarteilnehmern an ihrem Stärkenprofil arbeite.

Das Portfolio der Familienmanagerin

Das extremste Beispiel: Eine Frau, die viele Jahre die Kindererziehung übernommen hatte und nicht berufstätig war, wollte wieder in die Berufswelt einsteigen, hatte aber ein sehr geringes Selbstbild von sich nach dem Motto: »Was kann ich schon?« 14 Jahre lang war Maria Becker[29] zu Hause gewesen, hatte ihren Mann, drei Kinder und den Haushalt betreut. Vorher hatte sie Betriebswirtschaft studiert, das Studium aber nicht abgeschlossen. Keine Chance für einen

---

29 Name geändert

Wiedereinstieg, werden jetzt vielleicht manche sagen – in diesen Zeiten?! Wir haben viele Stunden lang an ihrem Stärkenprofil gearbeitet, und es bedurfte mancher Überzeugungskraft, das Selbstbild von ihr zurechtzurücken. Wir kamen schließlich auf ein bemerkenswertes Portfolio ihrer Fähigkeiten:

1. Erfahrungen als Organisationsmanagerin
2. Erfahrungen als Logistikmanagerin
3. Erfahrungen als Einkäuferin
4. Erfahrungen als Erzieherin
5. Erfahrungen als Krankenschwester
6. Erfahrungen als Coach
7. Erfahrungen als Buchhalterin/Controllerin
8. Erfahrungen als Project Coordinator
9. Erfahrungen als Seelsorgerin
10. Erfahrungen als Eventmanagerin
11. Erfahrungen als PR-Managerin
12. Erfahrungen im Reparaturservice
13. Erfahrungen mit Kundenzufriedenheit
14. Erfahrungen als Kommunikationstrainerin
15. Erfahrungen als Ernährungswissenschaftlerin
16. Erfahrungen als Hausmeisterin
17. Erfahrungen als Geschenkspezialistin
18. Erfahrungen als Reisemanagerin
19. Erfahrungen als Aufsichtsrätin
20. Erfahrungen als Wünscheerfüllerin

Sie hätten ihr Gesicht sehen müssen, als sie dieses Stärkenprofil vortrug – erst noch zögerlich, dann aber heftig nickend und schließlich mit einem breiten Lächeln. Ja, es stimmte, das alles konnte sie und hatte es in den letzten 14 Jahren bewiesen. Sie hatte ihre Aufgabe als Familienmana-

ÜBUNG

Meine Stärken, meine Erfahrungen

Listen Sie hier die wichtigsten Stärken und Erfahrungen auf, die Sie im Leben gesammelt haben – beruflich oder in Ihrem Hobby, im In- oder Ausland, in Ihrem ehrenamtlichen Engagement oder in Ihrer Familienarbeit. Da wir manche Sachen vergessen oder selbst gering schätzen, fragen Sie ergänzend dazu Ihre Liebsten, Freunde oder Vorgesetzte. Schreiben Sie mindestens zehn Punkte auf, es sollten aber eher 20 oder 30 sein:

1. _____
2. _____
3. _____
4. _____
5. _____
6. _____
7. _____
8. _____
9. _____
10. _____
11. _____
12. _____

gerin ernst genommen, war in Elternbeiräten in Kindergärten und Schulen aktiv (Aufsichtsrat), hatte ihre Kinder zu den diversen Aktivitäten und ihren Mann unzählige Male zum Flughafen kutschiert (Logistik). Sie hatte auch jahrelang ihren Mann gecoacht und die Geschenke für die gesamte Großfamilie besorgt. Sie hatte kranke Familienmitglieder gepflegt und gelungene Familienfeste organisiert. Sie war zuständig für alle finanziellen Belange und die Urlaubsplanung. Und, und, und ...

Zweifeln Sie an diesem Stärkenprofil? Wohl nicht. Können Sie sich vorstellen, dass Maria Becker einen guten Einstieg ins Berufsleben fand? Darauf können Sie wetten. Was für ein Unterschied zu einer Frau, die von sich sagt: »Ich war in den letzten 14 Jahren *nur* Hausfrau«!

Wenn Ihre Reisekasse in Sachen Erfahrung prall gefüllt ist, können Sie viel beruhigter auf die Reise gehen. Denn Sie können mit barer Münze bezahlen, brauchen keine Mogelpackung zu werden, kein Schaumschläger. Seien Sie stolz auf sich. Das verhilft zu einem aufrechten Gang. Das Wissen um die eigenen Stärken schärft auch den Blick für das mögliche Ziel. Nichts ist unmöglich ...

3. Ideen und Konzepte:
Das Geheimnis der apricotfarbenen Pudel

»Ich kann diesen Ton im Management nicht mehr ertragen. Es geht nur noch um Dezimierung von Kosten, darum, Leute klein zu halten, da werden Aussagen von Mitarbeitern einfach nicht geglaubt, es werden bohrende Fragen gestellt und immer wieder kritische Gegenfragen dazwischengeschossen. Alle meine Vorgesetzten und Kollegen praktizieren den Führungsstil der Ablehnung. Ich halte das nicht mehr aus.«

Führungskonzept als Puzzle

Martin Struck[30], 54, fühlte sich in dieser Welt des Ablehnungspuzzles sehr unglücklich. Obwohl selbst in leitender Position, wurde er immer aggressiver, wenn er seine Geschäftsführungskollegen erlebte. Tief innen wusste er, dass dies die falschen Führungsmuster waren, und zweifelte daran, dass er nach diesem Muster weiter funktionieren könnte. Er war nahe daran, alles hinzuwerfen, als er zu mir ins Coaching kam.
Im Gespräch kamen wir darauf, dass er dem geläufigen Demotivierungspuzzle der Kollegen gerne ein anderes Konzept entgegensetzen würde, das Businesspuzzle der Wertschätzung, getragen von Nähe, Freundlichkeit und Vertrauen, der gemeinsamen Suche nach Lösungen. Gemeinsam stellten wir nach seinen Vorstellungen die beiden unterschiedlichen Puzzles zusammen. Das eine getragen von Misstrauen und Kontrolle, das andere von Vertrauen und Wertschätzung.

Dieses zweite Puzzle sah sehr logisch aus, sehr überzeugend, und wir kamen darauf, dass dies die Führungsqualitäten der Zukunft sind. Dass man diese Art, mit Mitarbeitern umzugehen, Leadership nennen kann oder Management by Love. Mit diesem Puzzle konnten beide Seiten glücklich sein, Führungskraft und Mitarbeiter.

Martin Struck hatte also ein klares, fertiges Führungskonzept im Kopf, wusste es aber nicht. Er hatte sich schlecht gefühlt, weil er so anders war als die Kollegen, er hatte sich unwohl gefühlt in dieser Umgebung und gar nicht erkannt, welche wunderbaren Möglichkeiten er in sich barg. (Ich bin überzeugt davon, dass Managern wie ihm die Zukunft gehört.)

---
30 Name geändert

Das Businesspuzzle der Ablehnung

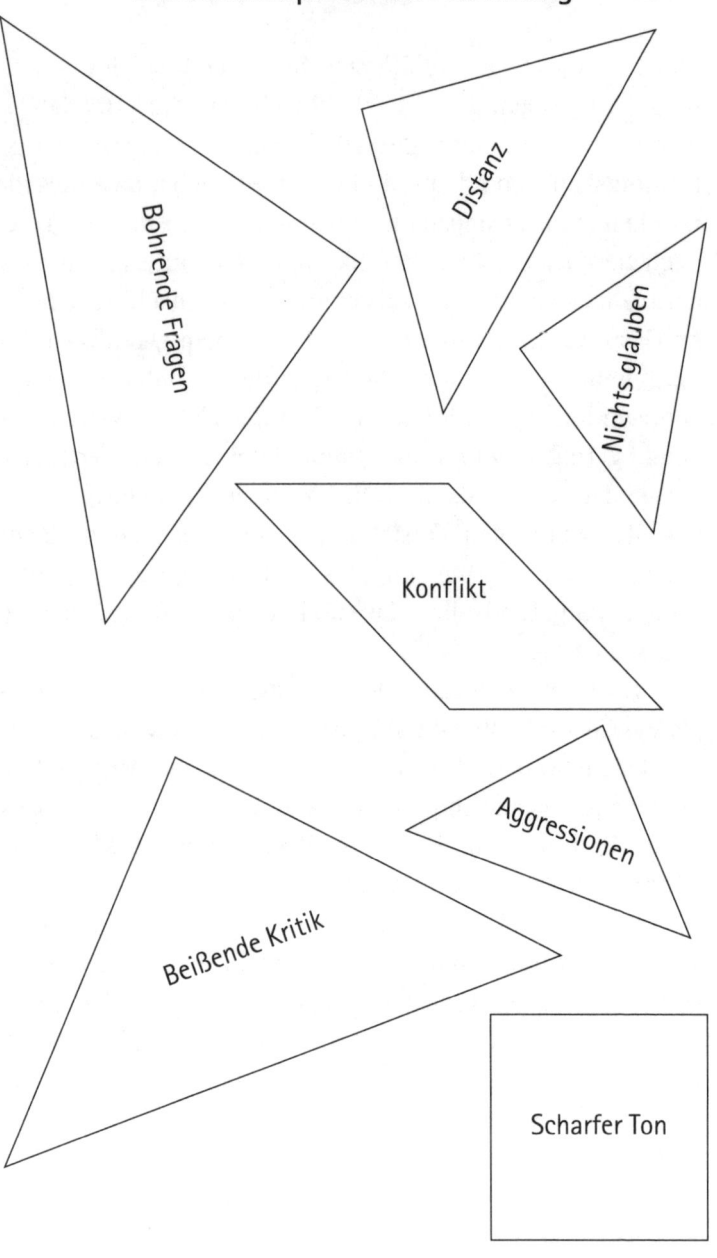

Das Businesspuzzle der Wertschätzung

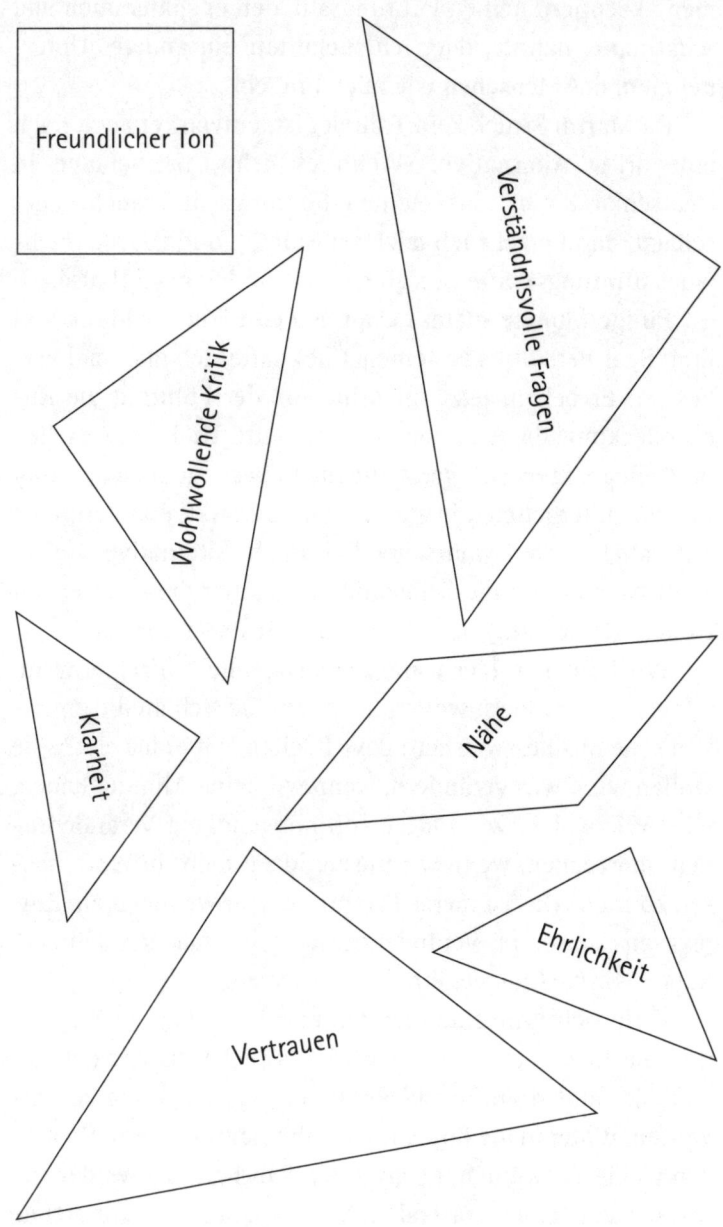

Er erkannte schließlich auch: Entweder mein Unternehmen akzeptiert meinen Führungsstil, den er später auch mal »charmant« nannte, oder ich suche mir ein anderes Unternehmen, das Menschen wie mich braucht.

Da Martin Struck kein Träumer ist, entwarf er auch noch eine dritte Alternative: »Wenn es kein Unternehmen in Deutschland gibt, das meinen Führungsstil braucht oder schätzt, dann mache ich mich selbständig und coache Nachwuchsführungskräfte.« Er ging sehr fröhlich nach Hause.

Einige Monate später bekam ich eine Rückmeldung von ihm: Sein Verhältnis zu seinem Chef hatte sich maximal verbessert. Er bekam jetzt für seine Art der Führung die Rückendeckung, die er vorher vermisst hatte. Und sein Ansehen im Kollegenkreis war ganz allgemein gestiegen. Leider ging es dem Unternehmen insgesamt durch Marktveränderungen miserabel, sodass wahrscheinlich doch Alternative drei in Kraft treten wird, die Selbständigkeit. Aber die kann er mit frohem Herzen angehen, da er ein klares Konzept hat.

Wir brauchen Ideen und überzeugende Konzepte, wenn wir etwas verändern wollen. Erinnern Sie sich an die amerikanische Businessweisheit: Love it, change it or leave it? Wie wollen wir etwas verändern, wenn wir keine Ahnung haben, wie? Wie wollen wir andere von notwendigen Veränderungen überzeugen, wenn wir unsere Ideen nicht in Worte fassen können? Das ist meine Erfahrung: Nur wenn wir ein Projekt aus unserem Veränderungswunsch machen können, haben wir die Chance, ihn durchzusetzen.

»Wie sieht Ihre Nummer denn im Einzelnen aus?«, werden die Bewerber in meinem Zirkusspiel meistens gefragt. Und sie fangen an, mit Ideen zu spielen, Konzepte zu entwerfen, Bilder in die Köpfe ihrer Zuhörer zu zaubern. Da tanzen weiße Schwäne mit schwarzen Panthern, da werden die Messer von einem rasenden Motorrad aus auf rotierende

Ziele geschleudert, da zaubert der weltberühmte Magier vor allem Chefs weg und als apricotfarbene Pudel wieder her. Das ist oft so überzeugend, dass die anderen schon mal vorsichtig fragen: »Sag mal, und du hast wirklich noch nie im Zirkus gearbeitet?«

Diese Kreativität, diese Phantasie wünsche ich Ihnen bei Ihren eigenen Veränderungsprojekten. Dass Sie etwas anders haben wollen, ist schön – für Sie. Erreichen werden Sie bei anderen nur etwas, wenn Sie deren Bedürfnis nach Visionen erfüllen: Wie wird das Ergebnis aussehen, welchen »Benefit« wird das Unternehmen davon haben? Wie wird es sich auf die Kundenzufriedenheit oder den Gewinn auswirken, auf die Mitarbeitermotivation oder die Kostensenkung? Je farbiger Sie Ihr Bild malen können, je mehr Puzzleteile Ihr Konzept bekommt, umso überzeugender können Sie sein. Trainieren Sie Ihre Kreativität, Ihre Bildsprache, Ihre Puzzlekünste.

Füllen Sie damit Ihre Reisekasse. Menschen verstehen Geschichten und erinnern auch Geschichten. Menschen begreifen über Bilder und lernen durch Bilder. Reisegeschichten beispielsweise wecken die Sehnsucht nach der Ferne. Wie heißt das uralte Beispiel: Wenn du Männer dazu bringen möchtest, ein Boot zu bauen, wecke ihre Sehnsucht nach fernen Gestaden.

4. Ausstrahlung:
Stellen Sie die »Magic Question«

Was macht eine überzeugende Ausstrahlung aus? Ein ansteckendes Lachen, überragende Entertainmentfähigkeiten, immer ein guter Joke auf den Lippen? Ich glaube, es geht sehr viel tiefer. Es geht als Erstes darum, gern »ich selbst« zu sein.

Das Selbstbewusstein heilen

Sie kennen bestimmt den Ausdruck »mich annehmen können«. Klingt etwas kitschig, ist trotzdem richtig. Viele Menschen tragen eine Menge Kränkungen mit sich herum. Und fühlen sich deshalb nicht wohl in ihrer Haut. Sie wären gern anders. Besser. Erfolgreicher. Attraktiver. Klüger. Hätten gern mehr Sexappeal oder Smalltalk-Fähigkeiten. Hätten gern mehr Punkte im Intelligenztest oder weniger Pfunde auf der Waage. Eine andere Nase oder andere Ohren. Ach, einfach anders sein, das wär's!

Menschen werden nicht blöd geboren, sondern dumm erzogen. Das Thema hatten wir schon. Und es hat sehr viel mit Ausstrahlung zu tun. Wenn ich mich selbst nicht annehmen kann, so wie ich bin, wo soll die überzeugende Ausstrahlung herkommen? Wenn ich dies oder das an mir nicht mag, wie soll ich mich zeigen? Wenn ich doch fleißiger, ordentlicher, braver sein müsste, wie soll ich mich okay finden? Wenn ich den Spruch »Kinder, die was wollen, kriegen was auf die Bollen« gehört habe oder »Kinder mit 'nem Willen kriegen was auf die Brillen« (was für dämliche Sprüche), kann ich vielleicht auch als Erwachsener meine eigenen Wünsche nicht erkennen, ernst nehmen oder gar umsetzen.

Es gibt tausend Gründe, warum unsere Ausstrahlung geschwächt ist. Weil wir Angst haben etwa oder uns gering schätzen. Weil wir glauben, alle anderen sind so toll: »Who is who and where are you?« Und wir? Die amerikanische Lebensberaterin Martha Beck[31] hat eine Methode erfunden, wie wir herausfinden können, ob wir seelische Wunden haben, die unsere Persönlichkeit und damit unsere Ausstrahlung beschädigen. Wie weit sind Sie mit sich selbst im Reinen?

---

31 *Redbook* 1/2001

ÜBUNG

Ist Ihr Selbstbewusstsein gekränkt?

Kreuzen Sie jeweils das Wort zwischen »Immer« und »Nie« an, das auf die folgenden Aussagen zutrifft:

	Immer	Manchmal	Selten	Nie
Ich bin sicher, dass ich jedes Problem lösen kann	☐	☐	☐	☐
Ich kann gut allein sein	☐	☐	☐	☐
Ich fühle mich total verstanden	☐	☐	☐	☐
Ich darf auch mal nichts tun	☐	☐	☐	☐
Ich benutze meine Vorstellungskraft	☐	☐	☐	☐
Ich tue Sachen, die ich schon als Kind geliebt habe	☐	☐	☐	☐
Ich lerne ständig und verändere mich	☐	☐	☐	☐
Menschen sind offensichtlich gern mit mir zusammen	☐	☐	☐	☐
Ich habe die Kontrolle über mein Leben	☐	☐	☐	☐
Ich habe Spaß	☐	☐	☐	☐

	Immer	Manchmal	Selten	Nie
Ich fühle mich total sicher	☐	☐	☐	☐
Mein Leben macht total Sinn	☐	☐	☐	☐
Ich habe wirklich tolle Ideen	☐	☐	☐	☐
Ich fühle mich in meinem Körper wohl	☐	☐	☐	☐
Ich kann meine Gefühle ausdrücken	☐	☐	☐	☐
Ich probiere neue Wege aus	☐	☐	☐	☐
Ich mache, was ich will	☐	☐	☐	☐
Ich mag und respektiere mich selbst	☐	☐	☐	☐
Mein Leben ist ein spannendes Abenteuer	☐	☐	☐	☐

Auswertung:
Tendieren alle Ihre Aussagen zu »Immer«, haben Sie wenig Kränkungen erlitten oder sind die Wunden bereits geheilt. Haben Sie häufiger »Selten« oder »Nie« angekreuzt, gibt es einige Ursachen für ein eingeschränktes Selbstbewusstsein und damit eine gedämpfte Ausstrahlung.

Damit müssen wir uns aber nicht zufrieden geben. Um den Ursachen auf die Spur zu kommen, machen Sie es doch wie ein dreijähriges Kind. Fragen Sie immer wieder: »Warum?« Spätestens nach fünf Warum kennen Sie den Grund! (Techniker kennen diese Methode, spätestens nach fünf Warum ist die Ursache fast jeden technischen Problems geklärt!) Martha Beck nennt dies die »Magic Question«.

Ein Beispiel:
Gudrun hat bei »Ich kann meine Gefühle ausdrücken« ein »Selten« angekreuzt. Sie macht sich auf den Warum-Weg:

1. Warum: Es geht niemanden etwas an, was ich fühle.
2. Warum: Ich möchte nach außen einen Eindruck ohne Schwächen machen.
3. Warum: Es nimmt sowieso niemand auf meine Gefühle Rücksicht.
4. Warum: Diese Erfahrung habe ich einfach gemacht.
5. Warum: Meine Eltern haben sich auch nie darum gekümmert, was ich will. Bingo!

Wenn Sie an die Ursachen Ihres gedämpften Selbstbewusstseins kommen, hilft manchmal schon allein die Erkenntnis. Sie können dann ein neues »erwachsenes« Muster entwickeln, das von Ihrem Kindheitsmuster abweicht. Genauso wie uns das Herz schwer ist, wenn wir unter Kränkungen leiden, so kann es uns Zeichen geben, wie wir wieder glücklich werden. Oder aber Sie erkennen, dass die Kränkungen sehr tief gehen und Sie mit einem Coach oder einem Therapeuten daran arbeiten wollen. Scheuen Sie sich nicht. Seelische Kränkungen, die durch Erziehung hervorgerufen wurden, sind eher die Regel denn die Ausnahme, wie ich in den Coachings immer wieder erkenne. Und ich

ÜBUNG

Mein Warum-Weg

Problem (aus Ihrer Kränkungstabelle):

_____

_____

_____

1. Warum: _____

2. Warum: _____

3. Warum: _____

4. Warum: _____

5. Warum/Ursache des Problems: _____

_____

Mögliche Lösung:

_____

_____

_____

weiß von vielen, die sich heute »annehmen« können, dass sie irgendwann einmal mithilfe therapeutischer Formen daran gearbeitet haben. Eleanor Roosevelt, der Frau eines amerikanischen Präsidenten, wird dieses Zitat zugeschrieben: »Niemand kann dich dich unterlegen fühlen lassen ohne deine Zustimmung.«[32] Oder glauben Sie dem Dalai-Lama, der überzeugt davon ist, dass »Mitleid und Mut jedes menschliche Herz heilen kann«, auch das derjenigen, die er »meine Freunde, die Feinde« nennt.

Was gewinnen Sie für Ihre Reisekasse, wenn Sie die vorhergehenden Übungen gemacht haben? Sie werfen alten Ballast ab, der Sie bedrückt, und schaffen damit Platz für Freude und Glück. Wenn Sie falsche Glaubenssätze gegen richtige austauschen, führt Sie das automatisch zu neuen Weggabelungen und in eine neue Richtung. Sie verändern Ihre Verhaltensweise und gewinnen in Ihrer Ausstrahlung. Menschen, die sich mögen, werden gemocht. Menschen, die sich annehmen, werden gern genommen. Vielleicht heißt Ihr Mission Statement zu diesem Punkt: Ich arbeite an meiner Ausstrahlung! In dem Augenblick, in dem Sie diesen Satz formulieren, sind Sie auf der Siegerstraße. Gute Reise!

5. Mut und Risikobereitschaft: Keine Angst vor Bauchplatschern

»Die Dinge laufen nicht von selbst!« heißt die Überschrift eines Newsletters, den ich neulich vom Künstlerinnenhof »Die Höge« bekommen habe. Die Gründerin und Leiterin dieser kulturellen Einrichtung, etwa 20 Kilometer südlich von Bre-

---

32 *Redbook* 1/2001

men, ist das beste Beispiel dafür. Barbara Reinhardt, 46, ist Schweizerin. Eine Erbschaft in Millionenhöhe hat sie verwendet, um sich ihren Traumjob zu schaffen. Das Geld ist weg, aber sie hat unglaublich viel damit angefangen und bewegt. Auf der Höge bietet sie jedes Jahr mehreren Künstlerinnen und Wissenschaftlerinnen die Möglichkeit, mithilfe eines Stipendiums unbeschwert zu arbeiten. Sie hat eine Stiftung gegründet, die das Konzept weiter tragen wird, hat Menschen gefunden, die den Ansatz unterstützen. Und hat zwischendrin immer wieder gezweifelt, »ob ich noch ganz gescheit bin«.

Stiften gehen

Erst im letzten April wollte sie mal wieder alles hinwerfen. Eine langjährige Beziehung zerbrach, ihre Partnerin war auch gleichzeitig Partnerin auf dem Künstlerhof gewesen, »wir haben alle Katastrophen gemeinsam geschafft«. Der Etat war unausgeglichen; es schien, als bräche das ganze Projekt zusammen. Im Mai kam dann eine Geldzusage, ihr Herz heilte langsam, und heute hat sie frischen Mut. »Es macht so viel Sinn, was ich hier tue. Ich habe wirklich meinen Traum verwirklicht.«

Barbara Reinhardt kommt aus einer Kunstmäzen-Familie in Winterthur, und ihr war bald klar, dass sie mit ihrem ererbten Geld etwas Sinnvolles tun wollte, »aber nicht nur Mozartkonzerte veranstalten«. Wie viel Geld es genau war, kann oder mag sie nicht sagen: Der alte Bauernhof allein hat sie 1995 jedenfalls 900 000 Mark gekostet. Dazu kamen Hunderttausende für die Renovierung, für Projekte und Honorarkosten. Damit wurde nicht nur die Scheune zu einem Veranstaltungssaal umgebaut, in dem 1996 das erste Symposium stattfand, sondern es wurden vor allem drei Studios gebaut, in dem Stipendiatinnen jeweils drei Monate lang wohnen und arbeiten können: Malerinnen, Komponistinnen, Musikerinnen.

Barbara Reinhardt selbst ist gelernte Grundschullehrerin, hat Germanistik und Theologie studiert, aber lieber in Kneipen gearbeitet, in Frauenkulturhäusern und Museen. Sie hat ein Kulturmagazin herausgegeben, Performances aufgeführt und Tanzunterricht gegeben. Irgendwann hatte sie das Gefühl: Mit der Kunst reicht es, da komme ich nicht weiter. Sie kam auf das Konzept eines Künstlerinnenhofs: »a.i.r. – artist in residence«.

Ein Jahr lang hat sie sich Bauernhöfe im Bremer Umland angeschaut, bis sie auf die Höge in Högenhausen stieß. Währenddessen bildete sie sich weiter, in Buchhaltung und Fundraising. Denn sie wusste, ewig würde ihr Geld nicht reichen, sie musste rechtzeitig genügend Menschen finden, die das Konzept mittragen. »Ich musste Menschen für mein Projekt begeistern.« Dass sie das schafft, ist keine Frage. Ihre Begeisterung ist ansteckend. Ich hatte vor drei Jahren das große Vergnügen, ein »Kunstmahl« für potenzielle Spender in der Tenne zu moderieren, und wurde natürlich prompt ebenfalls Mitglied ihres Förderkreises.

Die Höge ist ein Ort, an dem die Zukunft gesponnen wird. Nicht nur von den internationalen Künstlerinnen, die dort in ländlicher Ruhe experimentelle Kunst entwickeln, Musik, Bilder und Texte verbinden, Werke komponieren und »Videostils« dazu kreieren. Es gibt neben Arbeits- und Probenräumen moderne Ton- und Grafikstudios und einen Videoschnittplatz.

Das gilt auch für das Unternehmen »Höge« selbst, in dem jetzt zehn Frauen teil- oder vollzeitbeschäftigt sind. Barbara Reinhardt ist nicht nur die Chefin, sondern »die Visionärin, die Konzeptchefin, die Teammodell-Entwicklerin«. Sie glaubt, dass auch das Management des Hofes zukunftsweisend ist.

Vor kurzem hat sie einen Kulturpreis vom Landkreis bekommen, als »Künstlerin mit überregionaler Bedeutung«. Stolz ist sie gewesen, die Barbara. Und hat gleich weiter gearbeitet: Für übernächstes Jahr ist der Etat noch nicht gesichert. Und sie hat ja noch so viel vor!

♦ ♦ ♦ ♦ ♦
INTERVIEW MIT MARITA HAIBACH, STIFTUNGSBERATERIN

Frau Haibach, ist das ein Trend, dass immer mehr Männer und Frauen ihr Erbe in Stiftungen einzahlen?
Ja, es wird in, sich zu engagieren. Und das ist gut so. Es heißt auch, sich nicht nur auf den Staat zu verlassen. Während Stifter früher fast ausschließlich männlich waren, holen die Frauen langsam auf.

Was kann ich tun, wenn ich ererbtes oder erarbeitetes Geld stiften will?
Als Erstes sollte ich herausfinden, was ich unterstützen will, möchte ich etwas für die Umwelt tun oder für Soziales? Möchte ich Kindern helfen oder Künstlern? Dabei sollte ich mich weniger auf Steuerberater oder Banken verlassen, sondern mir professionelle Beratung holen. Es gibt mehrere Berater für Stiftungsgründungen, Ruppert Graf Strachwitz beispielsweise in München. Frauen könnten auch mal an der Jahrestagung des Erbinnennetzwerks Pekunia teilnehmen, dessen Geschäftsstelle ich leite, um auf Ideen zu kommen.

Ich kann auch Ihr Buch lesen »Frauen erben anders«.
Und was kann ich sonst noch tun?
Schauen Sie sich bestehende Stiftungen an, reden Sie mit den Stiftern. Es gibt einen Bundesverband deutscher Stiftungen, bei dem Sie sich erkundigen können. Ein gutes Beispiel ist auch die Bürgerstiftung in Hannover. Es gibt viele ermutigende Beispiele. Stiften gehen macht Sinn!

◆ ◆ ◆ ◆ ◆

Mut und Risikofreude werden nicht nur daran gemessen, wie viel Geld Sie investieren (können). Wie sieht Ihre Investition aus? Wofür brauchen Sie besonders viel Mut? Was steht für Sie auf dem Spiel?

Überlegen Sie doch mal, wofür Sie in Ihrem Leben schon einmal viel Mut gebraucht haben: Den Mann/die Frau Ihres Herzens anzusprechen? Eine Beziehung zu beenden? Im Freibad vom Fünf-Meter-Brett zu springen? Was war Ihre Motivation dafür? Wenn wir den Sinn einer Aktion nicht einsehen, sind wir meist auch nicht bereit, den Preis des Mutes zu bezahlen. Andererseits ist es unglaublich, was wir anstellen, wenn das Ziel verlockend erscheint, und sei es nur, um anderen 13-Jährigen mächtig zu imponieren.

Ich habe vor kurzem eine sehr schöne Definition von Erwachsensein gelesen: Erwachsen werden heißt, dass die Risiken größer werden. Natürlich ist es ein Unterschied, ob ich einen Bauchplatscher ins Sprungbecken mache oder eine Bauchlandung mit meinem eigenen Geschäft. Aber die Portion Mut, die ich dazu brauche, ist im Prinzip nicht sehr unterschiedlich. Erinnern Sie sich an das erste Mal Fahrradfahren mit »Loslassen«? Wenn das kein Angstpotenzial beinhaltet!

Klar ist: Wir werden nicht vom Fleck kommen, wenn wir nichts riskieren, wir werden uns nicht weiter entwickeln, werden Chancen verpassen und irgendwann bereuen: Ach, hätte ich doch mit 38 den Neuanfang gewagt, denkt der 48-Jährige. Und der 58-Jährige ist überzeugt, dass er mit 48 sicher noch die Kurve gekriegt hätte. Wenn...

Packen Sie Ihre Reisekasse voll mit Risikofreude, kratzen Sie den letzten Rest Mut auch noch zusammen. Bangemachen gilt nicht. Den Mutigen gehört die Welt, heißt ein altes Sprichwort. Oder: Leben wäre eine prima Alternative!

6. Durchsetzungskraft: Das bin ich mir wert

Wenn Personalverantwortliche in Deutschland gefragt werden, welche Eigenschaften Jobkandidaten mitbringen müssen, steht sie seit Jahren mit ganz oben: Durchsetzungskraft. Und auch im Zirkusspiel taucht dieser Begriff immer wieder auf. Beispielsweise wenn es um die Gehaltsvorstellungen geht. Da berichten die Befrager richtig stolz davon, dass sich ihr Bewerber/ihre Bewerberin nicht hat klein machen lassen. »Er kannte seinen Wert ganz genau!« heißt es dann über einen Feuerschlucker oder den Stardirigenten des Zirkusorchesters.

Durchsetzungskraft brauchte Gudrun Wilke, 47, genau in dem Moment, in dem es ihr am dreckigsten ging: Wegen schweren Alkohol- und Tablettenmissbrauchs und einem gescheiterten Selbstmordversuch lag sie in einer psychiatrischen Klinik. Ihr Arbeitsplatz drohte verloren zu gehen, ihre Ehe war am Ende, sie stand vor dem absoluten Nichts.

Etwas Ähnliches hatte sie schon einmal erlebt. Viele Jahre lang hatte sie als Krankenschwester erfolgreich eine

Aufnahmestation in einem niederbayerischen Krankenhaus geleitet. Und das nach einem ziemlich schweren Start ins Leben. Von klein auf ein kränkelndes Kind, war sie es gewohnt, viele Tabletten zu nehmen, sie hatte rheumatisches Fieber, ihre Nieren waren angegriffen. Mit 21 hatte sie zu viele Tabletten geschluckt und war im Krankenhaus aufgewacht, hatte ihre Arbeit verloren und war von Lübeck nach Bayern gezogen, weit weg von ihrer Familie, mit der Hoffnung auf ein besseres Leben. Die Klinik, in der sie danach gearbeitet hatte, schloss, sie baute ein Haus für allein erziehende Mütter auf, heiratete. Heute sagt sie: »Der falsche Job, der falsche Mann.«

Tabletten und Alkohol machten sie zum Wrack. »Es war ein Selbstmord auf Raten.« 1994 wurde sie an einem Sonntag von zu Hause abgeholt, in eine psychiatrische Klinik gebracht: Suizidgefahr. Die Nachbarn hatten sie einweisen lassen, das Vormundschaftsgericht hatte entschieden. Die Polizei nahm sie mit. Dem Mann war's egal. Sagt sie.

Sechs Wochen verbrachte sie in einer geschlossenen Abteilung, grauenvolles Ambiente. Aber bei ihr legte sich »ein Schalter um«, wie sie rückblickend erzählt. »Ich merkte, dass die Pfleger und Ärzte es gut mit mir meinten. Stellte fest, dass mehr Menschen das gleiche Problem wie ich hatten. Bekam eine Ahnung, dass die Welt trotzdem schön sein könnte.«

Als sie nach 18 Wochen Suchtklinik und 18 Wochen Rehabilitation nach Hause darf, will sie nicht zurück zu ihrem Mann, ihre Mutter will nichts mehr von ihr wissen. Das Einzige, was sie hat, ist ein ruhender Vertrag mit der Stadt Regensburg, als Angestellte. Sie tritt zur Arbeit an, wird rumgeschoben, versetzt. Man weiß nicht, was man mit ihr anfangen soll. Schließlich wird sie als Verwaltungsangestellte im Fremdenverkehrsamt eingesetzt, einfache Hilfskraft.

Aber Gudrun Wilke hat andere Pläne: Sie möchte eine betriebliche Suchtstelle aufbauen, jetzt, nachdem sie weiß, wie viele Menschen Hilfe brauchen. Sie verhandelt drei Jahre lang mit dem Personalrat, ihren Vorgesetzten, bis sie nach langen Vorbehalten als ehrenamtliche Suchtberaterin die ersten Klienten beraten kann. In der Zwischenzeit hat sie nach einjähriger Abstinenz eine Ausbildung als ehrenamtliche Suchthelferin bei der Diakonie in Nürnberg gemacht und ist ehrenamtlich im Suchtarbeitskreis Regensburg tätig, leitet dort einen Arbeitskreis, wird zweite Vorsitzende und Pressesprecherin, veröffentlicht eine Artikelserie in der örtlichen Zeitung. »Ich konnte der Stadt beweisen, dass ich es ernst meine.«

Das bedeutet manche Doppelschicht, zwischen 100 und 150 Überstunden fallen pro Monat an. Der Oberbürgermeister verspricht ihr: »Wenn Sie mir beweisen, dass es notwendig ist, dann schaffe ich eine Stelle für Sie.« Gudrun Wilke arbeitet rund um die Uhr. »Ich hatte die Chance, zu machen, was ich will. Habe alles ganz alleine aufgebaut. Seltsamerweise bin ich seither nie mehr krank gewesen, keine Allergien, kein Asthma, keine Ekzeme.«

Seit dem 1. Januar 2000 ist sie hauptamtlich tätig. Der Bedarf ist groß, sehr groß. Inzwischen berät sie nicht nur städtische Kollegen, »wer kommt, wird beraten, ich schicke niemanden weg«. Sie ist gerade dabei, ein Projekt für Kinder aus Suchtfamilien zu initiieren. Arbeitet mit den Chefs der Suchtkranken, mit den Kollegen und den Familien.

Sie, die lange in der Verwaltung als »Männerhasserin« galt, hat inzwischen auch privat eine neue Perspektive gefunden; übers Internet[33] hat sie durch eine Anzeige »mit Bild« ihren neuen Freund kennen gelernt. Nach vier Wochen

---

33 www.knowone.de

haben sie sich schon getroffen, geredet, gelacht, gemeinsame Leidenschaften entdeckt, beispielsweise die Musik. Und sind glücklich. »Nie hätte ich das für möglich gehalten«, sagt Gudrun Wilke, »dass ich noch mal so lieben darf und so geliebt werde.« In seiner Mutter hat sie »die Mutter gefunden, nach der ich mich immer gesehnt habe. Auch da war es Zuneigung auf den ersten Blick.«

Übers Internet hat sie sich auch auf meinen Aufruf gemeldet, dass ich Menschen suche, die Erfüllung in ihrer Arbeit gefunden haben. Als ich sie für dieses Buch interviewe, verrät sie mir etwas: 1996 stieß sie in einer kleinen Regensburger Buchhandlung auf mein Buch »Eigenlob stimmt«. Und hatte es, wie sie sagt, »während der letzten Jahre immer in der Tasche. Es hat mir Mut gemacht und Kraft gegeben.«

Den Teil über PR kann sie wieder gut gebrauchen, weil sie plant, die Beratung jetzt auch über die Stadtgrenzen auszudehnen. Sie möchte Firmen beraten, die eine Suchtstelle einrichten wollen. Nach einem Bericht des Berufsgenossenschaftlichen Dienstes (BAD) in Bonn trinken etwa 4,3 Millionen Menschen täglich am Arbeitsplatz Alkohol, zwei Millionen von ihnen, vom Hilfsarbeiter bis zum Topmanager, gelten als alkoholkrank.[34]

Gudrun Wilke sieht das ganz nüchtern: »Das ist eine Marktlücke, und ich habe dort meine Stärken. Ich habe alle Verbindungen bundesweit. Sobald ich eine Vertretung in der Stadt finde, möchte ich meine Arbeit dort reduzieren und mich selbständig machen.« Was für eine Karriere! Ich bin stolz auf Sie, Gudrun Wilke.

---

34 *Wirtschaftswoche online* (www.wiwo.de) 9.5.2001

Vom Reaktionär zum Aktionär

Durchsetzungsfähigkeit, das hat man bei dieser unglaublichen Frau gesehen, kann Leben retten, das eigene und das von anderen. Manchmal muss man erst in einer tiefen Krise stecken, um aus dem Überlebenswillen heraus diese Kraft zu entwickeln. Manchmal reicht es, leichte Barrieren abzubauen, um sich noch bestimmter als vorher durchzusetzen. Und wieder kommen wir auf die Kindheit zurück. Kinder, deren Wille gebrochen wurde, reagieren im späteren Leben oft entweder angepasst oder trotzig, auf jeden Fall aber »reaktionär«, also immer nur in Reaktion auf die Vorgaben anderer. Das Ziel des erwachsenen Umgangs mit Durchsetzungskraft ist die Entwicklung vom »Reaktionär« zum »Aktionär«, also zu einem Menschen, der aktiv seine Wünsche vertritt und das durchzusetzen versucht, was er für richtig und wichtig hält.

Leute, die immer nur »Ja, Herr Lehrer« sagen, bringen die Welt nicht weiter, kein Unternehmen und keine Abteilung. Nelson Mandela, der große Freiheitskämpfer und frühere Staatschef Südafrikas, hat in seinem Gedicht »Unsere größte Angst« 1984 geschrieben: »Dein Kleinmachen dient nicht der Welt. Es zeugt nicht von Erleuchtung, sich zurückzunehmen, nur damit sich andere um dich herum nicht verunsichert fühlen ... Wenn du von deiner eigenen Angst befreit bist, befreist du automatisch die anderen ...«

Dabei sollten wir stets bedenken, dass andere Menschen um uns herum auch andere Interessen haben können, die vielleicht auf unsere prallen. Was wir uns für uns selbst wünschen, passt vielleicht nicht ins Konzept der anderen. Der Trainer Reinhard Sprenger sagt dazu: »Wenn ich ein wichtiger Mitarbeiter bin, also ein Beitragender, werde ich meine Bedingungen durchsetzen. Wenn nicht, dann bin ich offensichtlich nicht so viel wert, dass man mich nicht verlieren will.« Diese Erkenntnis kann sehr schmerzhaft sein, aber einen Versuch ist es allemal wert, um meinen Marktwert zu erkennen.

Ich erinnere mich, dass ich mich in einer Redaktion mal sehr über meinen Chefredakteur ärgerte, weil er mir eine Arbeitszeitänderung nicht erlaubte. Ein Kollege hat mich dann aufgeklärt: »Du musst wissen, du darfst hier arbeiten, weil du dem Unternehmen mehr einbringst, als du es kostest. Das ist der einzige Grund.«

Diese Erkenntnis hat mich damals ziemlich umgehauen, war ich doch eine Journalistin mit Leib und Seele, die ihre Leser/innen liebte und stets ihr Bestes gab. Aber ich erkannte nach einiger Zeit: Es stimmte. Ich wurde nicht beschäftigt, weil ich die Hauptenährerin einer vierköpfigen Familie war oder eine begnadete Schreiberin. Ich half mit meinen Geschichten ganz gut, die Zeitschrift zu verkaufen, mehr nicht.

Ich glaube, aus Erfahrungen wie diesen habe ich einen knallharten Realitätssinn entwickelt, bin nicht mehr besonders gefährdet, in Illusionen zu leben, bin unglaublich pragmatisch. Manchmal bin ich etwas traurig, dass ich alles so realistisch sehe. Andererseits: Möchte ich noch mal dumm sein? Nein, ganz bestimmt nicht! Nur wer klar sieht, kann klare Entscheidungen treffen.

Füllen Sie, mit Mandelas Hymne auf die Durchsetzungskraft, Ihre Reisekasse mit starkem Willen und der Hoffnung auf die Wirkung Ihres Tuns. Wer sich ohnmächtig fühlt, braucht erst gar nichts zu versuchen. Wer aber seine Stärke erkennt, kann etwas machen, übernimmt die Verantwortung für sein Schicksal und vielleicht sogar ein kleines Stück für die Welt. Nur mit dieser Stärke werden Sie auch ein guter Teamplayer. Der seine besten Fähigkeiten in die Gruppe einbringt, der konstruktiv streiten und gemeinsam kämpfen kann. Die Reise führt also aus dem Jammertal – wohin? Na klar, in die Stadt Tun.

Dritte Etappe:
Die Verkehrslage checken

Als mein 19-jähriger Sohn Semhar letzten Sommer zum ersten Mal mit dem Auto in den Urlaub fuhr, ließ er sich vorher vom ADAC drei verschiedene Routen zu seinem Ziel in Spanien ausarbeiten, einmal die kürzeste über die Autobahn; einmal die schönste, an der Côte d'Azur entlang über Nizza und Monaco; und dann eine Mischvariante. Tagelang saß er dann mit Pinky, seinem Freund, zusammen über den Straßenkarten und fuhr den Weg in Gedanken ein Dutzend Mal rauf und runter. Ich fand es interessant, mit welchem heiligen Ernst sich die Burschen auf die Reise vorbereiteten (wie spontan und naiv sind wir in meiner Jugend einfach losgefahren) und wie ihre Gesichter leuchteten, wenn sie aus ihren »Planungsgesprächen« wieder auftauchten. (Sie wählten übrigens auf ihrem Hinweg die schnelle Autobahnroute und zurück zuckelten sie an der Côte d'Azur entlang.)

Wer sich auf eine längere Reise vorbereitet, checkt sinnvollerweise vorher die Verkehrslage. Und bevor Sie sich auf die Reise vom Eigentlichland in die Stadt Tun machen, hilft es Ihnen vielleicht zu erfahren, wie Experten die »Verkehrslage«, sprich die Entwicklung des Arbeitsmarkts beurteilen, welche »Routen« sie aufzeigen, vor welchen Störungen sie warnen und welche Umleitungen sie empfehlen.

Ich habe für Sie die interessantesten Wissenschaftler, Berater und Praktiker befragt, habe Trends nachrecherchiert und Beispiele für gekonnte Routenplanung gesucht. Hier das Ergebnis meines Verkehrs-Checks, der keineswegs die schöne neue Welt verspricht, aber interessante Tendenzen aufzeigt.

Die Freiheit zur Selbstausbeutung

»Wir erleben die Entgrenzung der Arbeit. Damit einher gehen Flexibilisierung und Selbstorganisation. Eine Chance für Arbeitnehmer, aber auch eine Herausforderung.« Nick Kratzer, Sozialwissenschaftler und Vorstand des Instituts für Sozialwissenschaftliche Forschung in München e. V., befasst sich seit vielen Jahren mit der Entwicklung der Arbeit. Gerade hat er im Auftrag der Hans-Böckler-Stiftung eine interessante Studie dazu vorgelegt, die demnächst auch als Buch erscheinen soll.[35]

Die Wissenschaftler um Kratzer haben drei Unternehmen untersucht, eine Versicherung, einen Fertigungsbetrieb und eine IT-Beratung. Sie haben dabei vor allem drei verschiedene Tendenzen für die Zukunft der Arbeit herausgefunden:

1. Jeder ist im Markt, und der Markt ist überall.
2. Wir erleben das Ende der Normalarbeit.
3. Selbstorganisation und Selbstverantwortung sind gefragt.

1. Jeder ist im Markt, und der Markt ist überall

Wir erleben eine »Vermarktlichung« der Betriebe: Immer mehr Betriebe gehen in den Markt, und in den Betrieben entsteht verstärkt ein Markt. Viele Arbeitnehmer müssen in Zukunft lernen, im Rahmen der Umsetzung konkreter Maßnahmen zur Kundenorientierung oder/und Reorganisation, ihre

---

[35] Nick Kratzer: Entgrenzung von Arbeit, München 2002, im Erscheinen

Leistung, aber auch die Produkte oder Dienstleistungen ihres Unternehmens noch besser zu vermarkten. Es wird eine »Internalisierung« des Marktes beobachtet, auf die sich Mitarbeiter einstellen müssen.

Das hängt einerseits mit der zunehmenden Projektarbeit zusammen. Projektarbeit ist für viele Angestellte eine Chance, sich zu profilieren, sich mit ihren Fähigkeiten und Leistungen zu zeigen, sich einzubringen. Das bedarf eines selbstbewussten Auftretens. Es zwingt mehr Mitarbeiter denn je dazu, vor anderen ihre Ideen und Resultate zu präsentieren; erforderlich sind also eine gewisse Redegewandtheit und keine Scheu vor Auftritten. Es wird auch immer häufiger vorkommen, dass Mitarbeiter über ihre Abteilung oder ihren Bereich hinaus mit anderen Führungskräften, ja dem Vorstand zu tun bekommen. Sahen die meisten Mitarbeiter früher einen Vorstand ihr Arbeitsleben lang nur aus der Ferne, kann es jetzt sein, dass sie in einer Projektgruppe neben ihm sitzen oder ihn überzeugen müssen. Was in modernen Unternehmen jetzt schon gang und gäbe ist, wird sich auch in der breiten Wirtschaft durchsetzen.

Auf der anderen Seite intensiviert sich eine weitere Selbstmarketing-Notwendigkeit: der Kundenkontakt. Die Vermarktung der Firma und deren Produkte spielt im Alltag von immer mehr Mitarbeitern eine Rolle. Nicht die Vertriebsmitarbeiter allein schaffen am Kunden, sondern ganz viele. Heute heißt es: »Jeder macht Vertrieb.« Die Dame am Empfang ist dabei genauso wichtig wie der Techniker, der Vorstand genauso wie die Buchhalterin. Alle müssen schauen, dass die anspruchsvollen Kunden rundum zufrieden sind; alle sind eigentlich ständig in der Akquisition.

Das verlangt von den Einzelnen nicht nur kommunikative Talente, sondern auch zu lernen, selbst Unternehmensgegen Kundeninteressen auszutarieren. Gleichzeitig müssen sie lernen, persönliche Grenzen zu ziehen, also nicht völlig in der Unternehmens- noch in der Kundenorientierung aufzugeben.

Das braucht natürlich überzeugende Persönlichkeiten. Dadurch ändert sich die Personalentwicklungspolitik in Unternehmen. Den Trend zum »Lebensunternehmer« kann man schon in einigen Betrieben beobachten. Jeder sollte möglichst unternehmerisch denken und handeln. Und dies wird zum Teil auch schon durch Weiterbildungsmaßnahmen beziehungsweise Arbeitskreise unterstützt. Das Human Resource Management ist wichtiger denn je.

2. Wir erleben das Ende der Normalarbeit
Seit längerem kann beobachtet werden, dass sich die »Normalarbeit« in der Erosion befindet. Bereits 1998 gab es auf einer Soziologentagung in Freiburg eine Diskussion über die »Entgrenzung von Arbeit«. Als das »Normale« galt bisher eine unbefristete Vollzeitstelle, häufig eine lebenslange Betriebszugehörigkeit, ein fester Arbeitsort, eine Übereinstimmung von Ausbildung und Beruf, die Einordnung in eine betriebliche Hierarchie, ein Bewusstsein von »Oben« und »Unten«, gefühlsmäßig eher im Reich des Zwangs als dem der Selbstverwirklichung angesiedelt.

Dieses vertraute Erwerbssystem franst an den Rändern aus, ist keine grundlegende Selbstverständlichkeit mehr. Schon 1995 arbeiteten übrigens nur noch 17 Prozent der Beschäftigten »Normalarbeitszeit«, also zwischen 35 und 40 Stunden, auf fünf Tage die Woche gleichmäßig verteilt, montags bis freitags. Gleitzeitregelungen und Langzeitkonten, Schichtdienst und Teilzeitmodelle haben diese Norm längst abgelöst.

Die gemeinsamen Merkmale aller untersuchten Betriebe in der Studie waren aber trotzdem: Mehrarbeit und Überstunden, flexible Arbeitszeiten und eine hohe Verdichtung der Arbeit. Flexibilisierung und Verdichtung gehen also Hand in Hand. Vor allem Führungskräfte verleitet diese Verdichtung, noch Arbeitsstunden am Abend oder am Wochenende dranzuhängen, im Büro oder gleich im Home Office: »Da habe ich endlich mal Ruhe und kann die wirklich wichtigen Dinge erledigen, zu denen ich sonst nicht komme!«

Die Forscher entdeckten vor allem bei jüngeren Angestellten eine vergleichsweise hohe Akzeptanz von Überstunden und hohen Leistungsanforderungen, wenn damit eine »gute« oder Sinn stiftende Arbeit verbunden war. Sie schätzen die neue Zeitsouveränität, also die Möglichkeit, die Arbeit mit ihren privaten Interessen zu vereinbaren, selbst um den Preis, insgesamt mehr zu arbeiten.

Einen interessanten Trend hat Nick Kratzer bei den Befragungen entdeckt, nämlich den von der (männlichen) Normalbiografie hin zur Wunschbiografie, wie die Forscher es nennen. Normalbiografie hieß bisher Lernen, Arbeiten, Rente. Die Studie hat die Sehnsucht nach einer anderen Abfolge festgestellt. Auch wenn die Wunschbiografie bisher selten gelebt wird, wächst ganz offensichtlich das Verlangen nach einem anderen Rhythmus: »lernen – arbeiten – lernen – arbeiten – Auszeit – arbeiten« beispielsweise.

Manche Zukunftsforscher sprechen sogar schon von einer »Feminisierung der Arbeit«, einer wachsenden Flexibilität, wie sie Frauen im Arbeitsprozess eher zugesprochen wird, mal Vollzeit, mal Teilzeit, mal Unterbrechungen, zum Beispiel für die Familienphase, mal Karriere in einer Festanstellung und mal Freiberuflichkeit.

In der Wunschbiografie findet sich auch das Ziel Leben oder mehr Leben. Und daran hapert es allzu oft. Die Studie stellt fest, dass Beruf und Familie zu vereinbaren bei den meisten Beschäftigten vielleicht gerade noch so klappt, aber ganz persönliche Bedürfnisse wie »auf dem Balkon liegen und ein Buch lesen« oder »Freunde treffen« oder »einfach Zeit für mich haben« oft geopfert werden. Was früher nur als Klage von Schichtarbeitern bekannt war, greift jetzt neben den Führungskräften auf immer weitere Bereiche der Mitarbeiter über. Festzustellen ist gerade bei jüngeren Angestellten, dass sie Überstunden akzeptieren, entweder da sie sich den Job ja »freiwillig gewählt« haben oder weil sie sich in einer »Übergangsphase« wähnen und hoffen, dass die hohen Zeitanforderungen kein Dauerzustand seien und in Zukunft sicher nachlassen würden (gerade befragte Frauen betonten übrigens immer wieder, wie froh sie seien, dass ihre Partner ihre derzeitige Belastung »so verständnisvoll« akzeptieren würden). Die Forscher meinen skeptisch: »Das Licht, das am Ende des Tunnels gesehen wird, kann aber natürlich auch das Licht eines entgegenkommenden Zuges sein.« Will sagen, sie glauben nicht an das spätere bessere, »weniger Stunden« Arbeiten.

> Wir haben die Arbeit untersucht, und sind dabei aufs Leben gestoßen.
> Nick Kratzer, Sozialforscher

Was ist denn mit dem normativen Anspruch nach Entfaltungschancen, also der Möglichkeit, sich als Mensch zu entwickeln, wie es sich immer mehr Mitarbeiter wünschen? Diese Chancen steigen, wie Nick Kratzer feststellt, weil Entfaltungschancen heutzutage gleichzeitig sozial und produktiv sind. Übrigens der einzige Grund, warum ein Thema wie »Diversity«, also die Individualisierung im Arbeitsprozess, eine Chance bekommt. Wenn jeder sich nach seiner eigenen Art entfalten darf, wird er ein Höchstmaß an Leistung bringen. Profitieren können beide Seiten davon: Arbeitnehmer und Unternehmen. Auch wenn man von der Umsetzung im jetzigen Stadium in den Betrieben noch nicht viel sieht, wird es interessant sein zu sehen, ob sich diese Entwicklung wird durchsetzen können.

Offensichtlich ist, dass mehr und mehr »die Person als Ganzes« ins (betriebliche) Spiel kommt, das »Inner Self« und damit die Reproduktionssphäre, sprich das Private. Nick Kratzer: »Wir haben die Arbeit untersucht und sind dabei aufs Leben gestoßen.« Einige Veränderungen kann man bereits in Firmen erkennen, die in die Richtung weisen: Familienorientiertes Personalmanagement heißt beispielsweise ein Trend. Immer mehr Unternehmen kümmern sich aktiv um die Vereinbarkeit von Familie und Beruf, nicht mehr nur für Frauen, sondern zunehmend auch für Männer. Sie müssen etwas für die Leistungsstabilität tun, denn Mitarbeiter, die ihre Kinderbetreuung nicht ordentlich geregelt kriegen, sind weniger leistungsfähig. Oder das Thema Gesundheit, das in Unternehmen eine immer größere Rolle spielt: Wenn ein Betrieb feststellt, wir haben soundso viel Prozent Ausfälle wegen Rückenleiden, dann wird schon mal Massage für alle angeboten. Das kostet eine Stunde, der Ausfall vielleicht drei Wochen.

3. Selbstorganisation und Selbstverantwortung sind gefragt

Der dritte Trend geht weg von Anweisungen und Kontrolle hin zu mehr Eigenregie. Die Studie hat eine »Entstandardisierung und Variabilisierung« von Arbeitsstrukturen beobachtet. Man kann euphemistisch sagen: Revolutionäres spielt sich ab. Die vertrauten Koordinaten der Organisation von Arbeit – Hierarchie, Kontrolle, Fremdrationalisierung, Fremdbestimmung, eingeschränkte Subjektivität, Trennung von Arbeitswelt und Lebenswelt – geraten ins Wanken. »No ranks, no titles«, heißt es schon in vielen Betrieben. Hierarchien werden abgeflacht, die Eigenverantwortung des Einzelnen steigt. In allen Abteilungen, die für die Studie untersucht wurden, auch in Fertigungsabteilungen, wurde eine zunehmende Verantwortung der Einzelnen für Arbeitsabläufe beobachtet. Also auch bei den Monteuren am Band, die im Prinzip selbst einteilen, wie sie die Aufträge bearbeiten, wie sie die Arbeiten im Team aufteilen, die Urlaubsgestaltung, die freien Tage, die Schichten. Inzwischen kann man ja an jeder Maschine ablesen, wie viele Aufträge da sind, wie viele abgewickelt wurden, wie die Umsatzentwicklung ist.

Höhere Transparenz ist sicherlich die Voraussetzung für diese Verantwortung. Dazu kommt allerdings der Druck, die Qualifikation immer wieder anzupassen, was in der Regel Mehrarbeit bedeutet. Die Studie hat außerdem festgestellt, dass über ziemlich breite Beschäftigungsgruppen hinweg länger, mehr und flexibler gearbeitet wird. Firmen stehen dieser neuen Flexibilisierung der Arbeitsformen sehr aufgeschlossen gegenüber. Denn wer flexibler und selbstorganisiert arbeitet, arbeitet in der Regel mehr, das scheint ein Naturgesetz zu sein.

Die Studie hat klar ergeben: Wir erleben eine neue Leistungskultur. Alle Befragten haben gesagt: Wir arbeiten mehr als früher. Leistungskulturen werden durchaus von einzelnen Abteilungen aufgestellt, neue Mitarbeiter lernen schnell: Wie gehen Vorgesetzte oder Kollegen mit Mehrarbeit um? Wie lange »bleibt man« abends? Es ist, so die Forscher, vergleichsweise schwierig, sich dieser »Kultur« zu entziehen. Auf der anderen Seite wird Anpassung positiv mit Anerkennung und mit Integration im Team belohnt.

Eine verschärfte Leistungskultur hat aber auch mit dem Trend zu tun, dass Boom und Flaute sich auf dem Markt immer schneller ablösen. Die Personaldecke wird deshalb möglichst knapp gehalten, um keine Überkapazität zu schaffen. In Boomzeiten bezahlt man dann mit einer starken Unterbesetzung. Die zu wenigen müssen dann überdurchschnittlich viel mehr schaffen.

In jedem Boom, das haben die Forscher auch festgestellt, steckt sogar schon die Drohung der Flaute: »Es kann auch wieder schlechter werden«, sodass sich alle noch mehr anstrengen müssen. Der Konkurrenzdruck, die Angst vor den »Bösen« im Markt verdichtet die Arbeit überhaupt erheblich. Man »muss« also einfach ranklotzen.

In Boomzeiten führt der Marktdruck, in Form von Aufträgen, dazu, dass dieser Boom selbstverantwortlich abgearbeitet werden muss. Das organisiert die Gruppe oder Abteilung bereits sehr selbständig, schließlich ist man froh, dass der Laden brummt. Führungskräfte brauchen von oben gar nicht mehr groß anzuweisen oder zu kontrollieren.

In der Flaute steigt wieder der Akquisitionsdruck, die Leute müssen sich also auch wieder stark engagieren, um neue Aufträge zu bekommen. Dadurch fehlen, so die Forscher, die Pausen zwischendurch, wo es mal etwas ruhiger wird, wie es früher durchaus der Fall war. Logisch: Je näher die Mitarbeiter selbst mit am Markt sind, desto mehr gilt diese Abfolge.

Wir erleben also auf der einen Seite eine neue Freiheit, die aber gleichzeitig eingebettet ist in Anforderungen. Gerade junge Leute, so stellt Nick Kratzer fest, gewöhnen sich sehr schnell an diesen Rhythmus, vor allem wenn sie noch keine Familie haben. Wobei innovative Firmen darauf achten, dass es immer wieder gemeinsame Freizeitgestaltung gibt, gemeinsames River Rafting etwa oder im Winter Skifahren. Dann findet man Freunde in der Firma, alle arbeiten gleich viel, und damit hat der/die Einzelne weniger Stress.

Ein wichtiges Fazit der Studie (und die Forscher wundern sich ein bisschen darüber): Die meisten Mitarbeiter empfinden die neue verdichtete Arbeitssituation trotzdem subjektiv als Verbesserung. Auch wenn sie über den Druck klagen, wollen sie die alten, bürokratischen starren Strukturen nicht zurückhaben. Und jüngere Mitarbeiter kann man mit dem Wort »Normalarbeit« richtig erschrecken.

Gerade sie wissen sehr wohl, dass sie mit der Einschränkung ihrer Lebenszeit, also mit der Mehrarbeit, die sie leisten, den Preis für die hoch geschätzte Freiheit von Zwängen, eine größere Autonomie und Selbstverwirklichung in ihrer Arbeit bezahlen. Doch auch sie sitzen oft in der Zwickmühle: dass sie zwar so arbeiten, wie sie wollen, aber die Arbeit oft nicht so organisieren können, wie sie möchten, weil sie die Entscheidungsverantwortung darüber nicht haben.

Neue Arbeitsformen wie beispielsweise Projektarbeit werden zwar oft als befriedigend empfunden, der Diskurs gibt ein Gefühl von Verantwortung, wird durchaus auch als »Verschnaufpause« im durchrationalisierten Alltag gesehen, erhöht aber objektiv die Arbeitsbelastung noch einmal erheblich. Die Stunden, die man in Meetings verbringt, muss man »nacharbeiten«.

Das Institut von Nick Kratzer ist übrigens selbst das beste Beispiel für diese Entwicklung: Es besteht seit 35 Jahren, seit zehn Jahren gibt es keinen Direktor mehr, dafür eine starke Selbstverwaltung der 35 Mitarbeiter, es gibt Projekte und Teams mit eigener Verantwortung. Viele akquirieren also nach außen. Dadurch ist die Arbeitssituation, so Nick Kratzer, für alle interessanter geworden. Aber sie ist auch härter geworden, wie er selbstkritisch zugibt. Härter in dem Sinn, dass alle mehr arbeiten als je zuvor. So ein Auftragsetat von circa fünf Millionen im Jahr muss erst mal erwirtschaftet werden. Das sei »schön und schlimm zugleich«, wie er sagt.

Gleichwohl ist das vielleicht der passende Ausdruck für die Ergebnisse seiner Studie. Denn die »Freiheit zur Selbstausbeutung« gibt es nicht nur in Unternehmen, sondern schon längst an Universitäten, in Forschungseinrichtungen und bei vielen Selbständigen, die sich ja offensichtlich auch freiwillig dieser Selbstausbeutung stellen. Vielleicht können wir den Widerspruch auflösen, wenn wir nicht länger Arbeitszeit als Fron und Freizeit als Leben gegeneinander abgrenzen beziehungsweise wenn wir Wege finden, beides miteinander zu versöhnen. Wer Erfüllung, Sinn und Berufung in seiner Arbeit findet, wird diese Balance sicher besser hinbekommen als jemand, der nach einem schrecklichen Tag wenigstens noch kurz »am Leben schnuppern« will.

Wie eine Feder im Wind?
Erinnern Sie sich an den Film »Forrest Gump«? Der Hauptdarsteller Tom Hanks fragt sich darin: Können wir die Dinge unseres Lebens bewusst entscheiden, oder sind wir wie eine Feder im Wind? Und er beantwortet sich die Frage selbst: Man weiß es nicht.

Ich würde meinen Job nicht machen, wenn ich nicht daran glauben würde, dass wir das Drehbuch unseres Lebens zumindest *mit*schreiben, dass wir versuchen sollten, der Vorstand unseres Lebensunternehmens zu werden, um die wichtigen Entscheidungen selbst zu treffen. Als Coach und Seminarleiterin treffe ich ja auch hauptsächlich auf Menschen, die sich aufgemacht haben, ihr Leben zu verändern, die keine Lust haben, eine Feder im Wind zu sein.

In den Interviews zu diesem Buch zeichnete sich ebenfalls ab, wohin es wache, mutige Menschen zieht. Unter all diesen Reisenden konnte ich, grob sortiert, fünf verschiedene Gruppen ausmachen, die natürlich nicht TUI oder Studiosus heißen, sondern:

- Die Sinnsucher
- Die Zeitpioniere
- Die Kosmopoliten
- Die kreativen Ästheten
- Die neuen Unternehmer

Lassen Sie uns diese Reisegruppen einmal anschauen. Was verbindet und was unterscheidet sie? Welche Möglichkeiten haben sie gefunden, ihr Reiseziel zu erreichen? Welchen Benefit haben sie von ihrer Beweglichkeit? Und wie schätzen Experten die Möglichkeiten für die Zukunft ein, auf diesem Weg fortzufahren?

Die Sinnsucher: Auf dem Weg zu ihrer Berufung

Während der Zeit der Recherche zu diesem Buch, so Anfang August, sah ich eines Abends die »Tagesthemen« im Fernsehen. Während eines Beitrags wurde der Windenergieexperte von Greenpeace interviewt. Und etwas war an diesem Mann, was mich dazu brachte, ganz schnell seinen Namen zu notieren: Sven Teske. Gleich am nächsten Tag rief ich in der Hamburger Greenpeace-Zentrale an, bekam ihn sogar sofort an die Strippe und machte einen Interviewtermin mit ihm aus.

An einem regnerischen Oktobertag, ein kalter Wind fegte über die Reeperbahn, traf ich ihn in dem renovierten Speicherhaus in der Großen Elbstraße, in dem die Zentrale von Greenpeace Deutschland residiert, nein, was heißt das schon – aktiviert.

Während ich warte, genieße ich den Blick über die grauen Elbfluten, die direkt an das Haus schwappen, hinüber zu den Docks. Sven Teske holte mich am Empfang ab, um gleich anzumerken, dass er leider furchtbar wenig Zeit hätte, da eine wichtige Aktion anstünde, an der er sich beteiligen müsste. Was es sei, könne er leider nicht sagen (abends im Hotel sah ich ihn, glaube ich, im Fernsehen: als Blockadedemonstrant im gelben Friesennerz auf der Castor-Bahnstrecke).

In der einen Stunde, die ich ihn befragen konnte, wurde klar, warum die wenigen Sätze in den »Tagesthemen« mich so fasziniert hatten: Er ist mein Beispiel für die Gruppe der Sinnsucher beziehungsweise Sinnfinder. Der Mann hat seine Berufung gefunden: Er lebt seine Arbeit, und er arbeitet mit seinem Leben. Was ich je über Leidenschaft und Begeisterung geschrieben habe, bei ihm trifft es 100-prozentig zu. Und zwar auf eine warmherzige, gescheite Art, die nichts von Engstirnigkeit, Ideologisierung oder Fanatismus hat.

Sven Teske, heute 35, ist gelernter Offsetdrucker. Doch er hat, so erzählt er, »diesen Beruf von Anfang an gehasst«. Er sah sich die Kollegen an, erzählt er, mit denen er damals zusammenarbeitete, und dachte: »O Gott, willst du bis 65 so arbeiten?« Nein, wollte er nicht. Die Begeisterung in seinem Leben kam durch die Greenpeace-Aktionen, an denen er schon mit 19 teilnahm, ehrenamtlich natürlich. Und ihm wurde klar: Für diese Organisation wollte er arbeiten. Für dieses Ziel würde es sich lohnen, sich anzustrengen.

Er holte das Abitur nach und studierte anschließend in Wilhelmshaven Feinwerktechnik. Nebenbei beteiligte er sich an Aktionen von Greenpeace, bildete selbst die nächste Generation von Aktivisten im Schlauchbootfahren aus. »Alle fünf Jahre kommt da eine neue Generation, nach dem Studium gehen die Leute in den Job, und dann ist es erst mal damit vorbei. Erst die über 50-Jährigen können es sich dann wieder leisten, sich für Greenpeace zu engagieren.« Das war ihm nicht genug. Er wollte seine ganze Kraft in den Dienst der guten Sache stellen, er wollte bei Greenpeace arbeiten.

Sven Teske erzählt: »Genau zu dem Zeitpunkt, als ich mit dem Studium fertig wurde, hatte gerade der Experte für erneuerbare Energien bei Greenpeace gekündigt. Zufall oder nicht, was soll's? Ich bekam in der Abteilung einen Aushilfsjob für vier Wochen, daraus sind jetzt acht Jahre geworden.« Acht erfüllte Jahre, denn er sieht es knallhart: »Wenn ich mich morgens nicht aufraffen kann, ins Büro zu gehen, dann ist der Job vorbei.«

Doch die Gefahr bestand bisher nie. »Ich darf die Arbeit machen, so empfinde ich meinen Job. Und wenn Sie mich nicht bremsen, dann mache ich noch 95 Projekte nebenbei.« Dass er da abends nicht auf die Uhr schaut, scheint auch klar, oder? Er lacht: »Mit der 38-Stunden-Woche sind wir am Mittwochnachmittag durch. Ich finde ja, wenn man irgendwann auf die Uhr guckt und denkt, oh, schon so spät, dann ist es gut.«

Wenn ich mich morgens nicht aufraffen kann, ins Büro zu gehen, dann ist der Job vorbei!
Sven Teske,
Energieexperte
bei Greenpeace

Welcher Gegensatz zu seinem ersten Job. Er erzählt, wie er mal als junger Drucker in vielen langen Überstunden eine Werbebeilage fertig stellen musste. »Und dann laufe ich eine Woche später im Regen nach Hause und sehe diese Beilage im Dreck liegen. Dafür hatte ich nun meinen Feierabend geopfert! Dieses Erlebnis hat sicher zu meiner Entscheidung, was Neues anzufangen, beigetragen.«

Wenigstens die Wochenenden versucht Sven Teske sich freizuhalten, »meine Arbeit ist an oder aus, ein bisschen gibt es nicht«. Und abends liebt er es auch schon mal, auf die Piste zu gehen. Die vielen Überstunden werden mit einer Pauschale abgegolten. Ich frage ihn: »Haben Sie nie mit dem Gedanken gespielt, dass Sie woanders mehr verdienen könnten?« Er überlegt nicht lange und wirkt völlig uneitel, als er sagt: »Natürlich habe ich schon einige Angebote bekommen, und ich weiß, dass ich in der Wirtschaft etwa 40 Prozent mehr verdienen könnte. Aber meine Unabhängigkeit, so zu arbeiten, wie ich es für richtig halte, meine Freiheit, Visionen entwickeln zu können, ohne mit dem Projekt Geld verdienen zu müssen, das ist mir mehr wert.«

Der Output seiner Arbeit bei einer NGO (einer Nicht-Regierungs-Organisation, wie Vereine wie Greenpeace international genannt werden) ist natürlich sehr schwer zu messen. Sven Teskes Erfolgskriterien: »Wenn ich als Experte angesprochen werde, wenn es irgendwo um das Thema erneuerbare Energie geht. Wenn meine Meinung gehört und geschätzt wird.« Und natürlich wenn er in der Öffentlichkeit etwas bewegt. »100 Prozent aller Deutschen kennen Greenpeace. Wir haben uns über qualifizierte Arbeit profiliert. Seit etwa zehn Jahren arbeiten wir am Thema erneuerbare Energie, und wir haben da wirklich schwer gearbeitet, um Akzeptanz zu bekommen. Fünf, sechs Jahre brauchst du, um dir einen Namen zu machen.« Er hat es geschafft.

Lust verkürzt den Weg.
William Shakespeare, Dramatiker

Greenpeace-Organisationen gibt es in 35 Ländern, und diese Internationalität ist es auch, die Sven Teske reizt: »Mit Russen, Amis, Asiaten und Europäern auf einem Schiff, das macht Spaß! In unserem Mittelmeerbüro, da arbeiten Libanesen und Israelis, Griechen und Türken zusammen, das ist Friedensarbeit im Kleinen.« Manchmal nervt die relativ langfristige internationale Abstimmung, bis man zu einer gemeinsamen Entscheidung kommt. »Das dauert mir oft zu lange«, sagt er, »aber das Ergebnis ist es wert. Die Ziele sind glasklar, und ich kann mich voll identifizieren. Das Regionale interessiert mich ehrlicherweise nicht besonders, das Internationale ist Klasse.«

»Greenpeace Energy« heißt sein letztes Projekt, das er mit den zwölf Mitarbeitern seiner Abteilung erarbeitet hat, ein alternatives technisches und wirtschaftliches Konzept. »Wir wollen die Chancen bei der Entwicklung auf dem Energiesektor zeigen, dass man beispielsweise nicht mehr bei einem Unternehmen kaufen muss, das man hasst. Die Rahmenbedingungen für die Liberalisierung auf dem Strommarkt haben wir genutzt, um Alternativen zu bieten. Schon 12 000 Haushalte werden so alternativ versorgt.«[36]

In seinem Energieressort arbeiten Biologen, Physiker, Betriebswirte und Fremdsprachenkorrespondenten zusammen, Männer und Frauen je zur Hälfte. Sven Teske: »Wir versuchen, das Modell vorzuleben, green und peace. Das heißt, gute Teamarbeit ist uns wichtig; wir brauchen Vertrauen und geben es uns; wir ergänzen uns, so weit wie möglich; in unseren Grenzen, die wir versuchen, nach vorn zu verschieben.«

Internationalität heißt für den Energieexperten natürlich auch, viel zu reisen. Was möglich ist, bewältigt er mit dem Zug, auch die Fahrt nach Paris beispielsweise. Aber Sven Teske ist kein Fundamentalist: »Wenn es heißt, du musst morgen früh in London sein oder in Rom, dann fliege ich natürlich auch.« »Unsere Schlauchboote haben schließlich auch Motoren«, fügt er lächelnd hinzu, »wenn auch einige mit Biodiesel. Also, wir sind ambitioniert in natürlichen Grenzen, absolut realistisch. Auch im Umgang miteinander. In unserem Team haben wir den Ehrenkodex, dass Auseinandersetzungen geradeaus geführt werden. Und das gefällt mir. Ich habe gelernt: Ehrlichkeit ist nur kurzfristig unhöflich.«

---

36 www.greenpeace-energy.de

Und deshalb bin ich auch gar nicht böse, als er mich nach genau einer Stunde ziemlich zügig verabschiedet, weil er zum »Lager« muss, Genaueres will er nicht sagen. Mit dem Taxi übrigens: »Alles andere würde jetzt zu lange dauern.« Idealismus und Pragmatismus gemischt, das macht wohl den ganz besonderen Charme des Sven Teske aus.

Die zehn wichtigsten Prognosen für Reisende in Sachen Veränderung

Die Suche nach dem Sinn in der Arbeit gab es sicher immer schon, nach Erfüllung, nach Freude und Anerkennung. Doch die Chancen, sich und seine Werte in einen Job einzubringen, werden noch steigen, meint jedenfalls Achim Mollbach[37], Bereichsleiter Human Resources Management bei Kienbaum Management Consultants in Düsseldorf. Er ist gleichzeitig Führungskräftecoach und Leiter der Kienbaum Academy für Weiterbildung. Ich habe ihn im Rahmen der Kienbaum Summer School 2001 kennen gelernt und war fasziniert von seinen klugen Analysen und seiner tiefen Menschlichkeit. Ich traf ihn im Herbst in Aschau am Chiemsee, wo er einen einwöchigen Malurlaub verbrachte, zu einem Interview. Für dieses Buch hat er zehn Prognosen für die Zukunft der Arbeit aufgestellt:

1. Prognose: Wir brauchen Mitarbeiter, die wissen, was sie wollen und wer sie sind. In Zukunft werden Unternehmen noch mehr Rücksicht auf den Faktor Mensch und dessen

---

[37] Er ist Jahrgang 1961, hat Germanistik, Philosophie, Theologie und Organisationspsychologie studiert, ist danach direkt in die Beratung gegangen und arbeitet sei drei Jahren bei der Kienbaum Unternehmensberatung.

Ganzheitlichkeit nehmen. Sie brauchen Mitarbeiter, die wissen, was sie wollen. Denn nur wer in Kontakt zu seinen Sehnsüchten, Gefühlen und Möglichkeiten steht, kann Innovationen entwickeln, Vorstellungen von der Zukunft haben und damit Dinge anders machen – auch im Blick auf Leistungen, die er anderen anbietet. Change, Veränderung von Unternehmen, ist im Prinzip nur mit solchen Menschen möglich, andere reproduzieren nur lieb gewordene Modelle. Wer in Kontakt mit sich selbst ist, hat stärkeren Kontakt zu seinen Energiequellen. Wenn ständig von Motivation die Rede ist, dann ist genau das das Thema: Unternehmen brauchen solche engagierten Mitarbeiter, die in ihrer Aufgabe und Arbeit Kontakt zu sich selbst haben können. Aber das bedeutet für Unternehmen ein Umdenken: Ende mit dem Mitarbeiter als einem Objekt und Befehlsempfänger. Keine Rose ohne Dornen. Autonome Menschen brauchen autonome Räume. Andersdenker denken auch dann anders, wenn ich anders denke! Wer also solche autonomen Leute beschäftigen will, muss ihnen auch Freiräume geben und sie im Kontakt zu ihrem Willen akzeptieren.

2. Prognose: Das Unternehmensparadigma wandelt sich. In der klassischen, auf Produktion angelegten Organisation ist der Mensch eine Maschine und somit mit seinem spezifisch Menschlichen – dem eigenen Willen, dem eigenen Denken und Fühlen – ein Störfaktor. Menschen sind Kostenfaktoren, die – wo es geht – durch billigere Maschinen zu ersetzen sind. Auf die Spitze getrieben heißt dies: Eine Fabrik ist auch voll automatisiert denkbar: ohne Menschen. Viele Unternehmensführer – auch in nichtproduzierenden Unternehmen – steuern ihre Unternehmen nach diesem Paradigma der Fabrik. Dieses Paradigma taugt aber in den Unternehmen der Zukunft immer weniger: In den Organisationen der

Zukunft ändert sich das Paradigma eher hin zu Hotel, Theater oder Zirkus. Die sind ohne Menschen nicht denkbar, im Gegenteil: Der Zirkus und das Hotel leben von den spezifisch menschlichen Leistungen: von Kunst und Gestaltung, von Kommunikation und Pflege, von Schönheit und Emotionen. Wer von uns wollte schon in einem voll automatisierten Hotel wohnen oder in einen voll automatisierten Zirkus gehen? Dieser Wandel gilt sicher zuerst für Dienstleistungsunternehmen, aber auch für Produktionsunternehmen: deren Anteil an Dienstleistung wird kontinuierlich steigen. Der Manager von morgen wird den Menschen als Erfolgsfaktor sehen, nicht als Kostentreiber oder Störfaktor. Das ist die Stunde des Diversity Managers, er muss es schaffen, die verschiedenen Mentalitäten, Charaktere und Kulturen zu managen und sie miteinander in Kommunikation zu bringen. Wir brauchen sicher noch Zahlendreher, Leute, die streng in technischen Prozessen denken, aber mehr und mehr Menschen, die es schaffen, die Unterschiedlichkeit und die Besonderheit von Menschen als Erfolgsfaktor zu sehen – wie im Zirkus, im Theater oder im Hotel.

3. Prognose: Wir werden kreativere Arbeitsumgebungen schaffen. Kunden erwarten Topqualität und Innovation, Originelles, zumindest bei hochpreisigen Marken oder Branchen. Sie kaufen nicht einfach irgendein Produkt, sondern ein Produkt, das ein Lebensgefühl transportiert und unverwechselbar ist. Topqualität und Innovation aber erfordern etwas anderes als standardisiertes Abarbeiten durch Massen, nämlich individuelle und hochkarätige Leistung von High Performern. High Performer, das sind keine Hühner auf der Stange, sondern Menschen, die ihre Performance unter spezifischen Bedingungen entfalten, die zu ihrem Charakter und ihrem Tun passen. Individuelle Leistung braucht individuelle

Arbeitsumwelten. Der Manager von morgen ist jemand, der sich die Frage stellt: Unter welchen Arbeitsbedingungen und in welchen Umwelten arbeitet mein Mitarbeiter oder meine Mitarbeiterin erfolgreich? Daher wird das Thema Arbeitsorganisation als individuelle Gestaltung von »stimulierenden Leistungsräumen« wieder einen größeren Raum einnehmen. In den letzten Jahren galt der Effizienzgrundsatz: »Ein Mensch muss überall gut performen.« Das wird sich ändern. Man wird erkennen, dass der Mensch in unterschiedlichen Umgebungen unterschiedliche Performance zeigt. Wenn jemand am liebsten mit seinem Laptop an einer Hotelbar sitzt und Super-Arbeit abliefert, wird er das zukünftig dürfen. Wenn jemand zu Hause auf seinem Kuschelsofa die besten Akquisegespräche führt, lass ihn doch. Es wird egal sein, wo jemand arbeitet, auch wann, wenn der Output stimmt. Führung wird bei diesen Arbeitsbedingungen natürlich immer wichtiger – und gleichzeitig viel schwerer als im alten »Maschinen-Paradigma«. Je individueller die Arbeitsbedingungen, desto mehr braucht es auf der anderen Seite Kommunikationsplattformen, wo sich »Individuen« und Teams treffen: Es wird wieder Rituale geben müssen, um sich zu treffen, wie Feste aller Art. Der Bürotag wird der Kommunikationstag werden, dabei wird ein hohes Maß an Disziplin nötig, zum Beispiel Pünktlichkeit. Vor allem bei den Führungskräften.

4. Prognose: Wir bekommen einen Arbeitnehmermarkt. Durch die Aufwertung des Faktors Mensch und die gleichzeitige Verknappung von talentierten und gut ausgebildeten Menschen werden Arbeitnehmer in Zukunft vermehrt die Spielregeln im Arbeitsmarkt der High Performer bestimmen. Sie werden zunehmend Einfluss nehmen auf die Bedingungen, unter denen sie arbeiten wollen. Ich will nicht nur ein Einkommen X, sondern bin bereit, alles zu ge-

ben, gut zu performen und mich an meiner Leistung messen zu lassen. Und weil ich bereit bin, flexibel zu arbeiten, verlange ich Freiraum, eigene Verantwortlichkeiten und vor allem auch Zeit für mich, für Freunde und Lebenspartner oder Familie. Und Zeit, um mich ganz anders zu erleben: Sport, Adventure, Bildung, Sinnsuche, Disco, was auch immer. Ein bedeutender Faktor wird dabei der wieder zunehmende Wert von Freundschaft und Lebenspartnerschaft/Familie sein. Die Zeit der autistischen Karrieristen wird dem Ende entgegengehen.

5. Prognose: Professionalität und Authentizität werden sich verbinden müssen. In den 70er, 80er Jahren war der Begriff der Authentizität hoch im Kurs. Interessanterweise wird der Faktor Mensch durch das Wachsen des Dienstleistungsgedankens aufgewertet, andererseits aber auch die Professionalisierung dieses Faktors. Denn Dienstleistung hat mehr mit »gutem Schauspiel« als mit echten Gefühlen und offener Kommunikation zu tun. Dienstleistung bedeutet: professionell mit Beziehungen arbeiten, Emotionsarbeit. Es bedeutet auch ein bisschen Show. Wer mit dem Flugzeug fliegt, möchte von der Stewardess freundlich bedient werden, egal ob sie schlechte Laune hat oder ihren Fluggast als Typ nicht mag, und sei es noch so authentisch. Das gilt generell im Umgang mit Kunden und Vorgesetzten: Die Beziehungsarbeit ist immer eine professionelle, keine private. Entgegen der Annahme mancher Experten, wird sich die Trennung von professionell und privat nicht grundsätzlich aufheben. Der umgekehrte Trend ist ansatzweise zu beobachten: Menschen schaffen es vermehrt, professionell Beziehungen zu knüpfen, Kommunikations- und Emotionsarbeit zu leisten und dennoch klar vor Augen zu haben, dass Familie und Freundschaft etwas anderes ist als das Pflegen von Kundenbeziehungen. Dienstleistung besteht noch mehr als bisher darin, seine emotionale Rolle gut zu spielen. Frauen waren bisher noch mehr als Männer in diesem Authentizitätsdogma verhaftet, haben quasi die Reinheit der Gefühle bewahrt, während die Männer strategisch und taktisch waren. Die beste Verbindung aller Talente ist die soziale Kompetenz, in der Echtheit und Professionalität, Wahrhaftigkeit und Strategie sich treffen. Reine Professionalität wirkt kalt und glatt, Authentizität im Unternehmenskontext vergisst, dass es sich auch bei der Dienstleistung um »Geld gegen Leistung« handelt. Das Management des Widerspruchs von Authentizität und Professionalität wird einer der größten psychischen Herausforderungen für den Dienstleistungssektor der Zukunft sein.

6. Prognose: Wir erleben die Medialisierung der Unternehmen. Unternehmen – insbesondere die großen – werden zunehmend gläsern. Die mediale Öffentlichkeit erfährt immer mehr darüber, was in den Unternehmen los ist. Manch ein Mitarbeiter erfährt über Presse und Fernsehen Interna seines eigenen Unternehmens. Die gläserne Produktionshalle eines deutschen Automobilherstellers, die gerade eröffnet wurde, ist ein wunderbares Symbol. Die Frage: Wie wirke ich als Unternehmen in der medialen Öffentlichkeit? wird für den Erfolg der Unternehmen immer wichtiger. Was für die Unternehmen als Ganzes gilt, gilt selbstverständlich erst recht für deren Führer. Der Vorstand eines börsennotierten Unternehmens ist heute eine öffentliche Person, er ist also nicht nur Unternehmensleiter, sondern ähnlich einem Politiker eine Person im Rampenlicht. Öffentliche Personen aber arbeiten nicht mit Zahlen und Realitäten, sondern mit (sozialen) Wirkungen. Das bedeutet, auch Unternehmensführer brauchen zunehmend mediale, das heißt strategisch-kommunikative Fähigkeiten. Wenn heute auf einer Pressekonferenz ein Vorstand Blödsinn erzählt oder einen falschen Witz, haut das sofort in den Aktienkurs rein. Das hat mit dem Produkt an sich gar nichts mehr zu tun. Bisher kamen die meisten Unternehmenslenker aus einer Fachlaufbahn – in der Vergangenheit, insbesondere in Deutschland, eher produkt- und technisch orientiert, in der Gegenwart eher finanzkennzahlenorientiert. So gut sich ein Ingenieur zum Beispiel bei technischen Prozessen auskennt, ein Controller in Finanzkennzahlen, so schwach sind die meisten technisch oder an Finanzkennzahlen Interessierten auf der strategisch-kommunikativen Seite: Die Einschätzung und Steuerung von (sozialen) Wirkungen, von Werten, Ängsten und Erwartungen ist ihnen fremd. Genau das aber wird immer wichtiger. Produkte werden sich nicht mehr allein verkaufen, nur weil sie technisch gut sind. In der medialisierten Wirtschaftswelt wird es darauf ankommen, das Unternehmen und seine »Gestalt«, sein »Image« und seine Kultur gut zu verkaufen. Die Bedeutung von interner und externer Unternehmenskommunikation, die in Deutschland noch im Dornröschenschlaf liegt, wird also erheblich wachsen.

7. Prognose: Selfmade-Fachleute bekommen mehr Chancen. Bisher ist die akademische Berufswelt den Ausbildungsfeldern der Universität angeglichen. In Zukunft wird sich die Universitätsstruktur den Bedürfnissen der ökonomischen Welt anpassen müssen. Die Durchlässigkeit zwischen den in Deutschland sehr erstarrten Berufsgruppen und deren standesorientierten Abgrenzungen wird größer: Computerinteressierte Chemiker werden als IT-Berater arbeiten, Psychologinnen als Strategieberater, Betriebswirte werden im Coaching arbeiten und Marketingleute in der Prozesssteuerung. Erzieherinnen werden Vorstandsassistentinnen und ehemalige Fußballprofis Vorstände. Und Geisteswissenschaftler/innen findet man sowieso auf allen Ebenen der Unternehmensführung. Was in Beratungsberufen jetzt schon Trend ist, wird sich in den nächsten Jahren in der gesamten Wirtschaft durchsetzen, auch in Deutschland, obwohl unsere Strukturen besonders starr sind. Du wirst in Zukunft nicht mehr für das bezahlt werden, was du gelernt hast, sondern für das, was du kannst.

8. Prognose: Wir werden lernen, Informationen, Wissen und Ideen nach Qualitätsfaktoren zu bewerten. E-Mail und Intranet haben eins geschafft: die Überflutung mit Informationen. Wir haben nicht zu wenig, sondern zu viel Information. Wo aber zu viel ist, da ist der Sprung vom quantitativen zum qualitativen Denken gefragt: Welche Information, welches Wissen ist wertvoll, und welches Wissen und welche Information sind so genanntes »totes Wissen«? Die Wissensanhäufung, wie sie an Schulen und Hochschulen betrieben wird, die Menge an angesammeltem Wissen wird nicht mehr so viel wert sein, sondern die Qualität und der Nutzen. Nicht mehr die Menge an Ideen wird wichtig sein, sondern deren Qualität und Besonderheit für die Lösung von Problemen. Und hier gilt: Manchmal ist weniger mehr. Auch im Bereich der Ideen- und Wissensgenerierung brauchen wir den Abschied von der Massenproduktion. Die Entwicklung einer guten und originellen Idee entspringt nicht am Fließband. Die Kultur der Mittelmäßigkeit, die sich unter uns ausbreitet, hat auch etwas damit zu tun, dass Unternehmen und insbesondere die »Kreativindustrie« versuchen, Ideen am Fließband zu produzieren. Gute, originelle, exzellente Ideen aber brauchen Zeit, und »Ideenfinder« brauchen den kreativen Abstand vom Gegenstand, wie beim Malen das Zurücktreten von der Leinwand. Also, die Ideenfinder müssen sich regelmäßig zurückziehen, den Überblick bekommen – und vor allem wieder Zeit. Wer zu dicht an der Wand steht und Zeitdruck hat, der wird unproduktiv – und eine Vielfalt an mittelmäßigen Ideen produzieren. Das gilt für Akademiker/innen wie für Facharbeiter/innen. Totes Wissen – das ist ein Wissen, das sich auf vielen Datenbanken finden lässt. Das Wissen wurde tot, als versucht wurde, es vom Menschen abzukoppeln. Es gibt ein Wissen, das an den Menschen gebunden ist, das sich nicht oder nur kaum auf Datenträger übertragen lässt. Das gilt auch für firmenwichtiges Know-how. Menschen sind die Wissensspeicher: Wissensmanagement wird seine »technische Naivität« ablegen müssen. An dieser Stelle wird der Wert von älteren Mitarbeitern mit langjährigen Arbeits- aber auch Lebenserfahrungen wieder steigen: Erfahrung im Umgang mit Menschen, im Meistern von Krisen, im Bewältigen schwieriger Unternehmens-, Arbeits- und Lebenssituationen, das alles ist eine Form »praktischen Wissens«, das nicht auf einer Datenbank abgelegt werden kann, sondern Menschen als »Träger« braucht, ein »trägerabhängiges Wissen«, das man früher Weisheit genannt hätte.

9. Prognose: Wir werden eine Kultur der Älteren bekommen. Das liegt zunächst ganz einfach an der demografischen Entwicklung, es werden in zehn Jahren mehr ältere (über 45) als jüngere Mitarbeiter da sein. Allein die Zahl der 30- bis 39-Jährigen sinkt von heute 12,5 Millionen auf neun Millionen im Jahr 2010. Dazu kommt ein Spezialistenmangel, beispielsweise im Bereich Maschinenbau, die Hälfte der Stellen kann in den nächsten Jahren nicht besetzt werden. Und die Konkurrenz in Europa sucht auch – international. Natürlich sind die Älteren von heute nicht wie die Älteren vor 20 Jahren, sie sind selbst also sicher auch jugendlicher, dynamischer und kreativer. Aber der Jugendwahn wird damit beendet sein, und Unternehmen müssen wieder offener werden für Kandidaten über 45. Das wird Auswirkungen auf das Arbeitstempo haben, die Schlagzahl wird wieder sinken. Während die Jüngeren eher Projekte »kloppen« können, arbeiten die Älteren mehr qualitativ in die Tiefe. Je mehr soziale und lebenspraktische Fähigkeiten gefragt sind, desto mehr werden ältere Mitarbeiter wieder wichtig werden. Dass dies noch nicht umfassend gesehen wird, zeigt, wie sehr Führung und Management von Unternehmen Zeit brauchen, um von lieb gewordenen, aber mittlerweile dysfunktionalen Mythen und Vorurteilen Abschied zu nehmen. Vielleicht hat das mit der Angst vor dem eigenen Älterwerden zu tun.

10. **Prognose: Das Diversity-Thema ist noch nicht gelöst.**
In Unternehmen spricht sich herum, dass es nichts Schlimmeres gibt als Monokultur. Diversity ist ein strategischer Faktor, kein humanitärer. Die Vielfalt an Charakteren und Biografien, an kulturellen Herkünften und Lebensentwürfen ist ein zunehmender Erfolgsfaktor von Unternehmen in einem pluralen Markt. Dennoch ist das Problem noch nicht gelöst, wie Menschen mit unterschiedlichem Geschlecht, sexueller Orientierung, kultureller Herkunft und verschiedenen religiösen und spirituellen Orientierungen tatsächlich zusammenarbeiten und immerhin bis zu zehn oder zwölf Stunden am Tag miteinander leben können, ohne diese Unterschiedlichkeit aufzugeben, aber auch ohne die Konflikte ideologisch zu ignorieren, die sich aus dieser Unterschiedlichkeit ergeben. Dies lässt sich nach wie vor an dem Thema der Zusammenarbeit zwischen Frauen und Männern verfolgen. Auch hier haben wir es in vielen Fällen mit einer übermoralisierenden Scheintoleranz zu tun. Political Correctness, falsch verstanden, führt oft zu einer Verwischung von Unterschieden und zu einer ideologischen Leugnung

von Konflikten, die sich aus der Unterschiedlichkeit ergeben. Unterschiedliche Gruppen brauchen ihren Raum, um ihre Identität bewahren und unter sich sein zu können – das gilt auch für Frauen und für Männer. Es bringt gar nichts, dies im Zug der Political Correctness zu ignorieren. Diversity heißt auch, mit Konflikten umzugehen. Hierzu gehört ebenso das Tabuthema »Sexualität/Erotik und Arbeitswelt«. In der klassischen Organisation war die Arbeitswelt »enterotisiert«. Durch die »Vermenschlichung der Organisationen«, die Aufhebung von Grenzen und Schranken und die »Sexualisierung« der Produkte der Unternehmen wird sich dieses Thema durch Tabuisierung nicht mehr lösen lassen. Hier braucht es einen realistischen Blick auf das, was ist – also das Gegenteil von Doppelbödigkeit und Sprachlosigkeit, die letztlich Energie und Leistung kosten.

Die Zeitpioniere: Auf dem Weg zur Balance

Vor etwa elf Jahren las ich das erste Mal etwas über Zeitpioniere, es war ein Taschenbüchlein gleichen Titels. Erstmals war damals von dem Aachener Professor Karl H. Hörning das Phänomen des »Zeitwohlstands« beschrieben worden und der Menschen, die sich dem Tempodiktat entziehen und ihren eigenen Rhythmus leben wollten.[38]

In den Jahren seither hat sich der Trend noch verstärkt, immer mehr Menschen suchen die Balance. In jeder Jugendstudie wird bestätigt, dass Frauen und Männer das Ziel haben, Arbeit und Privatleben unter einen Hut zu bringen. Das

---

38 In meinem Buch »Balancing«, Econ, überarbeitete Neuauflage 1/2001, beschrieb ich das Bemühen der Zeitpioniere.

kann Zeit für die Familie sein, aber auch für ein Hobby. Zeit, sich sozial zu engagieren oder wie Dr. Christof Schalhorn genügend Zeit für Familie und Leidenschaft zu haben. Wobei bei ihm Leidenschaft fürs Drehbuch- und Stückeschreiben steht.

Christof Schalhorn ist 31, seine Frau und er haben gerade ihr erstes Baby bekommen. Bisher hatte der Doktor der Philosophie 40 Stunden die Woche als technischer Redakteur in einem Softwareunternehmen gearbeitet, nun wird er auf 30 Stunden reduzieren. Warum ausgerechnet technischer Redakteur? Seine Antwort kommt glasklar: »Ich wollte mich nicht in eine wirtschaftliche Abhängigkeit von der Kultur bringen. Und trotzdem meine Theaterstücke und Prosa schreiben. Der bürgerliche Weg wies mir mehr Freiheit.«

Über ein Quereinsteigerprogramm, eine Schreibwerkstatt für Sachtexte, kam der Geisteswissenschaftler, der über »Hegels enzyklopädischen Begriff von Selbstbewusstsein« promoviert hat[39], mit der Wirtschaft in Verbindung, machte ein Praktikum bei der Firma Comet Computer in München. Ihm gefiel die Arbeit, das Schreiben von Bedienungsanleitungen für Computersoftware, er wollte in München bleiben, er äußerte Interesse zu bleiben und wurde genommen.

Seine Arbeit empfindet er als sehr abwechslungsreich: Er ist für die Kundenkontakte zuständig, organisiert und terminiert die Projekte seiner Teams, ist interner und externer Berater. Manchmal schreibt er selbst, manchmal muss er koordinieren. Und das liegt ihm: »Ich brauche Schlüsselfertigkeiten der Kommunikation, brauche die Strukturierungsgabe, Texte aufzubauen, der Zielgruppe entsprechend.« Von Computern selbst hatte er so gut wie keine Ahnung. »Da habe ich viel von den Kollegen gelernt.«

---

39 Felix-Meiner-Verlag

> ❖❖❖❖❖
> »Zwei Männer spalteten den ganzen Tag lang Holz. Der eine arbeitete ohne Pause durch und hatte am Abend einen ansehnlichen Stoß Scheite zusammen. Der andere hackte 50 Minuten und ruhte sich dann jeweils zehn Minuten aus, und trotzdem war sein Stoß am Abend viel größer. »Wieso hast du mehr als ich?«, fragte der erste. Da antwortete sein Kollege: »Weil ich bei jeder Pause nicht nur ausgeruht, sondern auch meine Axt geschärft habe.«
> Thomas B. Welch jr.
> ❖❖❖❖❖

Das Lernen war auch ein Motiv von ihm, »richtig« zu arbeiten, statt sich nur einem ungewissen Schriftstellerdasein zu widmen: »Ich kann schon lange ganz gut schreiben, aber es fehlte mir noch Reife, es fehlten mir Themen, ich wollte noch etwas übers Leben lernen. Ich muss zugeben, ich bin ein Perfektionist. Ich liebe die antiken Autoren, dazu Shakespeare oder Musil. Mein Alptraum wäre, für ein Feuilleton zu schreiben. Da mag ich lieber die klaren Anleitungen, mit denen ich hier zu tun habe. Und ich glaube, das Leben als Literat ist sehr einsam, mein Leben jetzt ist wesentlich interessanter. Ich habe viel mit Menschen zu tun, bin in einer kreativen Umgebung.«

Kreativität wird bei Comet Computer auch mit Zeitsouveränität gleichgesetzt.[40] Christof Schalhorn beginnt manchmal schon um halb acht in der Früh zu arbeiten, um nachmittags zu Hause zu sein, manchmal erst um elf, dann bis 20 Uhr. In Zukunft wird er wegen des Babys sicher öfter zu Hause arbeiten: »Das bleibt völlig mir überlassen.« Er schätzt

---

40 Mehr dazu im Interview mit Comet-Chefin Sissi Closs auf Seite 193 ff.

auch die Größe der Firma; mit circa 60 Mitarbeitern ist sie, so Schalhorn, »von der Struktur her prima, es gibt wenig Karrierekämpfe, die Atmosphäre ist heiter und herzlich, aber ohne falsche Verbrüderungsorgien. Es wird auch hart gearbeitet, aber alle sind bereit, zu lernen und ihr Wissen weiterzugeben.«

In seiner Freizeit schreibt er neben dem »großen Theaterstück« Kurzgeschichten »in hemingwayscher Tradition«. Seine Geschichte »Teufelsbrut« wurde sogar schon ausgezeichnet und als Wettbewerbsgeschichte des Bettina-von-Arnim-Preises in einem Sammelband veröffentlicht.[41] Darauf ist er genauso stolz wie auf seine Softwarebedienungsanleitungen.

News für Zeitpioniere

Mehr Arbeitszeitflexibilität wollen die Unternehmen ihren Mitarbeitern bieten, die sich von Dr. Andreas Hoff beraten lassen, dem deutschen »Arbeitszeit-Papst« und Unternehmensberater in Berlin. Ich kenne ihn seit Beginn der 90er Jahre, und er war sofort bereit, für dieses Buch die wichtigsten Fragen zum Thema Zeitsouveränität und Teilzeit zu beantworten.

Was haben Unternehmen davon, ihren Mitarbeiter/innen flexible Arbeitszeiten zu gewähren?
Wir kennen einen neuen Wohlstand, den Zeitwohlstand. Er tritt gleichberechtigt neben Anerkennung und Geld. Deshalb ist es sinnvoll, wenn Unternehmen ihren Mitarbeitern flexible und individuelle Arbeitszeiten bieten, es dient der

---

41 »Neues vom Leben«, herausgegeben von Ulrike Bauer, Piper Verlag, München

Motivation und dem Engagement. Übrigens auch bei denen, die diese Option gar nicht nutzen möchten. Nach unserer Erfahrung setzen nur etwa zehn Prozent ihren Wunsch nach weniger Arbeit tatsächlich auch um.

Wird Zeit genauso wichtig wie Geld, Karriere, Chancen?
Sagen wir mal so, für mich ist Zeit ein Hygienefaktor im Sinn der Motivationstheorie. Zeit gehört einfach dazu, um motiviert zu sein. Und Zeitsouveränität ist eine wichtige Option. Beispielsweise für eine junge Frau (und in Zukunft vielleicht auch öfter für einen jungen Mann), die weiß, dass sie auch nach der Geburt ihres Kindes qualifiziert kürzer arbeiten kann und nicht im Supermarkt stundenweise Regale einräumen muss.

Aus vielen Studien ist übrigens bekannt, dass Teilzeitkräfte weitaus mehr arbeiten, als der Anteil ihrer Stunden vermuten lassen würde. Aber auch für die Bindung von Mitarbeitern ans Unternehmen ist Zeitsouveränität ein wichtiges Instrument. Die Bereitschaft, den Arbeitgeber zu wechseln, steigt auch in Deutschland. Und man weiß ja heute, wie teuer Fluktuation ist. Gerade gute Leute, also die zehn Prozent herausragenden Leistungsträger, muss man pflegen, pflegen, pflegen.

Teilzeit ist doch längst mehr als die klassische Halbtagsstelle?
Ja sicher, sie ist alles, was unterhalb der jeweiligen Vollzeitschwelle liegt, das können 35 Stunden sein, 30 oder 19. Aufgeteilt in jegliche Stückelung, die man sich denken kann, auf fünf Tage oder weniger pro Woche.

Was spräche gegen Teilzeit? Wann geht es schief?
Die Vorteile sind überwältigend. Das Einzige, was mir einfällt, wären die höheren Weiterbildungskosten. Aber dazu

muss man wissen, dass Teilzeitkräfte sehr viel Weiterbildung in ihrer Freizeit machen, also da stimmt das Kosten-Nutzen-Verhältnis wieder. Schief gehen Teilzeitversuche aus mehreren Gründen, wenn die Teams falsch zusammengesetzt sind zum Beispiel, also alle nur vormittags wollen, die Mischung nicht stimmt. Man muss ein bisschen gucken, wie man die Teams zusammensetzt.

Was müssen Führungskräfte in Sachen Teilzeit beachten?
Sie sollten sich vor allem weniger einmischen. Sie sollen ihre Führungsaufgaben wahrnehmen, also strategisch denken und Ideen entwickeln, aber nicht ständig wie die Oberkontrolleure den Leuten nachlaufen. Ich sag denen immer: Setzt die Teams gut zusammen, setzt klare Termine, macht vernünftige Vereinbarungen, und dann schaut euch das Ergebnis an. Und wenn es nicht klappt, könnt ihr immer noch eingreifen. Die meisten Chefs/Chefinnen trauen ihren Mitarbeitern und Mitarbeiterinnen immer noch nicht genug zu. Aber es müssen Handlungsspielräume und klare Zuständigkeiten geschaffen werden, damit es klappt.

Wie kann ich jetzt als Mitarbeiter/in Teilzeit durchsetzen?
Meine Erfahrung zeigt, dass es in jedem Unternehmen möglich ist. Man muss sich nur die Freiräume schaffen. Die meisten versuchen es allerdings nicht einmal, geben nicht mal ein Signal in die Richtung und gehen lieber in die innere Kündigung. Erste Voraussetzung ist natürlich, dass ich mich gut verkaufen kann. Dann kriege ich in der Regel auch, was ich will. Das sieht man heute doch schon bei Freelancern. Die können ja häufig die Bedingungen stellen, oder Berater. Wenn ich also einen guten Stand bei meinen Vorgesetzten habe, dann reden wir doch mal darüber, was mich interessiert. Natürlich muss ich gute Argumente bringen, was das

Unternehmen davon hat, wenn ich weniger arbeite oder in ein Sabbatical gehe. Wir wissen ja, dass Familienarbeit einen qualifizierenden Effekt hat, bei Frauen wie Männern. Und Weiterbildung ist doch auch was Schönes. Allein die persönliche Weiterentwicklung des Mitarbeiters, der Mitarbeiterin ist in vielen Firmen wohl noch nicht das schlagende Element, aber auch dort bewegt sich schon Einiges.

Was bleibt, wenn alle Argumente nichts nützen?
Die wichtigste Drohung, anderenfalls zu gehen. Was sonst? Glücklicherweise kann man ja Arbeitsverträge kündigen. Das ist ein großer Vorteil des Arbeitsvertrags, im Gegensatz zur Leibeigenschaft früherer Jahrhunderte. Im Ernst: Diese Drohung ist letztlich das Einzige, was dann hilft. Gute Leute, das haben inzwischen auch die Dümmsten kapiert, darf man nicht verlieren.

Sie behaupten, Teilzeit geht auf jedem Arbeitsplatz?
Ja. Das ist meine Erfahrung. Auch in Führungspositionen. Was machen die Unternehmen denn, wenn jemand wochenlang auf Reisen ist oder sich mal das Bein bricht? Jeder Betrieb muss so organisiert sein, dass die zeitweilige Abwesenheit des Einzelnen kein Problem ist. Und für die Führungskraft selbst gilt: Wenn ich Freiheiten haben möchte, muss ich dafür sorgen, dass ich ersetzbar bin. So einfach ist das. Auch wenn es natürlich einiges Selbstbewusstsein voraussetzt.

Das heißt, die Unternehmen müssten ihre Mitarbeiter/innen noch selbstbewusster machen, damit die sich für solche Lösungen überhaupt entscheiden?
Auf jeden Fall. Es ist noch zu viel Angst in Unternehmen. Angst ohne Ende. Und wenn das Unternehmen nicht in der Lage ist, mit selbstbewussten Mitarbeitern umzugehen, dann

muss ich mir halt für meine Lösung ein anderes suchen. Ich empfehle bei der Suche übrigens, auf kundenorientierte Unternehmen zu achten. Die sind normalerweise auch mitarbeiterorientierter.

Zeitsouveränität heißt ja nicht nur Teilzeit, die geht ja auch über Langzeitkonten, Ampelkonten oder Vertrauenszeit. Was bedeutet Langzeitkonten?
Mit Langzeitkonten bekommen die Mitarbeiter/innen die Möglichkeit, durch Mehrstunden Zeit »anzusparen«. Beispiel: ein großer Verlag. In Saure-Gurken-Zeiten für Magazine könnten sich die Mitarbeiter beispielsweise ein längeres Sabbatical leisten, reisen, eine Weiterbildung machen, eine Promotion. Und das alles mit weiterlaufendem Gehalt. Wir haben gerade eine Umfrage gemacht: Mindestens die Hälfte aller Unternehmen, die geantwortet haben, wollen in den nächsten drei Jahren Langzeitkonten einführen. Also, das geht gut los.

Ein weiteres Stichwort heißt Ampelmodell, was ist darunter zu verstehen?
Angefangen haben die flexiblen Arbeitszeitmodelle ja mal mit Gleitzeit, aber die war noch nicht wirklich flexibel. Eines der ältesten Modelle, die wir entwickelt haben, ist das Ampelkonto. Früher gab es ja meist nur das Kappungsmodell, also plus/minus zehn Prozent auf den Folgemonat. Wir haben bei der Bremer Landesbank das Ampelkonto entwickelt, das keine Kappung mehr kennt. Dafür drei Phasen: Es gibt eine grüne Phase, mit plus/minus 20 Stunden im Monat, eine gelbe Phase mit plus/minus 30 Stunden und eine rote mit plus/minus 40 Stunden im Monat. Solange ein Mitarbeiter im grünen Bereich ist, kann er es machen, wie er es will. In der gelben Zone muss er mit seinem Vorgesetzten reden. In

der roten Zone steuert der Vorgesetzte den Ausgleich. So oder ähnlich läuft dieses Modell.[42] Da gibt es verschiedene Variationen.

Und was verstehen Sie unter Vertrauensarbeitszeit?
Das ist die Variante, dass die Mitarbeiter/innen ihre Arbeitszeit selbst kontrollieren, nicht fremdkontrolliert werden. Es gibt keine Zeitkontrolle mehr, dafür die Ausrichtung an den Ergebnissen; in welcher Zeit die jemand schafft, bleibt ihm selbst überlassen. Vertrauensarbeitszeit folgt am konsequentesten dem Motto »Arbeite, wie du willst«. Sie gibt dem Einzelnen ein Höchstmaß an Freiheit. Man kann zu Hause arbeiten oder unterwegs. Man kann im Betrieb sein und nicht arbeiten. Das geht auch. Kann mit Kollegen Kaffee trinken oder aus dem Fenster schauen. Egal. Solange ich eine betriebliche Zeiterfassung habe, muss ich als Chef ja irgendwie darauf achten, dass meine Leute auch arbeiten. Aber wenn auf diese Zeiterfassung verzichtet wird, entsteht automatisch mehr Freiheit.

Gibt es denn dann überhaupt keine Kontrolle mehr?
Doch, aber sie ist aufgabenbezogen und ergebnisorientiert. Wenn jemand die vereinbarten Ziele erreicht, ohne dabei überlastet zu sein, ist es okay. Wenn nicht, muss etwas getan werden. Dieses Vertrauensarbeitszeitmodell wird jetzt schon in circa zehn Prozent aller deutschen Unternehmen zumindest in Teilbereichen praktiziert. Üblich ist ja heute schon allgemein, dass Führungskräfte oder Außertarifliche nicht mehr stempeln, der Außendienst sowieso nicht, die Bereiche werden ausgeweitet.

---

42 Mehr Informationen über Zeitkonten auf der Homepage www.arbeitszeitberatung.de

Stimmt es, was ein kritischer Professor aus Göttingen sagt, dass damit die Gefahr der Selbstausbeutung steigt? Bedeutet das nicht oft, dass mehr als vorher gearbeitet wird?
Ja, das ist möglich. Vertrauensarbeitszeit bedeutet auch Entlastung übermäßig beanspruchter Mitarbeiter/innen. Mehr arbeiten geschieht dann oft mit mehr Freude. Wo liegt dann das Problem? Das ist auch eine Form der Befreiung. Wenn die Zufriedenheit insgesamt steigt, haben wir doch das erreicht, was wir wollten.

Es gibt ja auch die Erfahrung von Mitarbeiter/innen in New-Economy- und Start-up-Firmen, die nach drei Jahren aufgewacht sind und gemerkt haben, dass sie vor lauter – souveränem – Arbeiten nicht gelebt haben. Ob das der Sinn der Sache ist?
Nein, das ist er nicht. Die Frage ist doch bloß, wie lernt man Zeitsouveränität? Man muss vielleicht erst mal so eine Erfahrung gemacht haben. Oder man beobachtet, dass ein anderer die gleiche Arbeit, die ich mache, in 35 Stunden schafft, für die ich noch 40 oder 45 brauche. Mein Ziel kann es dann sein, es ebenfalls in 35 Stunden hinzukriegen. Das ist doch ein Ansporn.

Muss ich dann nicht selbst mein Personalmanager sein, um mit dieser Freiheit fertig zu werden?
Mein eigener Zeitmanager bestimmt. Ich glaube, wir leben gerade in einer Übergangszeit, wo zum einen die äußeren, betrieblichen Grenzen weniger werden und die neuen persönlichen Grenzen noch nicht klar sind. Um die letzteren herauszufinden, kann ich sagen, um 17 Uhr beginnt meine zweite Schicht, die private, und ich gehe pünktlich aus dem Haus. Wenn ich das ein, zwei Mal die Woche nicht schaffe, ist das auch okay. Dann komme ich halt am nächsten Tag spä-

ter. Um eines klarzustellen: Arbeit ist eh unendlich. Arbeit geht nie aus. Das ist gar kein Problem. Dann muss ich halt sagen, meine Arbeit hört heute um 15 Uhr auf. Diese Verantwortung nimmt mir keiner ab, und das ist doch sehr schön.

Beispielhaft: Das VEBA-Teilzeitprogramm
Was ich aus dem Gespräch mit Dr. Andreas Hoff vor allem gelernt habe: Die Entgrenzung der Arbeit, die neue Zeitsouveränität bietet Chancen und Risiken, es ist an mir, meinen ganz individuellen Weg zu finden. Umso besser, wenn ich für ein Unternehmen arbeite, das mich darin unterstützt. Ein beeindruckendes Beispiel für ein solches Unternehmen ist die VEBA AG in Düsseldorf. Sie hat ein in Deutschland bisher wohl einmaliges Teilzeitprogramm aufgelegt, das wirklich beachtlich ist. Die wichtigste Botschaft lautet, so schreiben die Verantwortlichen in einer entsprechenden Broschüre: »Jeder Mitarbeiter, der in eine Teilzeitbeschäftigung wechselt, erhält eine unbefristete und unbedingte Rückkehrgarantie in eine Vollzeitbeschäftigung ... Teilzeitarbeit hat im VEBA-Konzern den gleichen Stellenwert wie Vollzeitarbeit. Sie kommt damit für alle Mitarbeiter, insbesondere auch für Führungskräfte in Betracht. Gerade die Führungskräfte müssen zeigen, welchen Mehrwert die optimale Abstimmung von Beruf und Privatleben erbringen kann. Bitte suchen Sie gemeinsam mit Ihrem Vorgesetzten nach einem passenden Arbeitszeitmodell und nutzen Sie dabei die attraktiven Angebote unseres Teilzeitprogramms.«

Revolutionen spielen sich ab, Revolutionen! Ich weiß nun nicht, wie die Umsetzung dieses bis 2003 als Modellprojekt konzipierten Programms tatsächlich funktioniert, aber dass sich Vorstände und Konzernbetriebsrat eines deutschen Unternehmens auf solch eine Vereinbarung geeinigt haben, halte ich für einen wirklichen Meilenstein für Zeitpioniere.

TEST

Sind Sie in der Balance?

Haben Sie nach so viel Theorie Lust auf einen kleinen Test? Möchten Sie herausfinden, ob Ihre Work-Life-Balance stimmt? Oder was Sie verbessern können? Dann nähern Sie sich diesem Thema doch mal spielerisch.

1. Frage: Denken Sie an die Lieblingsbeschäftigung, die Sie wirklich glücklich macht. Wie oft tun Sie's?
A 'tschuldigung, kann nicht antworten, bin gerade dabei.
B Seufz, viel zu selten. Dabei weiß ich, wie gut mir diese Beschäftigung eigentlich tut.
C Lieblingsbeschäftigung, was ist das? Habe ich schon lange nicht mehr. Arbeit, Familie, andere Pflichten fressen mich ziemlich auf.

2. Frage: Sie haben sich etwas Wichtiges vorgenommen: Ihr Büro aufräumen, eine weitere Fremdsprache lernen, aufhören zu rauchen, oder, oder. Wie lange brauchen Sie, um es umzusetzen?
A Wenn ich mir etwas vornehme, mache ich es gleich und freue mich, wenn ich's abhaken kann.
B Stimmt, ich wollte doch schon vor ewigen Zeiten etwas anpacken. Warum habe ich es eigentlich nicht gemacht?
C Ich schiebe Dinge immer viel zu lange auf. Erst wenn es wirklich brennt, mache ich mich dran. Und bin dann hinterher total erschöpft.

3. Frage: Wie fit sind Sie?
A Ich fühle mich pudelwohl, kein Kneifen, kein Spannen, kein Krampfen. Hurra!

B Na ja, ein paar Zipperlein hat doch wohl jeder, mal sind die Schultern verspannt, mal hat man Sodbrennen oder Verdauungsbeschwerden, und Kopfweh ist ja auch häufig nach einem anstrengenden Tag.
C Mich hat es in den letzten zwölf Monaten wirklich einmal bös erwischt, und ich lag flach: mit einem Bandscheibenschaden, Migräne, langwierigen Entzündungen oder Ähnlichem.

4. Frage: Wenn Sie sich in Ihrer Familie, Ihrem Bekanntenkreis und unter Kollegen mal umsehen – bekommen Sie genauso viel Energie zurück, wie Sie investieren?
(A) Ja, wenn ich genau überlege, kommt in etwa so viel zurück, wie ich gebe, vielleicht sogar ein bisschen mehr.
B Ganz ausgeglichen ist das wohl nicht, ich habe so einige »Energiefresser« in meiner Umgebung, jedenfalls mehr als »Energiequellen«.
C Wenn ich ehrlich bin, muss ich zugeben, dass meine Batterien fast leer sind. Ich funktioniere zwar noch ganz gut in all meinen Rollen, aber ich laufe nur noch auf Sparflamme. Meinerseits um Hilfe zu bitten fällt mir schwer.

5. Frage: Wann haben Sie das letzte Mal mit Ihren Freunden gemütlich zusammengesessen oder gemeinsam gekocht, bis spät in die Nacht geredet und gelacht?
A Ist nicht länger als 14 Tage her. War lustig und schön wie immer. Die gehören einfach zu meinem Leben.
(B) Wenn ich recht überlege: Ich treffe sie viel zu selten. Bis wir alle unsere Termine koordinieren können, vergehen manchmal Monate. Schade eigentlich.
C Freunde, ach je, die habe ich schon lange nicht mehr gesehen. Weiß eigentlich gar nicht mehr, wo die geblieben sind. Habe aber natürlich auch wenig Zeit.

6. Frage: Überstunden sind mal wieder angesagt. Wie reagieren Sie?

(A) Ich kann ganz gut einschätzen, ob sie wirklich notwendig sind oder nicht. Wenn ja, dann klotze ich richtig rein. Wenn nicht, kann ich aber auch gut nein sagen.

B Mit schlechtem Gewissen rufe ich zu Hause an und bitte meinen Partner/meine Familie um Verständnis. Das Neinsagen meinem Chef/meiner Chefin gegenüber fällt mir verdammt schwer.

C Na klar bleib ich länger. Ist doch schön, wenn man gebraucht wird. Wer Karriere machen will, muss eben Opfer bringen. Und zu Hause wartet doch eh niemand.

7. Frage: Wann haben Sie das letzte Mal auf dem Sofa gelegen und mal gar nichts gemacht?

(A) Oh, das mache ich öfter, einfach die Seele baumeln lassen. Das heißt auch, kein Buch lesen, nicht fernsehen, nicht an die Steuererklärung denken.

B Na, oft war das nicht. Da kommt immer schnell ein Gefühl hoch, dass doch noch so viel zu tun ist. Eines weiß ich: In Konferenzen langweile ich mich öfter.

C Sofa, was ist ein Sofa? Meinen Sie dieses Möbelstück mit den Polstern und den vier Beinen? Stimmt, ich hab da ja auch eines stehen. Aber zum Rumliegen fehlt mir nun wirklich die Muße. Das ist doch vertane Zeit!

8. Frage: Wie erfüllend ist Ihr Beruf?

(A) Ich mache genau das, was mir Spaß macht und was ich am besten kann. Ich freue mich jeden Morgen auf die Arbeit und entdecke einen Sinn in meinem Tun.

B Ich kann nur einen Teil meines beruflichen Potenzials in meinen Job einbringen. Es geht mir zwar nicht direkt schlecht, aber ich denke schon öfter über einen Wechsel nach.

C Mein Job ödet mich an. Ich quäle mich jeden Morgen ins Büro und denke immer häufiger an Kündigung. Aber was würde mir wirklich Freude machen? Und: Ob es woanders besser ist?

9. Frage: Wie verbringen Sie Ihre Mittagspause?
A Ich gehe regelmäßig mit netten Kolleg/innen in die Kantine oder ein Bistro in der Nähe, bei schönem Wetter gehe ich auch schon mal im Park spazieren.
B Ja wie eigentlich? Entweder gibt es ein Geschäftsessen, da steht die Arbeit im Vordergrund. Oder ich habe mittags etwas zu erledigen, zur Reinigung gehen oder zum Schuster oder ein Geschenk kaufen. Dabei esse ich schnell einen Happen.
(C) Meistens fällt die Mittagspause ganz aus. Ich esse dann höchstens irgendetwas nebenher, weil so viel zu tun ist. Und manchmal vergesse ich das ganz.

10. Frage: Jeder Mensch hat Träume, Ziele, Sehnsüchte. Wovon träumen Sie?
A Ich habe ein schönes, klares Bild vor Augen, wohin mein Leben mich führen soll. Und dieses Bild gefällt mir, es dient mir als Motivation und Wegweiser.
(B) Meine Wünsche sind so diffus, liegen wie in einem Nebel, ich kann sie nur schwer benennen. Ich bräuchte mehr Zeit, um über mich und mein Leben nachzudenken.
C Ich habe keine Zeit zum Träumen, ich muss arbeiten, und ich bin dabei auch ziemlich erfolgreich! Träume sind Schäume, ich habe mich mit der Realität arrangiert. Man muss doch froh sein, wenn es einem einigermaßen gut geht.

11. Frage: Ihr/e Partner/in ruft Sie mittags an, er/sie möchte abends mit Ihnen ausgehen. Wie reagieren Sie?

A   Ich freue mich sehr. Wenn ich noch keine andere Verabredung habe, sage ich gern zu. Ich organisiere im Büro alles so, dass ich pünktlich wegkomme.
(B) Eigentlich bin ich abends ziemlich geschafft und freue mich, wenn ich die Beine hochlegen kann. Aber ich möchte ihn/sie nicht enttäuschen und sage zu.
C   Ich sage ihm/ihr, dass ich abends noch ganz viel zu erledigen habe, dass er/sie sich deshalb auch mal wieder um den Einkauf kümmern muss.

Auswertung:

Berechnen Sie für jedes:
A   10 Punkte, macht zusammen: _50_ Punkte
B   5 Punkte, macht zusammen: _50_ Punkte
C   10 Punkte, macht zusammen: _10_ Punkte

Zählen Sie dann die Summen von A und B zusammen und ziehen Sie die Summe von C davon ab.
Also: A + B − C = _90_ Punkte.
Ihre Punktezahl liegt dann entweder im Plus- oder im Minus-Bereich.

Hier die Testauflösung:

110 bis 80 Pluspunkte:
Herzlichen Glückwunsch, Sie halten Ihr Leben schön in der Balance. Das bedeutet keineswegs Langeweile, sondern beglückende Abwechslung. Wahrscheinlich kennen Sie auch andere Zeiten und haben Ihren eigenen Weg zu mehr Zufriedenheit gefunden. Sie leben weitgehend so, wie Sie es sich erträumen, und besitzen offensichtlich klare Ziele. Sie haben wenig Angst vorm Neinsagen und können sich und Ihr Leben ganz gut orga-

nisieren. Sie wissen, woher Sie Ihre Kraft beziehen, und sind daher auch in der Lage, Kraft zu geben. Sind Sie mit einer Antwort in den Minusbereich gekommen, dann schauen Sie sich an, wo Ihre nächste Herausforderung liegen kann. Alles in allem gehören Sie zu den Menschen, die auch andere zu mehr Zufriedenheit coachen können.

75 bis 45 Pluspunkte:
Sie kriegen Ihre Balance schon ganz gut hin. Sie bewahren meistens die Ruhe und verlieren Ihr Ziel nicht aus den Augen. Nur an manchen Stellen hakt es: Schauen Sie sich mögliche Minus-Antworten noch einmal an: Liegt es am fehlenden Zeitmanagement, dass Sie manchmal außer Puste geraten? Oder lassen Sie sich gern überreden, noch mehr Arbeit anzunehmen? Fällt es Ihnen schwer, »Langeweile« auszuhalten, oder können Sie die Bügelwäsche einfach nicht warten lassen? Wen wollen Sie damit wovon überzeugen? Achten Sie vor allem darauf, für genügend Energiequellen zu sorgen. Wenn Sie in einem Beruf arbeiten, der Sie nicht wirklich ausfüllt, dann zeigen Sie Mut und ändern Sie Dinge, die Ihnen nicht gut tun.

40 Pluspunkte bis 0 Punkte:
Noch sind Sie im Plus-Bereich, doch die Balance neigt sich zur negativen Seite: Sie arbeiten offensichtlich zu viel. Was treibt Sie: Sind Sie gerade in einer entscheidenden Karrierephase? Ist es Ihr Pflichtbewusstsein? Mangelndes Selbstvertrauen? Frust im Privatleben? Erlauben Sie sich ruhig, öfter mal wieder zu träumen. Mit etwas Glück schickt Ihr Unterbewusstsein Ihnen einen guten Hinweis. Vielleicht haben Sie aber auch gerade ein kleines Kind zu versorgen, das im Augenblick all Ihre Zeit und Kraft erfordert? Und das neben dem Job? Dann ist es kein Wunder, dass Sie zurzeit so hochtourig fahren. Sorgen Sie für mehr »Boxenstopps«, spannen Sie Ihren

Partner/in, Ihre Familie oder Freunde ein. Nehmen Sie sich regelmäßig Zeit, um Ihren Tank wieder aufzufüllen.

5 bis 40 Minuspunkte:
Unzufriedenheit ist Ihr Stichwort. »Warum tue ich mir das eigentlich alles an?« Vielleicht eine häufige Frage. Passen Sie auf, dass Sie sich nicht auf Dauer in Ihr Schicksal fügen (Bitterkeit schafft frühzeitig Falten). Erhöhen Sie Ihre Ansprüche an das Leben. Und übernehmen Sie die Verantwortung dafür. Verlassen Sie Eigentlichland, in dem Sie vor allem immer das große Aber sehen. Betrachten Sie Ihre Minus-Antworten noch einmal genau: Was sagen sie Ihnen? Was können Sie tun, um das Wörtchen »Glück« wieder in den Mittelpunkt Ihres Lebens zu stellen? Erinnern Sie sich an Ihre Ziele als Kind, als Jugendliche/r. Wer hat Ihnen den Schneid abgekauft? Glauben Sie denen nicht, die verkünden, man müsse sich bescheiden, froh sein, wenn man »in diesen Zeiten« einen festen Job hat. Für Sie hält diese Welt noch viele Wunder bereit – greifen Sie nach den Sternen!

45 bis 80 Minuspunkte:
Falls Sie einfach nur gern viel arbeiten: Vergessen Sie die Genussphasen zwischen den Erfolgen nicht. Vielleicht können Sie sich vorstellen, vom Workaholic zum Workeuphoric zu werden, also einem Menschen, der einerseits begeistert reinklotzen kann, wenn ein Projekt ihn fasziniert, der aber andererseits auch weiß, wann er Pausen braucht, um aufzutanken und seinen Erfolg mit Freunden zu feiern. Für alle mit dieser Punktzahl gilt: Denken Sie daran – es gibt ein Leben neben der Arbeit. Der Preis für den Erfolg ist manchmal zu hoch. Woran werden Sie sich am Ende Ihres Lebens gern erinnern: Daran, dass Sie so oft »Mitarbeiter des Monats« waren? Bestimmt nicht! Für Sie heißt es: Werden Sie Lebensunter-

nehmer/in! Setzen Sie sich Ihre eigenen Ziele und Standards. Leben wäre eine prima Alternative!

85 bis 110 Minuspunkte:
Wenn Sie etwas an Ihrer Situation verändern wollen (und Sie sollten es wollen!), dann brauchen Sie jemanden, der Sie an die Hand nimmt und aus einem Zustand führt, der Ihnen nicht gut tut, eine gute Freundin, einen Therapeuten oder einen Coach. Wer hat Ihnen eingeredet, dass Sie zur Sklavenarbeit verdonnert sind? Wer hat Ihnen beigebracht, dass das Leben Mühe und Last sein muss? Vielleicht haben Sie als Kind zu oft solche Sprüche gehört wie: »Ohne Fleiß kein Preis« oder »Wer bist du schon?!« Aber: Sie sind jetzt erwachsen und haben ein Recht auf Erfüllung, Muße und Glück. Investieren Sie in Ihre Balance, lernen Sie, sich als den wichtigsten Menschen auf dieser Welt zu betrachten. Ein Mensch, der es wert ist, dass man liebevoll mit ihm umgeht! Dann braucht auch Ihr Körper Sie nicht ständig zu warnen. Er meint es nämlich gut mit Ihnen.

___
___
___
___
___
___
___

Die Kosmopoliten:
Auf dem Weg in die Welt

Haben Sie Lust auf eine komplizierte Geschichte? Ist ganz einfach: Sonja Hummer hat sich während eines Praktikums in Barcelona verliebt. In wen? In Barcelona. Sonja Hummer hat sich auf Ibiza verliebt. In wen? In ihren jetzigen Lebenspartner. Doch das wusste sie erst, als sie ihn drei Jahre später auf einer Hochzeit in Wien wieder traf. Seit kurzem lebt sie mit ihm, einem Holländer, in Barcelona. Sie leitet den Export eines Gartenmöbelherstellers in Lüneburg, mit Produktion auf den Philippinen. Er ist Europadirektor einer Londoner Finanzdienstleistungsfirma, der erste ihrer Direktoren, der nicht mehr in London arbeitet. Sie spricht kein Holländisch, er kein Deutsch. Sie unterhalten sich auf Englisch, Französisch oder Spanisch. Ihre Liebe zum Reisen hat Sonja in Australien gelernt, als sie dort ihre Schwester besuchte. Madagaskar war ihr größtes Erlebnis. Falls sich Barcelona nicht als Traumstadt beweisen sollte, gehen Sonja und ihr Freund vielleicht woandershin, in die USA oder so.

Jetzt wissen Sie, was Kosmopoliten sind.

Sonja Hummer ist schon so aufgewachsen. Ihre Mutter, Österreicherin und erfolgreiche Geschäftsfrau, lebte in Deutschland. Oft hieß es: »Kinder, ab ins Auto, wir fahren nach Paris.« Geschäfts- und Privatleben flossen ineinander. Mit 15 ging Sonja in ein Hotelfachschulinternat nach Salzburg. Nach dem Abitur arbeitete sie ein Jahr lang bei ihrem Bruder in der Nähe von München, der sich gerade mit der kleinen Gartenmöbelfirma Dedon selbständig gemacht hatte (von ihm werden Sie später mehr lesen), sie arbeitete im Verkauf, in der Buchhaltung und im Marketing, ging auf Messen mit.

Dann studierte sie in Wien Kommunikations- und Theaterwissenschaften sowie Politik. Während des Studiums jobbte sie bei ihrem Bruder, bewarb sich aber auch um einen Praktikumsplatz bei einigen Firmen; sie wollte gern nach Italien, aber eine Firma aus Barcelona sagte als Erste zu. Da Sonja Hummer kein Spanisch konnte, machte sie in Sevilla einen zweimonatigen Sprachkurs. »Der Glücksgriff überhaupt«, wie sie heute sagt, »die Stadt ist so intensiv, die Menschen, die Tradition. Ich fühlte mich sofort zu Hause.«

Barcelona toppte dies alles noch: »Die Menschen gehen mit Passion ihrer Arbeit nach, genießen aber auch sonst das Leben. Man geht mit zehn Kollegen zum Essen, lacht, hat Spaß. Abends geht man Salsa tanzen oder in ein kubanisches Konzert, flaniert von einem Café ins andere. Das ist Lebensfreude pur.« Sonja Hummer erlebte Barcelona als eine junge, kosmopolitische Stadt, lernte Franzosen, Italiener, Deutsche kennen. Und wollte nach sechs Monaten am liebsten gleich da bleiben.

Das wäre beinahe auch geschehen. Im Flugzeug saß sie zufällig neben dem Spanien-Manager von IKEA. Sie kamen auf Möbel zu sprechen, und er fragte spontan, ob sie nicht mit ihm zusammen IKEA Spanien aufbauen wolle. Das schien ihr aber dann doch »nicht spannend genug«. Außerdem ermahnten sie Freunde: »Sonja, du brauchst nur noch die Diplomarbeit, schmeiß das jetzt nicht hin.« Also brachte sie ihr Studium ordentlich zu Ende.

Und zog dann statt nach Barcelona erst mal nach Hamburg. In der Firma ihres Bruders, der inzwischen in die Lüneburger Heide gezogen war, übernahm sie den Export, im Alter von 25 Jahren. Das bedeutete viele Reisen, fünf bis sechs Monate war sie unterwegs, meistens in Asien. Nach zwei Jahren zog sie – nein, wieder nicht nach Barcelona, sondern zurück nach Wien, ihres damaligen Freundes wegen.

Dort hatte sie, wie sie sagt, »zwei supertolle Jahre«, arbeitete bei einer PR-Agentur, begleitete Firmen, die an die Börse gingen, und bewies sich, dass »es auch in anderen Unternehmen gut klappt, nicht nur beim Bruder«. Für den betreute sie allerdings – so ganz nebenbei – die Großkunden weiter. Das bedeutete manchen 18-Stunden-Tag, an Wochenenden flog sie mal eben nach Hamburg oder zu den Kunden in Europa. Im Urlaub ging es zur Fotoproduktion des neuen Katalogs auf die Philippinen.

Die alte Beziehung zerbrach, sie verliebte sich neu (siehe oben), und mit 29 ging sie, nein, noch immer nicht nach Barcelona, sondern wieder nach Hamburg: »Ich hatte mir beim Skifahren einen komplizierten Beinbruch zugezogen und musste lange Gips tragen.« Sie wurde wieder Exportleiterin bei Dedon, aber jetzt schon mit dem klaren Ziel: »Barcelona, ich komme!«

Im Sommer leitete sie die neue Katalogproduktion auf den Philippinen, genoss die Zusammenarbeit in einem internationalen Team, mit Österreichern, Belgiern, Franzosen, Holländern, Deutschen und Philippinos. »Es war wie in der Bacardi-Werbung, auf der einen Seite ein wahnsinniger Stress, andererseits so viel Spaß!«

Das Gleiche galt für die große Möbel-Herbstmesse in Köln. Sie freute sich, wenn sich auf der Messe die Kunden um den neuen Renner der Dedon-Kollektion, das »Daydream-Bett«, scharten, weil es ihr während eines Urlaubs in Spanien »eingefallen« war. Oder wenn amerikanische Einkäufer die von ihr entwickelten Kissen oder Windspiele in Massen orderten. »Hey, die flogen auf diese Entwürfe!« Wenn sie davon erzählt, strahlt sie.

Im November 2001 war sie wieder so fit, dass sie endlich den Umzugswagen nach Spanien buchen konnte. Sie hat eine hübsche Wohnung in Barcelona gefunden. Sie wird von dort aus nicht nur den Export weiter leiten, »das ist egal, von wo aus man das macht, 80 Prozent der Kommunikation laufen eh über E-Mail, das andere auf den Reisen«. Sie gründete daneben aber auch eine Dedon-Niederlassung in Spanien, möchte als Schwerpunkt spanische Hotels, Restaurants und Golfclubs als Kunden gewinnen. Denkt darüber nach, vielleicht einen eigenen Accessoire-Katalog zu machen. Und sie freut sich schon auf die vielen neuen Leute, die sie kennen lernen wird: »Meine ganze Familie ist nach außen orientiert, bei uns gilt: Jeder Mensch, den man trifft, ist ein Geschenk.«

Ist Ihnen ein bisschen schwindelig geworden? Trösten Sie sich, mir ging es beim Interview genauso. Was für ein Wirbelwind! Was für ein Talent! Und was für eine zauberhafte Frau! Die Liebe zu Menschen, vor allem zu Menschen aus verschiedenen Ländern, hat uns natürlich sofort verbunden. Sonja schwärmte von Madagaskar, ich von Eritrea, der Heimat meines Mannes. Barcelona – ich habe allein drei Freundinnen, die davon träumen, dorthin zu ziehen. Meine Mutter lebt seit zehn Jahren in Spanien, in einer kleinen Stadt zwischen Málaga und Marbella, und hat überhaupt kein Heimweh.

Auf Reisen lernen, andere, aber auch sich selbst neu kennen lernen – ich glaube, das ist es, was Kosmopoliten verbindet. Nicht umsonst findet man in den meisten Lebensläufen erfolgreicher Manager und Managerinnen mindestens einen längeren Auslandsaufenthalt, ob als Aupair, im Studium, als Praktikant/in oder für die Firma. Reisen bildet, heißt es schließlich nicht umsonst seit Goethes Zeiten.

Eine Bekannte von mir hat sogar mal eine Stelle in der Chefredaktion einer großen deutschen Frauenzeitschrift abgelehnt, weil sie sich kurz zuvor gerade einen jahrelangen Traum erfüllt hatte, nämlich nach London zu ziehen. Inzwischen lebt sie in Brighton mit ihrem englischen Mann und einem Töchterchen und schreibt als freie Autorin – und ist glücklich ohne Ende! Was soll sie in einer deutschen Redaktionsstube?

Neulich hörte ich ein Interview mit dem Moderator der Fußballsendung »Ran«, Jörg Wontorra. Er ist vor einiger Zeit von Bremen nach Marbella gezogen. Er fliegt freitags in München ein, moderiert samstagabends »Ran«, sonntags um sechs Uhr früh geht der Flieger zurück. Montags ist telefonische Nachbereitung mit der Redaktion. Dienstag und Mittwoch hat er frei, donnerstags beginnen die Vorbereitungen für die nächste Sendung. Der 52-Jährige sagte in dem Interview mit BR-Moderator Werner Schmidbauer: »Viele sagen, später möchte ich mal im Süden leben, doch die meisten tun's nicht.«

Ihm ist es wichtig, das schöne Leben in Spanien und die Arbeit zu verbinden: »Nur in Marbella zu sitzen und einen kleinen weißen Ball zu schlagen, das kann es im Leben noch nicht gewesen sein. Übrigens: Zum Leben wäre München teurer.«

Nicht immer muss man sich auf Dauer in einem anderen Land niederlassen. Manchmal dient schon eine längere Auszeit dazu, das Denken durchpusten zu lassen. Eine andere Fernsehmoderatorin, die exzellente Sandra Maischberger (n-tv), hat mal nach stressigen Jahren ein achtmonatiges Sabbatical genommen, um eine Reise um die Welt zu machen.

Sie berichtete hinterher: »Es war eine Regeneration für die Seele, den Kopf und den Körper. Ich habe eine andere Ruhe bekommen ... Im Kopf bin ich ruhiger geworden.« Vielleicht haben Sie schon mal diese souveräne Ruhe bewundert, mit der Sandra Maischberger ihre prominenten Interviewpartner befragt? Jetzt kennen Sie das Geheimnis.

20 gute Aussichten für Kosmopoliten

1. Sie werden einfach welterfahrener. Ergänzen damit ihre Bildung, ihr Allgemeinwissen.
2. Sie lernen andere Lebensweisen kennen, vielleicht auch ein anderes Verhältnis zu Leben und Arbeit, eine andere Mentalität.
3. Sie sehen andere Arbeitsweisen, erfahren, dass es Alternativen zum Bekannten gibt.
4. Im Umgang mit fremden Kulturen lernen sie die Grundregeln von Anpassung und Veränderung.
5. Der Blick über den Tellerrand macht sie einfach schlauer.
6. Sie trainieren ihre Kommunikationsfähigkeit, mit fremden Menschen und mit anderen Argumentationsmustern, in einer fremden Sprache.
7. Sie werden offener für andere Sichtweisen, andere Handlungsweisen, andere Probleme, andere Lösungen.
8. Sie steigern ganz allgemein ihre Lernfähigkeit.
9. Sie gehen Risiken ein; die müssen nicht gefährlich sein, bedeuten jedoch immer eine Herausforderung.
10. Sie können internationale Freundschaften aufbauen.
11. Sie können alternative Prozesse beobachten und ihre eigenen Fähigkeiten erweitern.
12. Sie lernen, Toleranz zu üben gegenüber anderen Lebensmodellen und Interessen.
13. Sie schulen ihr Durchsetzungsvermögen, sei es im alltäglichen Kleinkram oder in der Arbeit.
14. Sie können Stolz erleben und auch auf sich selbst entwickeln.
15. Wer sich den Wind um die Nase wehen lässt, lüftet den Kopf.
16. Sie lernen, sich selbst zu organisieren.
17. Sie erweitern ihre Fähigkeit, Probleme zu lösen.

18. Sie werden beweglicher, im Handeln und im Denken.
19. Sie bekommen jede Menge Ideen und Anregungen.
20. Sie sind weit weg von Mamas Rockzipfel und Vaters Ratschlägen – eine gute Chance, erwachsen zu werden.

Das Kommunikationsnetzwerk der Kosmopoliten ist natürlich das Internet. Und dort finden Sie auch die besten Anregungen, wenn Sie planen, für einige Zeit ins Ausland zu gehen, dort zu studieren, zu arbeiten oder ein Praktikum zu machen. Der einfachste Zugang zu den Informationen ist, auf eine Suchmaschine zu gehen (wie Yahoo) und »Arbeiten im Ausland« einzugeben. Dann stößt man unter anderem auf die empfehlenswerte Seite www.going-abroad.de, die gut gemachte Site einer Kölner Studenteninitiative.

Dort erfahren Sie alles übers Studieren und Arbeiten im Ausland, es gibt auch gleich praktische Links zu internationalen Jobbörsen oder Austauschorganisationen, dem internationalen Arbeitsamt in Frankfurt und jede Menge Erfahrungsberichte von Kosmopoliten, wie sie ihren Auslandsjob gefunden und was sie erlebt haben, was man in Bezug auf Aufenthaltsgenehmigungen und Versicherungen beachten muss und und und.

Ebenfalls sehr hilfreich: www.interconnections.de, die ein Jobforum »aus aller Welt« bietet, übrigens auch gute Tipps für Aupair, Ferienjobs, Workcamps oder Zivildienst im Ausland sowie hilfreiche Links. Wenn Sie gleich auf Englisch suchen, vervielfältigt sich die Zahl der Informationsquellen natürlich gewaltig.

Aber auch immer mehr deutsche Unternehmen bieten Möglichkeiten für Kosmopoliten. Die Konzerne werden immer internationaler, die Geschäftsbeziehungen auch. Immer mehr Betriebe haben Produktionsstätten im Ausland. Englisch wird, was Kosmopoliten schätzen, zu *der* Geschäfts-

ÜBUNG

Klarheit für Kosmopoliten

Wenn Sie diese Sehnsucht nach der Ferne spüren, aber unsicher sind, ob und wohin Sie gehen sollten, können Sie über diese Übung Klarheit erlangen. Denn wenn wir etwas aufschreiben, so meine Erfahrung, dann bekommt es Gewicht:

Was verspreche ich mir von einem Auslandsaufenthalt?

_____

_____

_____

Was muss das Land haben, in das ich gehen möchte?

_____

_____

_____

Für wie lange möchte ich gehen?

_____

_____

_____

Was hat mich bisher davon abgehalten?

_____

_____

Was muss sich ändern, damit ich den Schritt mache?

___

___

___

Was muss ich dafür aufgeben?

___

___

___

Bin ich dazu bereit?

___

___

___

Was ist der erste Schritt?

___

___

___

Denken Sie bei Ihren Überlegungen daran, dass Sie in der Regel ein Jahr Vorlaufzeit einkalkulieren müssen.

sprache in internationalen Konzernen, und das heißt, mit einem guten Englisch kann man fast überall arbeiten.

In großen Konzernen, bei Banken, Automobilherstellern oder internationalen Beratungsfirmen beispielsweise, werden Austauschprogramme für Mitarbeiter mit den Schwester- oder Tochterunternehmen international angeboten, und das für mehr und mehr Berufe.

Immer mehr Firmen bieten die Möglichkeit, über ein Jobkonto Freizeit »anzusparen«, um einen längeren Auslandsaufenthalt zu realisieren, während die Bezahlung weiterläuft. Auch die Möglichkeit, ein Sabbatical zu nehmen, also eine unbezahlte Auszeit, wächst.

Innerhalb Europas werden die Jobchancen immer interessanter und selbstverständlicher; in Brüssel, Lissabon oder London zu arbeiten, ist fast normal. Wenn Sie Lust auf das (zeitweilige) Arbeiten in anderen Ländern haben, schauen Sie, was Ihr Unternehmen Ihnen bieten könnte, oder suchen Sie sich einen Arbeitgeber, der ein »Global Player« ist.

Vor einiger Zeit bekam ich eine Karte: »Liebe Frau Asgodom, die letzte Umzugskiste ist gepackt, morgen reise ich nach Norwegen ab. Sie erinnern sich doch, im Seminar im letzten Sommer war ich die, die gesagt hatte, ich würde so gern in Norwegen leben, aber das geht ja sowieso nicht. Es geht doch – und ich freue mich.«

Die kreativen Ästheten: Auf dem Weg zur Harmonie

Als ich meiner Freundin und »Hausgrafikerin« Margarete von der Recherche zu diesem Kapitel erzählte, sprudelten die Namen von interessanten Vertretern dieser Spezies nur so aus ihr heraus (es scheint, dass Ästheten andere Ästheten anziehen). Da war ihre Freundin Gisela, die sich nach vielen Jahren in der Logistik eines großen Konzerns gerade mit einem kleinen, feinen Weinladen in Düsseldorf selbständig macht; die tolle Goldschmiedin aus ihrem Designerinnen-Netzwerk, die ich unbedingt kennen lernen müsse; ihr Freund Joachim, der Architekt, der ästhetisch anspruchsvolle Bürohäuser baut; die Rechtsanwältin, die ihre Praxis konsequent nach Feng-Shui-Regeln eingerichtet hat. Und, »die musst du einfach besuchen«, vor allem ihre Frauenärztin, die Dabelstein. Na gut, bei einer Goldschmiedin oder einem Architekten erwarte ich natürlich Kreativität und Ästhetik, aber bei einer Gynäkologin? Ich wurde neugierig und vereinbarte einen Interviewtermin.

Wohl fühlen mit der Nana

Das Betreten der Praxis von Dr. med. habil. Silke Dabelstein allein ist ein Erlebnis. Die Praxis ist in die renovierte Kuppel eines Hauses aus der Gründerzeit hineingebaut. Das heißt, sie ist kreisrund, und alle Räume gruppieren sich um – eine Nana. Und zwar um eine echte! Nanas sind die prallen, bunt bemalten Frauenfiguren, die die Künstlerin Niki de St. Phalle geschaffen hat. Der Boden der Praxisräume ist schwarz mit glitzernden Sprenkeln darin, die Wände strahlend weiß – und mitten darin die bunte Nana. Klasse.

Die Eingangshalle ist gleichzeitig Warteraum, und als Lektüre liegt neben aktuellen Zeitschriften ein Bildband über die Künstlerin bereit. Edel. Da wünscht man sich fast, lange warten zu müssen.

»Ich wollte keine Praxis mit filzigen Stühlen, abgefledderten alten Magazinen und all dem Mief«, sagt Silke Dabelstein. »Ich habe mal in einer solchen gearbeitet, 68 Quadratmeter, olivgrün und rauchvergilbt. Grauenvoll. Ich wollte jeden Tag gern in meine Praxis kommen. Und das habe ich geschafft. Und auch meine Patientinnen fühlen sich wohl, manchmal kommen sie sogar ›nur so‹ vorbei, um hallo zu sagen. Auch wir Ärzte müssen lernen, dass wir im Markt stehen, dass es einen Positivdruck von außen gibt, dass wir uns positionieren können, nicht nur mit unseren Leistungen.«

Als sie aus ihrer alten Praxis rausmusste, suchte sie Räume ebenfalls in der Innenstadt. Ein Unternehmensberater riet ihr damals: »Du darfst nicht mehr als 100 Meter weit weg, sonst verlierst du deine Kundinnen. Und die neue Praxis darf auch nicht viel größer sein als die alte, das verschreckt.« Ihr macht unternehmerisches Denken Spaß, das merkt man, und sie sagt sehr kritisch: »Die wenigsten Ärzte haben Ahnung von Praxisführung.«

Silke Dabelstein fand das Haus am Promenadeplatz, neben dem Hotel Bayerischer Hof, inmitten des Geschäfts- und Bankenviertels. Sie fand einen Architekten, Knut Keep, der Erfahrung im Praxis- und Klinikbau hat, und ein Minimalist ist, der sich seine Auftraggeber sehr genau aussucht. Als im letzten Jahr die Kuppel neu errichtet wurde, konnte sie beim Innenausbau der 100 Quadratmeter mit Empore ihre Wünsche und Vorstellungen gleich mit einbringen. »Ich liebe es puristisch, aller Schnickschnack muss weg. Ich finde, man muss sich vermindern.«

Als alles fertig war und sie im Februar letzten Jahres einzog, hatte Silke Dabelstein doch erst einige Bedenken, dass die Räume zu »showy« geworden seien, zu wenig praxislike. Aber das positive Feedback ihrer Patientinnen hat sie beruhigt. Der Boden ist natürlich nicht schwarz mit Sprenkeln, wie ich lerne, sondern »schwarz eingefärbter Kiesel, mit Metallsplittern, in Kunstharz gegossen«. Wunderschön. »Trotzdem war dieses Design billiger als diese hässliche, bedrückende Beige-Braun-Architektur, die man sonst oft in Praxen sieht«, versichert die Frauenärztin.

Von dem einen oder anderen Teil mal abgesehen. Der Nana natürlich, »die habe ich von meinen Eltern geschenkt bekommen«. Eine Corbusierliege fällt auf, ebenfalls ein Lieblingsstück, »auch wenn ich die viel zu selten benutze«. Aber allein das Anschauen tut gut. Und dann der Blick über die Dächer von München! »Ich sehe täglich aus jedem Fenster«, schwärmt die Ur-Münchnerin. Unbezahlbar, dieser Weitblick.

Silke Dabelstein, Jahrgang 1943, hat schon ein bewegtes Ärztinnenleben hinter sich. Sie studierte in München und Freiburg, machte 1968 das Examen in Marburg. Wurde Oberärztin, promovierte, habilitierte. Arbeitete in Zürich als Dozentin an der Uni, danach fünf Jahre im Lektorat eines medizinischen Verlags. Und übernahm 1986 erstmals eine Praxis. Sie ist verheiratet und hat zwei Kinder, 20 und 15 Jahre alt.

Nicht nur für sich, auch für ihre Patientinnen hält sie diese Großzügigkeit in der Praxisgestaltung für wichtig: »Sie müssen warten, sie sind manchmal in Stresssituationen, dann sollten sie dies wenigstens in einer Wohlfühl-Umgebung tun. Und ich merke immer wieder, das Wohlgefühl kommt zurück. Der Umgang ist sehr entspannt.«

Dafür sorgen auch die sorgfältig ausgesuchten Mitarbeiterinnen. Silke Dabelstein, die selbst auch Entbindungen macht und Belegbetten in einer Münchner Privatklinik hat: »Wir sind ein mittelständisches Dienstleistungsunternehmen. Da steht Kundenorientierung im Mittelpunkt.« Neben einer Hauptkraft und einer Freiberuflerin für die Abrechnung hat sie eine Mitarbeiterin mit 19 Stunden in der Woche und eine mit 15.

Von den drei Praxiskräften sind zwei Hebammen und eine Sportleiterin. Das Ziel: die eigene Vor- und Nachsorge für schwangere Patientinnen anzubieten. Schon jetzt gibt es eine Entspannungs- und eine Körpertrainingsgruppe. Auch bei den Öffnungszeiten steht die Kundenorientierung im Mittelpunkt: »Bei uns ist auch mittwochnachmittags oder freitagnachmittags offen. Wir haben nie wegen Urlaubs wochenlang geschlossen.«

Zurzeit macht sie sich zum Thema Anti-Aging fit, sortiert falsche Versprechungen und realistische Möglichkeiten. Baut zusammen mit verschiedenen Fachleuten eine Gruppe auf, ihr Motto: »Das Gesicht – der Spiegel der Seele.« Beobachtet Frauen im mittleren Alter, wenn sie durch die nahen Einkaufsstraßen läuft: »Wie die da oft stehen oder gehen, diese Körpersprache, eingesunken, ohne Spannung, ich versuche herauszufinden, was Frauen wirklich alt aussehen lässt.«

Silke Dabelstein hat beschlossen, grundsätzlich nur Privatpatientinnen anzunehmen, sie hat bewusst keine Kassenzulassung beantragt. Die meisten Patientinnen sind zwischen 30 und 40, viele Berufstätige darunter, mit interessanten Berufen, wie sie sagt, »sehr belesene Frauen, das gibt auch interessante Gespräche. Es ist ein schönes Miteinanderumgehen«.

Sie führt diese Gespräche an einem alten Tisch aus Eichenholz, der ihr Büro darstellt: »Das war das einzige Möbelstück, das ich aus der alten Praxis mitgenommen habe. Den Tisch habe ich mir während des Studiums zusammengespart, und der begleitet mich, wohin immer ich gehe. Er ist wie dieses eine alte Jackett, das man hat, urgemütlich.«

Wie ein Seeblick die Effizienz steigert

Dass eine ästhetische Arbeitsumgebung nicht nur zum Wohlgefühl beiträgt, sondern auch die Arbeitseffektivität steigert, davon kann Eva Müller, 41, ebenfalls ein Lied singen. Sie ist Redakteurin beim *manager magazin*, Korrespondentin für Süddeutschland, Spezialgebiet Informationstechnologie. Ihr Büro befindet sich in einem ziemlich öden 70er-Jahre-Bau, zweckmäßig eingerichtet, der Blick durch das Nordfenster fällt auf den Parkplatz eines Supermarkts. Und das ihr, einer ausgewiesenen Frischluftfanatikerin, Sonnenanbeterin und Outdoor-Arbeiterin, wie sie sich selbst nennt!

Natürlich fuhr sie im Sommer mit dem Cabrio ins Büro, noch lieber aber radelte sie die Strecke, circa eine halbe Stunde. Doch das reichte ihr an Licht und Sonnenbestrahlung nicht. Sinnend saß sie in ihrem Nordseitenbüro und brütete über den Texten, die sie schreiben wollte. Sie empfand es als endlos, bis ein Text endlich fertig war (dazu muss man wissen, dass Eva ein Temperamentsbündel ist). Sie suchte Wege, ihre Effizienz beim Schreiben zu steigern, und schaffte es im letzten Sommer tatsächlich, in drei Stufen das Optimum zu erreichen.

Stufe eins: Sie schnappte sich ihren Laptop und blieb zum Schreiben zu Hause auf ihrem kleinen Ostbalkon in Giesing. Pech war, dass nach zwei Stunden die Sonne weg war. Oder sie ging vom Büro aus in den Denninger Anger, einen kleinen Park in der Nähe, und schrieb auf einer sonnenbeschienenen Bank. Nachteil: Nach zwei Stunden war der Akku des Notebooks alle. Trotzdem verdoppelte sie auf diese Weise bereits ihre Geschwindigkeit, das heißt, die Texte waren in der halben Zeit fertig. Erster Erfolg.

Zweite Stufe: Sie probierte den Mix von Balkon, Park, Balkon und steigerte den Erfolg noch einmal ein bisschen. Trotzdem empfand sie diese Lösung als »suboptimal«.

Dritte Stufe: Sie erinnerte sich an ihre Freundin Susanne, die am Starnberger See ein nettes Häuschen mit großer Terrasse bewohnt. Sie rief dort an: »Sag mal, wie lange hast du eigentlich Sonne auf deiner Terrasse?« Antwort:

»Den ganzen Tag.« Aha. »Und hast du eine Steckdose auf der Terrasse?« Antwort: »Na klar.« Bingo! »Hast du was dagegen, wenn ich dich besuchen komme?« Antwort: »Ne, prima, ich bin im Sommer immer so einsam hier draußen.« Juchhu.

Eva Müller erlebte den Sommer 2001 als den Sommer ihres Lebens: Sie steigerte ihre Schreibleistung auf das Dreifache. War dabei braun gebrannt und durchtrainiert. Denn die gewonnene Zeit benutzte sie, um ihre Lebensfreude zu steigern, ging schwimmen oder joggen oder traf »nur mal so zum Plaudern« zum Eiskaffee wichtige Informanten aus der Branche.

In ihrem Job als Wirtschaftsjournalistin findet sie immer wieder Vorbilder für diese Lebenseinstellung: Hasso Plattner etwa, Chef von SAP, ein Workeuphoric, wie sie ihn nennt. »Der ist cool, der findet seine Arbeit richtig gut. Der kann richtig reinklotzen, aber dann macht er, was er will. Der spielt Gitarre mit der Beatles Revival Band und fühlt sich wie der König der Welt. Der ist mit sich im Reinen und kennt kein ›Das geht doch nicht, das macht man nicht ...‹.«

Mit ebendieser Einstellung und ihrer Effizienzsteigerung hat Eva Müller sogar skeptische Kollegen überzeugt, die anfangs gemeint haben, das geht doch nicht, du kannst doch nicht einfach abhauen. Das geht gut, hat sie bewiesen, und dank Rufumleitung sogar noch besser. Der Erfolg gibt ihr Recht: Ihre Geschichten sind megaklasse, die Chefredaktion schätzt sie, die Gesprächspartner aus der Wirtschaft reden wegen ihrer offenen Ausstrahlung gern mit ihr, und sie hat molto Spaß an ihrem Job. Was will man mehr?

7 Tipps für kreative Ästheten

Eva Müller hat mal zusammengetragen, was aus ihrer Erfahrung (sie war vorher Redakteurin unter anderem bei *Capital* und *Focus)* wichtig für Menschen ist, die ihren eigenen Arbeitsstil durchsetzen wollen:

1. Sie müssen dich lieben und das, was du tust, dann lassen sie dich arbeiten, wie du willst.
2. Damit sie dich lieben, musst du richtig gut sein.
3. Damit sie dich das tun lassen, was du willst, musst du absolut zuverlässig sein.
4. Sie müssen wissen, dass dein Produkt erstklassig sein wird.
5. Sie müssen dich brauchen, du musst also mehr können als andere.
6. Du musst deinen eigenen Wert generieren, das heißt, du brauchst ein supergutes Selbstmarketing.
7. Wenn du kein Unternehmen findest, das dir die Chance gibt, so zu arbeiten, wie du willst, mach dich selbständig. Als Freelancer fragt dich sowieso keiner, wie und wo du arbeitest, wenn das Ergebnis stimmt.

Die neuen Unternehmer: Auf dem Weg zum Ich

Die letzte der fünf Reisegruppen, die ich Ihnen vorstellen möchte, das sind die neuen Unternehmer. Wagemutige, Furchtlose, manchmal naive und ungeheuer entschlossene Männer und Frauen, die ohne lange zu fragen oder nachzudenken ihr eigenes Ding machen. Alle, mit denen ich gesprochen habe, sagten mir: »Gut, dass ich vorher nicht gewusst habe, was auf mich zukommt. Sonst hätte ich mich niemals getraut.« Was sie noch auszeichnet, ist, dass sie neue Formen der Unternehmensführung ausprobieren, dass sie das Leben in die Firma hineinlassen, Leidenschaft zum Prinzip erklären und ihren Mitarbeitern alles abverlangen, was sie selbst einbringen: Mut zu Entscheidungen, Entschlossenheit, Selbstverantwortung.

Vom Leben lernen

Die wenigsten von ihnen haben das gelernt, sondern springen einfach ins eiskalte Wasser. Wie Bobby Dekeyser, Mutter Österreicherin, Vater Belgier, aufgewachsen in Deutschland und Österreich. Mit elf beschloss er, Fußballprofi zu werden, mit 16 war er es. Seine Stationen als Bundesliga-Torwart hießen Kaiserslautern, Bayern München, 1. FC Nürnberg und 1860 München. Mit 26 schien von einem Tag auf den anderen die Karriere beendet. Bobby Dekeyser lag mit schweren Gesichtsverletzungen im Krankenhaus. Bei einem Zusammenprall mit einem gegnerischen Spieler hatte er etliche Frakturen erlitten. Seine Sehkraft war gefährdet.

Unter Morphiumeinfluss scherzte der Schwerverletzte: »Wenn ich blind bleibe, muss ich wohl eine Firma gründen.«

Wenn Bobby Dekeyser heute an die Geburtsstunde seines Unternehmens Dedon denkt, schüttelt er immer noch selbst den Kopf. Okay, die Familie seiner Mutter war eine Unternehmerfamilie, aber er selbst hatte nie etwas damit zu tun haben wollen. Okay, die Familie produzierte Kunststoff, und es war ewiges Gesprächsthema bei Familientreffen, welche neuen Produkte für den Markt von Interesse sein könnten. Okay, Bobby hatte ein Grundinteresse für das Geschäftsleben. Aber er hatte sich doch extra einen ganz anderen Beruf gesucht.

Der junge Torwart wurde wieder ganz gesund, auch seine Augen, und er konnte sogar wieder Fußball spielen, aber innerlich hatte er sich längst umorientiert. Die letzten drei Spiele, so sagt er selbst, waren die besten seiner Karriere. Und dann stieg er aus. Er war damals schon verheiratet und hatte zwei kleine Kinder; eine Tante und ein Onkel lebten bei ihm – »wir sind immer schon so eine Gluckenfamilie gewesen«. Seine Mutter hatte zu dieser Zeit die Idee, eine Kunststofffaser herzustellen, die wie Rattan aussah, jedoch wetterbeständig war. »Ich hatte damals überhaupt keine Ahnung von Möbeln«, gesteht er. »Aber ich war immer schon von filigraner Handarbeit fasziniert. Und dachte, damit könnte man Geld verdienen.«

> Ich hab's Leben gelernt und durchs Leben gelernt.
> Bobby Dekeyser, Gründer und Inhaber von Dedon Outdoor Collection

Er mietete einen Bauernhof in der Nähe von München, der ehemalige Kuhstall wurde der Showroom. Nur standen anfangs noch keine Möbel darin. Die ersten handgeflochtenen Möbel wurden von den Philippinen importiert und dort ausgestellt.

Nach einiger Zeit war die Rücklage vom Fußball aufgebraucht. »Ich habe Fehler ohne Ende gemacht«, gibt er zu, »hatte einen Showroom, aber keinen Laden, hatte Möbel rumstehen, habe aber keine verkauft. Es ging immer einen Schritt vor, zwei zurück. Wir haben sogar Ski produziert und mit Airbrush individuell verziert. Ein Quatsch. Ich hab in dieser Zeit das Leben gelernt und durchs Leben gelernt. Ich hatte keine Geduld fürs Bücherlesen. Fürs Zuhören. Ich habe Energie verpulvert ohne Ende.«

Nachdem ihm die für diese speziellen Möbel notwendigen Entwicklungen bei den asiatischen Produzenten nicht schnell genug gingen, beschloss er, selbst auf den Philippinen eine Möbelproduktion zu starten. Er war zwei Jahre vorher bereits mit der ganzen Familie und der Hightechfaser für ein halbes Jahr auf die Philippinen gezogen. Seiner Sekretärin übergab er die Firmenschlüssel des bayerischen Bauernhof-Showrooms und sagte: »Jetzt bist du für den Laden hier verantwortlich.«

Die erste Kollektion bestand aus 30 Teilen, alles in Weiß, die Fotos für den Katalog wurden auf einem französischen Friedhof von einem Supermarktfotografen aufgenommen. Der Verkauf lief hervorragend an. Bobby Dekeyser betreute das Lager, seine Frau das Büro. Die Tante führte den Haushalt, und der Onkel griff überall mit zu, wo er gebraucht wurde. Der Getränkehändler aus Höhenkirchen lieh ihnen seinen Pritschenwagen, wenn Dedon Möbel ausliefern musste.

Dann kam der erste Auftrag vom Club Med, lauter weiße Stühle und Tischchen; Dedon schien es geschafft zu haben. Bobby Dekeysers aquamarinblaue Augen blitzen, wenn er erzählt, was dann geschah: »Nach einem halben Jahr waren alle Möbel, die wir verkauft hatten, hin. Kaputt. Zusammengebrochen. Die Rahmen waren aus Rattan gewesen und waren zusammengekracht. Es war die Hölle. Jeden Tag kamen Reklamationen. Was habe ich gemacht? Ich bin überall zu den Kunden hingereist, habe mich entschuldigt und versprochen, den Schaden wieder gutzumachen. Ich wusste noch nicht wie, aber ich wusste, sonst sind wir hin.«

Die Rahmen wurden ab sofort aus Metall gefertigt und umflochten, und die kaputten Teile wurden so schnell wie möglich ersetzt. Bobby Dekeyser denkt über diese Zeit laut nach: »Ich hatte alles so groß aufgebaut, sodass ich nicht zurückkonnte. Wenn du ein Geschäft gründest, brauchst du ein echtes Ziel. Mein Ziel war es, frei entscheiden zu können, viel zu reisen, die Familie zu integrieren und mit Freunden zusammenzuarbeiten. Und dieses Ziel wollte ich erreichen, davon konnten mich so genannte Probleme nicht abhalten. Irgendwie habe ich wohl doch den Fatalismus meiner Familie geerbt, die haben immer schon nach der Devise gelebt: Ob oben oder unten, die Stimmung ist immer gut.«

Die Produktion stieg stetig an, die Aufträge flossen regelmäßiger, Dedon wurde eine Marke. Der Showroom im Kuhstall wurde langsam zu klein. Auf einem Flug nach Asien las Bobby Dekeyser *Bellevue*, eine Immobilienzeitschrift, darin wurden »Resthöfe« in der Lüneburger Heide vorgestellt. Er rief seine Frau in Höhenkirchen an, die bestellte die Unterlagen zu einem besonders schönen Hof, und als er von der Reise zurückkam, zogen sie mit Sack und Pack nach Norddeutschland.

»Ich habe gern Schicksalswendungen, und möglichst nicht einen Tag Routine.« Die gab es auch nicht, da sie einzogen, bevor die Renovierungsarbeiten abgeschlossen waren, in das totale Chaos. »Dass wir, dass meine Ehe das überstanden hat, ist ein Wunder.« In einem Nebenhaus wurde ein Büro eingerichtet, für die inzwischen drei Kinder wurden Spielplatz, Pferdestall und Reitplatz gebaut. Dedon wuchs beständig. Inzwischen hat die Produktion auf den Philippinen 450 Mitarbeiter, in Lüneburg sind es 25, in Frankreich sechs, eine Außenstelle wurde gerade in Barcelona gegründet (siehe Interview mit der Kosmopolitin Sonja Hummer, Bobbys Schwester).

Bobby Dekeyser verkauft seine Kunststofffaser inzwischen auch an die Konkurrenz, beliefert mit seinen Produkten die besten Gartenmöbelhersteller der Welt und bietet seine exklusiven Modelle in den feinsten Geschäften Europas an. Seine Events auf der Kölner Möbelmesse sind Erlebnisse, über die in der Branche gesprochen wird. Und der neueste Katalog »Outdoor Collection 2002« ist einfach sensationell. Zum zweiten Mal hat er jetzt mit einer Sängerin aus Lüneburg einen Dedon-Song[43] aufgenommen, professionell komponiert und arrangiert, so was macht ihm Spaß.

Er zieht mit seinen 36 Jahren eine erste Zwischenbilanz: »Mein erstes Jahrzehnt als Profifußballer stand unter dem Motto ›Power‹; das zweite Jahrzehnt als Unternehmer unter dem Motto ›Speed‹, und ich plane, dem nächsten Jahrzehnt die Überschrift ›Silence‹ zu verpassen.«

Man kann es sich nur schwer vorstellen, dass dieses Temperamentsbündel, das fast schneller spricht, als man zuhören kann, wirklich die Geschwindigkeit zurücknehmen will, aber er hat es sich fest vorgenommen: »Ich möchte nur noch höchstens drei Stunden am Tag im Unternehmen arbeiten. Dann möchte ich mehr strukturell nachdenken, möchte philosophieren. Ich habe so viele Ideen zum Thema Arbeit, ich möchte alles mal aufschreiben.«

In den letzten drei Jahren hat er die entscheidenden Schritte in diese Richtung getan: Für das Unternehmen wurden in Lüneburg ein Bürohaus und ein Lagerverkauf gemietet, sodass die Mitarbeiter nicht mehr auf dem Bauernhof arbeiten müssen, die Familie endlich zur Ruhe kommt »und ich einfach mal im Garten sitzen kann«. Unternehmen und Privates sind also schon einmal örtlich getrennt, Bobby Dekeyser muss nach Lüneburg fahren, kann nicht mal so einfach übern Hof gehen. Das schafft Abstand.

Die wichtigsten Positionen im Unternehmen hat er inzwischen mit Vertrauten besetzt: Seinen besten Freund, einen Österreicher, hat er zum Geschäftsführer berufen; der hält ihm den Rücken frei. Die Produktion auf den Philippinen leitet ebenfalls ein alter Freund, ein Franzose. Und seine Schwester ist, wie gesagt, verantwortlich für den Export.

---

43 Zu hören auf seiner Homepage www.dedon.de

Bobby Dekeyser erläutert seine Philosophie: »Ich schaffe Freiräume für mich und andere. Dafür brauche ich ›erwachsene‹ Menschen, selbst denkend und selbstehrlich, die weder sich noch mir etwas vormachen. Die gemeinsame Basis unserer Arbeit ist die Kompetenzhierarchie. Ich brauche Menschen, die multiinteressiert sind, die sich einbringen, nicht nur zuschauen, was läuft.

Mein Vorbild ist eine Großfamilie in Asien, die am Feuer sitzt, wo jeder reihum etwas erzählt, sich einbringt. Wir leben hier in Europa ein solches Secondhand-Leben. Durch die mediale Überpräsenz müssen die Leute gar nichts mehr selbst machen, nur noch konsumieren. Dagegen will ich anwirken.«

Er weiß genau, dass er auch selbst sein Leben verändern muss, wenn er mehr »Silence« schaffen will: »Ich schalte mein Handy stundenlang aus. Ich merke, dass ich immer weniger reisen mag und lieber andere schicke. Ich genieße das Zusammensein mit meiner Frau, mit den Kindern, mit Onkel und Tante. Die Hektik ist raus aus meinem Leben. Und ich stelle fest, ich vermisse sie nicht.«

Sein Ziel ist auch, etwas »zurückzugeben«. Er hat die Idee, eine Schule für Aktivität und Harmonie zu gründen, vor allem für Menschen, denen es nicht so gut geht. Mithilfe von Musik, Theater, Schreiben oder Diskutieren soll das Selbstwertgefühl dieser Menschen, Erwachsene und Kinder, gestärkt und ihre Eigeninitiative angeregt werden.

Was er auf jeden Fall vermeiden will, ist sich »von Erfolgen täuschen zu lassen. Vor dieser Blindheit habe ich Angst. Dass ich nicht mehr sehe, was los ist auf der Welt.« Damit schließt sich der Kreis zum Beginn seiner Geschäftsidee. Ich habe keinerlei Zweifel, da ich ihn aus einigen Coachings kenne, dass er auch diese Herausforderung offenen Auges meistern wird.

Und immer wieder lese ich von anderen Unternehmern, die der Rund-um-die-Uhr-Verfügbarkeit eine Absage erteilen[44]: Claude Bébéar, Chef der Axa, baute die Versicherungsgruppe mit einer Vier-Tage-Woche auf. Dirk Manthey, Verleger der Milchstraßen-Magazine, verkaufte den Verlag, wurde Geschäftsführer und ließ sich in den Vertrag das Recht auf eine üppige Freizeit hineinschreiben. Und Sissy Closs, 46, erfolgreiche Gründerin eines irre erfolgreichen Softwareunternehmens in München, Comet Computer[45], Umsatz im letzten Jahr sechs Millionen Mark, hat viele Jahre nebenher Tanzunterricht gegeben, weil das ihre Leidenschaft ist.

Das Konzept für Lebensunternehmer/innen

Was braucht jemand, der als Lebensunternehmer Erfolg haben möchte? Ich habe die Frau gefragt, die es wissen muss: Sissi Closs, Chefin von 60 »hoch motivierten Mitarbeiter/innen«, wie sie selbst sagt, Professorin für Informations- und Medientechnik an der Fachhochschule in Karlsruhe und Mutter eines zehnjährigen Sohnes. Mehrfach ausgezeichnet mit Preisen für technische Dokumentation, aber auch für das Angebot der Firma an die Mitarbeiter, die Arbeitszeiten so einzuteilen, wie es ins Lebensmodell passt.

1. **Lernfreude.** Die Ausbildung wird in vielen Bereichen in Zukunft eher nebensächlich sein, es wird darauf ankommen, dass du das Lernen gelernt hast, und zwar das selbständige Lernen. Denn die Aufgaben ändern sich in Rasanz, morgen kannst du etwas ganz anders machen mögen oder müssen

---

44 *Wirtschaftswoche* 26.4.2001
45 www.comet-computer.de

als gestern. Ich muss also aufpassen, meine Position nicht mit Stringenz durchzuziehen, sondern dass ich links und rechts schaue, was mich noch interessieren, was mir Spaß machen würde. Der Wechsel und die Vielfalt gehören zum Leben. »You can always get what you want« heißt darum auch unser Firmenmotto.

2. **Selbstverantwortung.** Lebensunternehmer/innen müssen eine gewisse Risikofreude zeigen, abwägen können, was ist falsch, was ist richtig. Und dann sich trauen, Entscheidungen zu fällen. Das fällt vielen Menschen offensichtlich schwer. Es geht in Zukunft nicht mehr, zu warten, bis jemand anderes sagt, was gemacht werden muss. Und sich dann vielleicht sogar hinter einem »Das hätte ich gleich sagen können« zu verstecken, wenn die Entscheidung falsch war. Das bedeutet für den Einzelnen, du musst auch Mut zu Fehlern haben. Die werden natürlich passieren. Aber das ist auch okay. Solange du was draus lernst. Es bedarf eines hohen Maßes an Selbstverantwortung, Mut, den Kopf hinzuhalten, dafür einzustehen. Wenn ich keine Risiken eingegangen wäre, wäre ich immer noch ganz nett angestellt, und Comet Computer gäbe es nicht.

3. **Eine positive Grundhaltung.** Man muss nicht unbedingt euphorisch und sprudelnd sein, gern auch ruhig und besonnen oder nachdenklich und planend. Aber die positive Grundeinstellung gehört zum Unternehmen Leben. Wer sich in Wenns und Abers verstrickt, bringt nichts in Bewegung. Wer immer nur das Negative sieht, kommt nicht von der Stelle. Mitarbeiter, die man immer wieder ermutigen und anstacheln muss: »Probier es, es geht«, sind furchtbar anstrengend. Es braucht ein hohes Maß an Selbstmotivation, sich selbst zu führen und Schwierigkeiten zu überwinden. Es be-

darf der Überzeugung, dass es sich lohnt, zu experimentieren und Neues auszuprobieren. Wenn wir keinen Mut bewiesen hätten, hätten wir uns nie getraut, unseren Kunden eine Projektleiterin zu schicken, die nur 20 Stunden in der Woche arbeitet, weil sie ein kleines Kind hat. Aber es funktioniert, und der Kunde ist begeistert. Aber das kann man vorher nicht wissen.

4. **Selbstorganisation.** Die klassische Kontrolle wird immer weniger, es geht jetzt um Ergebnisse. Das Vorgehen wird immer informeller und von jedem selbst strukturiert. Das bedeutet für Menschen, die Lebensunternehmer/in werden wollen, dass sie sich sehr gut selbst organisieren können. Dass Zeitplanung und Zusammenarbeit mit anderen im Team gut klappen. Dazu gehört auch Kommunikationsfähigkeit, Dinge abzusprechen, klare Ziele zu setzen, vor allem natürlich auch in virtuellen Teams. Menschen müssen sich auch als Multiplikatoren verstehen. Die Arbeit wird immer selbständiger und bietet damit eine große Möglichkeit zur Selbstentfaltung. Nie waren die Chancen größer, das »eigene Ding« zu machen. Aufregende Zeiten, finde ich. Und ich bin froh, mittendrin zu sein.

> **Das Leben ist nichts, was man auf morgen verschieben könnte, das Leben ist jetzt!**
> Motto von Sissi Closs, Gründerin und Gesellschafterin von Comet Computer, München

Fühlen Sie sich von der einen oder anderen Reisegruppe angezogen, finden Sie die Lebensmodelle interessant, die ich Ihnen vorgestellt habe? Es geht nicht darum, irgendein Modell zu imitieren, sondern darum, die eigene Position daran auszurichten. Research, also das Recherchieren, gehört zu jeder Reise, aber auch zu jeder Veränderung dazu. Ich muss die Verkehrslage kennen, bevor ich losfahre. Ich muss genau hinschauen: Was funktioniert, was nicht? Was würde mir liegen, wo nehme ich eine Anregung mit? Was gefällt mir, und was ist der Preis dafür?

Sie wissen schon, dass ich eine Verfechterin der schriftlichen Arbeit bin. Wenn Sie Lust haben, machen Sie doch hier eine Zäsur und schreiben Sie sich Ihre Gedanken zur »Verkehrslage« auf, zu den Möglichkeiten des Marktes. Was reizt Sie, und worauf reagieren Sie ganz spontan mit einem Aber? Im nächsten Kapitel geht es dann um den nächsten konkreten Schritt: darum, einen Plan zu machen.

Vierte Etappe:
Einen Plan machen

Erste Entscheidungen für Ihre Reise vom Eigentlichland in die Stadt Tun sind vielleicht schon gefallen. Sie haben sich eventuell für eine der vorgestellten Reisegruppen entschieden oder planen eine Individualreise. Die Richtung haben Sie hoffentlich gewählt, und die Reisekasse ist prall gefüllt. Jetzt heißt es, einen Plan zu machen: die Route zu wählen, die Transportmittel auszusuchen, die Investitionen zu kalkulieren und Strategien zu entwickeln.

Ich erlebe es immer wieder in Coachings und Seminaren: Während das Was relativ schnell benannt werden kann, gibt es um das Wie eine Menge Zweifel. Die Frage ist: Wie schaffe ich das? Und jetzt kommen Strategien ins Spiel, die Überlegung: Was muss ich tun, um das zu erreichen? Beispielsweise: Wie finde ich ein Unternehmen, das mir die kreativen Freiräume bietet, die ich mir wünsche? Oder: Was muss ich tun, um einerseits meinen Chef und das Unternehmen glücklich zu machen und andererseits meine Familie? Und wie verschaffe ich mir dabei noch Zeit für mich?

Die Zwei-Wochen-Regel

Das fragte sich auch Susanne Westphal, 31. Sie ist Director Corporate Communication bei einem internationalen Mobilfunknetzbetreiber, Sitz München, mit etwa 600 Mitarbeitern. Auf Deutsch: Sie ist die Leiterin Unternehmenskommunikation, hat zehn Mitarbeiter im Team. Daneben ist sie Mutter zweier Kinder, acht und fünf Jahre alt, lebt mit ihrem Partner am Wörthsee und hat die Kinder jede zweite Woche bei sich. Die übrige Zeit sind sie bei ihrem Vater. Als sie die Stelle antrat, war ihre Überlegung: Wie kriege ich alles unter einen Hut?

»Ich habe mir vorgenommen, innerhalb von zwei Wochen jeweils etwas für die wichtigsten Bereiche in meinem Leben zu tun: für meine Kinder, den Job, meine Beziehung, für Freunde, fürs Selbstverwöhnen und die Gesundheit. Dann beginnt der nächste Zwei-Wochen-Abschnitt. Denn ich weiß, ich werde krank, wenn ich einen Lebensbereich vernachlässige. Das heißt, ich muss Platz für alles schaffen, weil ich glückliche Momente nicht verschieben kann.«

Sie machte sich gleich nach Antritt ihrer neuen Stelle einen klaren Zwei-Wochen-Plan, nennt ihn ihre »Zwei-Wochen-Regel«, davon ausgehend, dass sie die Zeit von morgens sechs Uhr bis Mitternacht zur Verfügung hat und diese Zeit mit Leben füllen kann.

Susanne Westphal hat ein hohes Maß an Eigenverantwortung in ihrem Vertrag, Arbeitszeitsouveränität; schließlich arbeitet sie in einem modernen Kommunikationsunternehmen. Ziel sind 40 Stunden in der Woche; wie sie diese einteilt, unterliegt ihrer eigenen Verantwortung. Sie ist verantwortlich für die Unternehmenskultur, die Presse- und Öffentlichkeitsarbeit, politisches Lobbying, Interessenvertretung in Verbänden sowie das Intranet. Sie organisiert interne Veranstaltungen und die interne Kommunikation. Es gab von ihrem Chef zwei Vorgaben:

1. Montags muss sie beim Managementmeeting dabei sein, das oft bis spät in die Nacht geht. Dann kümmert sich ihr Partner oder der Vater um Maxi und Leo. Beide sind selbständig und können sich ihre Zeit frei einteilen, »die Termin-

absprachen klappen prima, und außerdem baut Achim die viel besseren Lego-Burgen als ich«.
2. Sie muss ihre Arbeit machen und ihre Teammitglieder führen. Ihren Führungsstil bezeichnet sie selbst als locker. »Ich frage nicht dauernd, was die Mitarbeiter machen, es reicht mir, wenn ich grob informiert bin, in welche Richtung gearbeitet wird. Ich stehe auch bei meinen Kindern nicht zehn Zentimeter hinter ihnen, wenn sie klettern, sondern halte Abstand. Ich bin natürlich traurig, aber auch glücklich, wenn Fehler gemacht werden, denn dann lernen alle daraus. Ich bespreche auch meine eigenen Fehler im Teammeeting; passt darauf auf...«

In der Woche, in der die Kinder bei ihr sind, versucht sie, so viel Zeit wie möglich mit ihnen zu verbringen. So sieht ein typischer Tag in dieser Woche aus:

- Sechs Uhr aufstehen, in die Badewanne mit Duftöl steigen.
- Kinder wachküssen, gemeinsam mit ihnen und ihrem Partner frühstücken.
- Die Kinder gehen zur Schule und in den Kindergarten, Susanne fährt ins Büro.
- In den Vormittag legt sie alle intensiven Termine, in denen sie Ergebnisse ansehen und entscheiden muss, führt Gespräche, hetzt von einem Meeting zum nächsten, da sie ja mittags schon wieder weg muss.
- Mittags isst sie mit ihrer Tochter, schmust, redet über die Schule.
- Dann holen sie gemeinsam das Kindergartenkind ab.
- Es folgt gemeinsame Zeit, die Kinder steuern die Aktivitäten, sie gehen schwimmen oder Inlineskaten, toben im Garten oder treffen Freunde.

- Sind die Kinder beschäftigt, setzt sie sich auch manchmal nachmittags in ihr Home Office, loggt sich in das System ein und erfährt, wenn etwas Wichtiges anliegt.
- Manchmal lädt sie Freundinnen zum Kaffee ein und liebt es, einen Kuchen dazu zu backen und »ernsthaft über Rosen im Garten zu reden«.
- In Notsituationen im Job, wenn's brennt, springt Achim ein, oder sie nimmt die Kinder auch mal kurzfristig mit ins Büro.
- Abends wird mit den Kindern zusammen gekocht und gegessen und sich viel Zeit zum Reden genommen.
- Wenn die Kinder im Bett sind, setzt sie sich noch einmal an den PC, das macht ihr nichts aus – »andere setzen sich vor die Glotze«.

Wenn die Kinder beim Vater sind, liegt Susannes Schwerpunkt ganz eindeutig auf dem Job, ist sie die klassische Managerin. So sieht ein typischer Tag in dieser Woche aus:

- Sieben Uhr aufstehen, in die Badewanne mit Duftöl steigen.
- Ihren Lebenspartner wachküssen, gemeinsam frühstücken.
- Beide fahren in ihre Büros nach München.
- Sie praktiziert neben den Projekten, die sie betreut, »Management by Walking around«, nimmt sich die Zeit, mit einzelnen Mitarbeitern zu sprechen. Genießt es, den Rücken frei zu haben und sich ausschließlich auf die Arbeit zu konzentrieren.
- Sie holt sich ihren Cappuccino in der Kaffeeküche selbst, hat Zeit für Gespräche so zwischendurch, kann Beziehungen pflegen und Infos austauschen.

♦ Sie hat Zeit für Probleme und Muße, nachzudenken und neue Projekte zu entwickeln.
♦ Den Abend genießt sie mit ihrem Freund oder geht auf »Halligalli-Tour« mit Freundinnen.
♦ Am Wochenende treibt sie Sport, geht mit Achim aus und werkelt gern in Haus und Garten.

Susanne Westphal glaubt, mit diesem Modell ihren eigenen und allen anderen Ansprüchen am besten gerecht zu werden. Manchmal, das gibt sie auch ganz offen zu, hat sie ein schlechtes Gewissen: Was denken die Kollegen über sie und ihre Arbeitsweise? Sie wird schon manchmal schräg angeschaut, glaubt sie. Deswegen hat sie mit einem Bekannten eine Coaching-Vereinbarung getroffen, kann ihn anrufen oder anmailen, wenn sie ein Problem hat. Er kann das im Gegenzug bei ihr auch. »Und das tut mir gut.« Im Augenblick empfindet sie ihre Zwei-Wochen-Lösung als optimal. Das Wort Stress hat sie übrigens aus ihrem Wortschatz gestrichen. Sie spricht lieber von »sportlichem Druck« und zeichnet das Bild einer Messlatte, die sie immer einen Zentimeter höher als vorher legt; »es macht mir keinen Spaß, die gleiche Höhe aufzulegen«.

Ihr ganz persönliches Benchmarking

Kennen Sie jemanden, den Sie für seinen Weg beneiden oder den Sie dafür bewundern, wie er/sie das Leben lebt? Anstatt im puren Neid zu ersticken oder in Selbstmitleid zu verfallen, nach dem Motto: »Ich schaff das sowieso nicht«, ist es wesentlich hilfreicher, sich anzuschauen, wie der andere es geschafft hat, dorthin zu gelangen. In Unternehmen ist derzeit »Benchmarking« ein aktueller Begriff, das Bemühen, sich

ÜBUNG

Mein Vorbild

Ich bewundere: _____

Wofür:

_____

_____

_____

Was kann ich tun, um selbst mehr davon zu bekommen/so zu werden?

_____

_____

_____

Dies ist der erste Schritt:

_____

_____

_____

am Besten auszurichten, die Qualität zu steigern, sich zu verbessern. Dazu gehört auch, sich erfolgreiche Mitbewerber anzuschauen und zu analysieren: »Wie machen die das?«

Im Coaching arbeite ich manchmal mit solchen Benchmarks. Ich frage beispielsweise meine Klienten, welche Vorbilder sie haben oder wen sie bewundern. Dann fallen Namen wie Willy Brandt, Madonna oder Lothar Späth. Ich kann Ihnen sehr empfehlen, mal selbst nachzudenken, wen Sie bewundern, ob prominent oder nicht, und wofür.

Neulich nannte eine Klientin Renate Künast, die Verbraucherschutzministerin, als einen Menschen, den sie sehr bewundert. Wir schrieben auf eine Liste, was sie so an der Politikerin fasziniert:

1. Sie ist frech.
2. Sie ist kompetent.
3. Sie hat Mut.
4. Sie kann gut reden.
5. Sie steht für ihre Überzeugung ein.
6. Sie ist witzig.
7. Sie zeigt's den anderen.

Für mich sehr interessante Punkte. Ich habe nämlich die Erfahrung gemacht, dass das, was einen Menschen an einem prominenten Vorbild fasziniert, nicht nur die Eigenschaften sind, die er selbst gern hätte, was nahe liegt. Was viel verblüffender ist: Menschen bewundern genau die Eigenschaften, die sie in Ansätzen schon besitzen, auch wenn das noch nicht offensichtlich und ihnen selbst oft am wenigsten bewusst ist!

Wir kamen denn im Gespräch auch schnell darauf, dass die Klientin einige der »Künast-Anlagen« durchaus schon in sich trägt, sich nur nicht traut, sie »rauszulassen«. Deshalb haben wir im nächsten Schritt überlegt, was sich ändern muss, damit sie sich endlich traut.

Als Erstes kamen wir sehr schnell darauf, dass sie ihre Botschaft aus der Kindheit verabschieden muss, die hieß: »Sei brav.« Als kleines Mädchen war sie durchaus »nicht auf den Mund gefallen«, sang und erzählte den ganzen Tag. Verstummte aber mehr und mehr in der Pubertät. Und blieb leise und zurückhaltend. Schon oft hatte sie eine Chance verpasst, weil sie etwa in einer Sitzung die Lösung, die sie im Kopf hatte, nicht äußerte.

Als zweiten Schritt erkannte sie selbst, dass sie öfter bereit sein müsse, Risiken einzugehen, dass sie sich öfter für die Fifty-fifty-Chance, wie sie lachend meinte, entscheiden könnte. Wie heißt der schöne Spruch: »Erwachsen werden heißt, dass die Risiken größer werden!« Sie erzählte, dass sie öfter zurückschrecke, »hier« zu rufen, wenn es um Aufgaben ging. Oder zögere, sich für ein Projekt zu bewerben. Und das ärgerte sie.

Und als Drittes beschloss meine Klientin, öfter zu ihrem Standpunkt zu stehen, sprich, öfter den Mund aufzumachen und Stellung zu beziehen. Sie meinte in einem Anfall von Selbsterkenntnis: »Vielleicht ist es ja mit 38 an der Zeit, dass ich mal zu dem stehe, was ich denke.« Dass sie damit in einen Konflikt mit ihrem Chef kommen würde, war ihr klar. Doch ebendiese Unzufriedenheit mit der Situation im Beruf hatte sie ja dazu gebracht, ein Coaching zu machen. Wir sprachen darüber, was klug ist und was nicht. Ich hatte bei ihr keine Angst, dass sie hinausstürmen und ihre Existenz riskieren würde, deswegen machte ich ihr Mut, ihren Weg zu gehen.

Nichts ist träger als die Gewohnheit

Erfolgstrainern, Motivationstrainern oder wie immer man sie nennt, wird ja manchmal vorgeworfen, sie würden die Menschen aufpeitschen, ihnen Flausen in den Kopf setzen und sie damit ins Unglück stürzen. Ich glaube, die Kritiker überschätzen die träge Masse Mensch. Zu denken, dass alle Menschen nach einer Veranstaltung ihr Leben umkrempeln, halte ich für einen krassen Irrglauben. Im Gegenteil, nichts ist träger als die Gewohnheit. Es braucht schon mehrere Anstöße, um etwas zu verändern, meistens übrigens eher schmerzhafte. Wir kennen das doch: Erst wenn die Schmerzgrenze erreicht ist, werden wir endlich aktiv. Manchmal ist ein Gespräch, ein Vortrag, ein Buch, eine Fernsehsendung der letzte Tropfen, mehr nicht. (Aber auch nicht weniger. Ich halte nichts vom Trainergrößenwahn, dass wir die Leben von Menschen verändern könnten. Nein, das können nur die Menschen selbst. Aber wir können ihnen zur Seite stehen, Mut machen, ihnen ein paar hilfreiche Tipps geben, Strategien aufzeigen, das schon.)

Wir kennen das doch alle: Eben waren wir noch wild entschlossen, etwas zu tun, und schon am Tag darauf vergessen wir unser Vorhaben. Bekannt: der Neujahrstag als der Friedhof der guten Vorsätze. Das Problem sehe ich eher darin, dass sich Menschen in einem Coaching oder bei einem Seminar sehr viel vornehmen und die Umsetzung dann zum Stolperstein wird, sich im Alltag verliert. Deshalb ist es so wichtig, einen Plan zu haben, Strategien zu entwickeln, sich Zeitschienen zu geben und mit einer konkreten To-do-Liste in den Alltag zurückzukehren.

Sie erinnern sich: Verantwortung übernehmen heißt, bereit sein, den Preis für unsere Entscheidungen zu bezahlen. Und einen Plan zu entwickeln heißt, ganz nüchtern die Investition und den Gewinn zu kalkulieren. Es lässt sich auf einen schlichten Satz herunterbrechen: Was ist mir dieses Projekt wert? Nur wenn wir klar die Alternativen sehen, können wir uns für oder gegen die Möglichkeiten entscheiden.

Deshalb braucht jede Veränderung einen Plan, eine große Reise, die man sich vornimmt, allemal. Welche Reisegeschwindigkeit streben wir beispielsweise an? Wollen wir mit der Concorde starten, oder nehmen wir das Schiff? Fahren wir ICE oder Bummelzug? Wählen wir Ferrari oder Cinquecento? Marschieren wir im schweißtreibenden Power-Walking-Tempo, oder schlendern wir langsam los? Auch hier gilt wieder die Regel: Es gibt nicht die eine Lösung für alle. Es gibt nur Ihre Lösung.

Plädoyer für den schleichenden Übergang

Das Gleiche gilt für den Abfahrtszeitpunkt: heute, jetzt, sofort? Ich proklamiere ja eher das Einschleichen, das langsame An- und Auslaufen-Lassen, den fließenden Übergang. Ich selbst bin kein Mensch, der spontan kündigt und dann mal schaut, was sich ergibt. Halt, doch, das habe ich einmal getan: Bei meinem ersten Job bei einer Münchner Tageszeitung. Aus Verärgerung. So richtig mit lauten Posaunentönen. Aber da war ich auch noch sehr jung. Drei Jahre lang musste ich mir dann als Mutter zweier kleiner Kinder mit verschiedenen Jobs, in einer ABM-Stelle und als Sekretärin mein Geld verdienen. Nicht dass es mir geschadet hätte, aber es kostete mich einige Anstrengungen, wieder in den Journalismus zurückzukommen.

Die nächsten Wechsel in meinem Berufsleben waren durchdachter. Wenn der neue Job fest war, kündigte ich höflich. Und selbständig habe ich mich auch erst gemacht, als ich einigermaßen sicher sein konnte, dass das Geschäft läuft. Davon habe ich ja schon berichtet.

Die meisten Menschen, so meine Erfahrung, scheuen Veränderungen, weil sie immer nur das Maximale sehen. Sie glauben, sie müssten kündigen, sich scheiden lassen, die Kinder zur Adoption freigeben und die heimische Bude abfackeln für den Neubeginn – und das alles auf einmal. Welch ein Irrtum. Nein im Ernst: Es gibt nur wenige Situationen, in denen ich dazu rate, sehr schnell Tabula rasa zu machen: Wenn die Arbeitssituation unerträglich ist beispielsweise oder wenn man aus einer deprimierenden Stimmung und der dementsprechenden Ausstrahlung heraus nur schwer einen neuen Job findet.

Barbara Wittmann, die passionierte Bikerin, hat diese Entscheidung getroffen. Erst mal raus, dann regenerieren und in Ruhe etwas Neues suchen. Das war ihr Erfolgsmotto. Ich werde nie vergessen, wie sie einige Zeit nach dem Coaching in mein Büro kam und mir lächelnd eine herrlich kitschige blaue Lampe in Form eines Kamels überreichte, weil sie die erste Station auf ihrem Kamelpfad geschafft hatte, nämlich zu kündigen. (Was die Kamelpfadstrategie ist, finden Sie im Kasten auf der nächsten Seite.)

Wer aussteigen will, ohne einen neuen Vertrag in der Tasche, sollte sich im Vorfeld ganz realistisch fragen: Wie lange könnte ich mir den Übergang finanziell leisten? Wie viel Zeit gönne ich mir? Wer kann mich dabei unterstützen? Zahlt mir als zukünftiger oder zukünftigem Selbständigen das Arbeitsamt Arbeitslosengeld oder Übergangsgeld? Habe ich die Voraussetzungen dazu? Habe ich Rücklagen? (Ich bin immer wieder erstaunt, wie viele Leute sagen, das kann ich mir nicht leisten, und im nächsten Atemzug von ihrem Aktiendepot berichten oder von dem teuren Auto, das sie fahren.)

◆◆◆◆◆
DURCH DIE SAHARA – MIT DER KAMELPFADSTRATEGIE
Stellen Sie sich vor, Sie wollten mit einer Kamelkarawane durch die Sahara ziehen. Einfach loszulaufen ist bei dem weiten Weg ziemlich dumm – und gefährlich. Das gilt genauso für den weiten Weg vom Eigentlichland in die Stadt Tun. In beiden Fällen lohnt es sich, vorher Oasen zu suchen, also Etappen zu planen. Welchen Vorteil hat das? Die einzelnen Etappen sind mit angemessenem Aufwand zu erreichen, Sie haben also schnelle Erfolgserlebnisse und können »abhaken«. In den Oasen können Sie innehalten, sich ausruhen, die Route überarbeiten, fehlende Ausrüstungsgegenstände besorgen und eventuell noch gute Tipps von Mitreisenden bekommen. Für jeglichen Veränderungswunsch ist es sinnvoll, sich solche Oasen oder Zwischenziele anzulegen. Die erste Oase ist vergleichbar dem ersten Schritt, mit dem bekanntlich auch die längste Reise beginnt. Das ist manchmal lediglich ein Anruf, ein Grobkonzept oder eine Adresse, die man recherchieren muss.
◆◆◆◆◆

Für einen sanften Übergang plädiere ich vor allem, wenn jemand mit der Selbständigkeit liebäugelt – als Trainer/in beispielsweise oder Berater/in, also mit einer Dienstleistung, die man gut nebenher starten kann. Probieren Sie es/sich doch erst einmal aus, rate ich in meinen Seminaren. Entwickeln Sie doch zuerst einmal ein Konzept, und testen Sie es. Ein solches Konzept eignet sich generell, um eine berufliche Veränderung zu planen. Ich würde immer, bevor ich tatsächlich kündige, einen Trockendurchlauf in meinem Hirn, besser noch schwarz auf weiß auf Papier machen.

Von der Jobsuche zum Jobdesign
Ich empfehle Ihnen, Ihr Work-Life-Konzept aus folgenden Grundbausteinen zusammenzubauen:
1. Die Erfolgsidee
2. Die Zielgruppe
3. Das Ziel
4. Das Marketing

Wenn Sie diese vier Punkte für Ihr Vorhaben schon ausfüllen können, so gründlich wie möglich natürlich, dann steht im Prinzip das Gerüst für den neuen Abschnitt.

1. **Die Erfolgsidee.** Mit welchem Produkt, welcher Idee gehen Sie auf den Markt? Soll heißen: Was können Sie, was bieten Sie, was wollen Sie? Wenn wir demnächst, wie die Zukunftsforscher prophezeien, alle Unternehmer/innen sind, ob angestellt, selbständig oder bei einer Bewerbung, dann konkurrieren wir mit unserem Produkt mit anderen und ähnlichen Angeboten. Dann müssen wir unsere Ideen oder Wünsche attraktiv verpacken.

Je schärfer wir unser Angebot umreißen, umso größer ist also die Chance, dass andere die Unterschiede sehen und honorieren. Ich erinnere mich an die Zeit als Redakteurin, als ich regelmäßig Anrufe bekam wie: »Ich bin Rhetoriktrainerin und hätte gern, dass Sie eine Geschichte über mich machen.« Ei, warum sollte ich das? »Ich arbeite hauptsächlich mit Frauen.« Tatsächlich? Damit war sie die Neunzehnte in diesem Monat. Das Gleiche gilt für Bewerbungen: »Ich hätte gern diesen Job« ist nett, aber warum sollte ich den gerade Ihnen geben? Fachleute sprechen von einer »Positionierung«, ich spreche von der Einzigartigkeit. Ziel eines guten Konzepts sollte es sein, die Einzigartigkeit Ihres Angebots zu skizzieren, klar zu machen, warum es einfach umwerfend ist. »Be unique« heißt ein schönes amerikanisches Motto.

2. **Die Zielgruppe.** Gibt es Menschen oder Unternehmen, die das brauchen können, was Sie bieten? Oder anders ausgedrückt: Gibt es einen Markt dafür? Ich habe ja schon mal verraten, dass ich furchtbar pragmatisch bin. Ich habe gelernt: Wenn es keinen Markt für das gibt, was ich gern machen würde, dann sollte ich mir das als Hobby gönnen. Denn ich werde den Markt nicht zwingen können, sich zu ändern. Warum sollte mir jemand etwas abkaufen, das er nicht braucht? Warum sollten mir meine Vorgesetzten mehr Kompetenzen oder eine andere Arbeitszeit geben, wenn sie den Nutzen nicht sehen? Dabei halte ich immer die Möglichkeit offen, dass ich den »Kunden« beibringen kann, dass sie das brauchen, was ich verkaufe. Das ist dann die besondere Kunst der Selbst-PR. Ansonsten gilt: Der sorgfältige Markt-Check ist das beste Mittel gegen Enttäuschungen. Und er gibt mir die Möglichkeit, mein Produkt vielleicht ein bisschen umzudesignen, damit ich die Bedürfnisse besser treffe, oder mich auf einem größeren Markt umzusehen.

3. **Das Ziel.** Was verspreche ich mir von der Veränderung? Was erhoffe ich? Möchte ich der beste Verkäufer Mitteleuropas werden oder die gefragteste Jazzsängerin? Will ich den Traumjob bei meinem Traumunternehmen oder einen Großauftrag von ebendemselben? Welchen Umsatz möchte ich im Jahr oder welches Jahresgehalt? Wie viele Stunden möchte ich in der Woche arbeiten, wie viele Tage im Monat? Möchte ich auf großen Bühnen gefeiert werden oder im Hintergrund wirken? Möchte ich einen krisensicheren Arbeitsplatz oder ganz was Extremes wagen? Möchte ich in

ein supernettes Team oder mich als Einzelkämpfer/in beweisen? Der Trend geht von der Jobsuche zum Jobdesign. Melden Sie ruhig erst mal Ihre Wünsche an, geben Sie Ihren Sehnsüchten eine Stimme, um dann den Realitäts-Check machen zu können.

4. Das Marketing. Sie wissen doch, Sie können noch so gut sein, wenn es niemand merkt, hilft es Ihnen nichts. In ein gutes Konzept gehört deshalb auch die Überlegung, wie Sie auf sich und Ihre einzigartige Idee aufmerksam machen können. Wie Sie erreichen, was Sie möchten. Woher soll Ihre Zielgruppe wissen, was Sie können oder wollen? An »die Öffentlichkeit zu gehen« gehört deshalb zu jedem Veränderungsprojekt, egal ob Sie Ihren Chef/Ihre Chefin dazu bringen wollen, Ihnen Telearbeit zu ermöglichen, oder ein Zielunternehmen auf sich aufmerksam machen wollen, ob Sie Aufträge generieren wollen oder Anerkennung. Wenn Sie sich für das neue Ziel entschieden haben, dann signalisieren Sie – mit aller Klugheit, und darauf kommen wir noch – nach außen, was Sie vorhaben. Nur so können Sie Auftrag- oder Arbeitgeber finden, die Sie dabei unterstützen oder Ihnen die entsprechenden Chancen bieten. Am Rande: Es ist ein Irrglaube zu meinen, dass es Vorgesetzte nicht merken, wenn wir uns entschlossen haben zu gehen oder auf der Suche nach einer neuen Herausforderung sind. Rumtaktieren bringt uns meist nicht sehr viel weiter. Ich habe im Gegenteil die Erfahrung gemacht, dass ich die Tür selbst weit aufmachen muss, damit die Chancen eintreten können.

Meine Erfahrung sagt mir: Wer es schon nicht schafft, sich die Zeit zu nehmen, um so ein kleines Konzept zu entwickeln, der wird nach meiner Erfahrung die Reise wohl noch etwas verschieben. Auf der anderen Seite kenne ich viele

Menschen, die sind genauso an ihre Veränderungswünsche herangegangen und haben heute die Jobs, die sie sich erträumt haben. Das geht natürlich nur,

- ♦ wenn Anspruch und Angebot übereinstimmen;
- ♦ wenn Investition und Gewinn in einem realistischen Verhältnis stehen;
- ♦ wenn die Grundvoraussetzungen stimmen und den Erwartungen entsprechen.

Vor allem die Investitionen möchte ich noch einmal ansprechen: Wer eine berühmte Jazzsängerin werden will, muss in seine Stimme, in gute Musiker, vielleicht in die erste CD, in das mühsame Klinkenputzen bei Plattenfirmen und Musiksendern investieren, bevor die großen Auftritte, der lukrative Vertrag kommen. Das dauert Jahre, das kostet Kraft, aber dann kann es dazu führen, dass man dem Ziel seiner Wünsche immer näher kommt. Ich kenne das lebende Beispiel, sie heißt Claudia Carbo[46], ist im Hauptberuf PR-Agentin, hat eine Stimme, die Zuhörern Gänsehaut bereitet, und hat unter ihrem Motto »The sultry sound of jazz« gerade auf eigene Faust ihre zweite CD »After dark« herausgebracht, die einfach sensationell ist. Hallo Plattenfirmen, ich habe ihre Adresse!

Die Erfolgsformel heißt: Von nichts kommt nichts.

Wer davon träumt, als »Projektnomade« durch die Welt zu ziehen und sich die schönsten Angebote aussuchen zu können und dazu noch unter südlicher Sonne zu leben, muss aktiv werden und investieren: sich beispielsweise im IT-Bereich spezialisieren; eine gute Agentur suchen, die einen ver-

---

46 www.claudia.carbo.com

ÜBUNG

Mein Projekt

Projektziel:

_____

_____

_____

Was hat mich bisher davon abgehalten?

_____

_____

_____

Was muss sich ändern, damit ich es endlich anpacke?

_____

_____

_____

Was ist der erste Schritt?

_____

_____

_____

mittelt; sich durch gute, überzeugende Arbeit über Jahre hinweg in der Branche einen guten Namen machen. Und na ja, dann noch ein Häuschen im Süden finden und eine Frau, die ihn dahin begleitet.

Ich kenne das lebende Beispiel, er möchte nicht so gern mit seinem Namen in diesem Buch stehen, deshalb nenne ich ihn mal Herrn M. Er hat es geschafft; jahrelang hat er »geschuftet wie verrückt«, wie er selbst sagt; als Softwarespezialist kann er sich inzwischen seine Großkunden aussuchen. Er fliegt beispielsweise sonntags aus seiner neuen Heimat nach Deutschland, arbeitet die Woche über intensiv und exzessiv, wohnt im Hotel und fliegt am Freitag zurück, seine jetzige Frau holt ihn vom Flughafen ab. Eine Woche ist er dann daheim in der netten Villa überm Meer, um am nächsten Sonntag wieder für ein paar Tage loszujetten.

Bevor Sie neidisch werden, denken Sie stets an die Erfolgsformel: Von nichts kommt nichts! Und überlegen Sie doch mal, wie das Konzept zu Ihrem eigenen Work-Life-Projekt aussieht. Skizzieren Sie es doch gleich mal mit einigen Stichworten. Hilfreich ist, dabei auch anzuschauen, was Sie bisher davon abgehalten hat, etwas an Ihrer Situation zu verändern.

Rücke vor bis zur Schlossallee

Vielleicht wollen Sie das ja alles nicht, was ich Ihnen gerade vorgestellt habe, weder reich noch berühmt werden, sich nicht selbständig machen und auch nicht ins Ausland gehen. Vielleicht wollen Sie Ihren Chef/Ihre Chefin lediglich davon überzeugen, dass Sie eine andere Arbeitszeit brauchen. Flexibler werden wollen, auch mal zu Hause arbeiten möchten. Dass Sie einfach mehr leben wollen. Auch in dem Fall gilt:

Wie schön für Sie. Aber warum sollten Ihre Vorgesetzten den gleichen Wunsch haben? Sie brauchen schon eine richtig gute Strategie.

Ich habe darüber mit Hermann Scherer gesprochen. Er ist nicht nur ein guter Freund und erfahrener Autor, hat Erfahrungen als Chef mit vielen Mitarbeitern, sondern er ist vor allem ein begnadeter Erfolgstrainer. Sein Thema ist »Positionierung«, sein Motto: »Rücke vor bis zur Schlossallee – und ziehe dazu noch 4000 Mark ein.« Er hat es sogar kürzlich geschafft, Bill Clinton, den früheren US-Präsidenten, zu einer Veranstaltung mit 5500 Zuhörern nach Augsburg zu holen. Ich wollte von diesem gewieften Taktiker wissen: Wie bringe ich meinen Chef, meine Chefin dazu, mir mein Work-Life-Konzept zu genehmigen?

Erste Frage vorweg, was kann ich denn so alles falsch machen?
Der Hauptfehler der Menschen – übrigens bei allen Verhandlungen – ist, dass die Leute sagen, Chef, ich brauche das. Eine andere Arbeitszeit beispielsweise, weil mein Kind so schlecht in der Schule ist. Oder mehr Geld, weil das Benzin teurer wird. Das ist mir als Chef doch wurscht, weil mein Benzin wird ja auch teurer. Und mein Bub schreibt auch lauter Fünfer. Bleib ich deswegen daheim? Nein, das ist der falsche Weg.

Also, jetzt hast du mich kalt erwischt. Genauso habe ich vor langer Zeit als Redakteurin mal bei einem Chef eine Arbeitszeitveränderung gefordert und bin knallhart abgeblitzt. Wie hätte ich es denn besser machen können?
Ich muss Gründe finden, die meinem Gegenüber etwas bringen. Dazu muss ich erst mal überlegen, welche Probleme er oder sie hat. Ich meine, dass die meisten Mitarbeiter die brennenden Probleme ihres Chefs gar nicht kennen, berufli-

che meine ich. Die Frage kann auch lauten, was lässt diese Person nachts nicht schlafen? Das sind meist ganz andere Dinge, als wir glauben. Für mich ist diese Recherche die wichtigste Voraussetzung, bevor ich überhaupt mit meinem Anliegen kommen kann.

Was sind denn die brennendsten Probleme von Chefs heutzutage?
Meistens haben sie selbst irgendwelche anspruchsvollen Ziele vorgeknallt bekommen, die ihnen den Schlaf rauben. Hinter denen sie vielleicht gar nicht stehen, die sie aber ihren Mitarbeitern gegenüber durchsetzen müssen. Die je nach Erreichen eine Säge an ihrem Stuhl bedeuten. Das macht richtig Angst, haben doch auch sie gerade ihr Häuschen gebaut, wollen ihrer Familie einen schönen Lebensstandard bieten oder sind doch auch nicht mehr die Jüngsten.

Meistens wissen die Mitarbeiter doch gar nicht, unter welchen Zwängen ihr Chef, ihre Chefin steht. Wie soll ich das rauskriegen?
Ja, viele Chefs kommunizieren das gar nicht nach unten, weil sie glauben, die können mir eh nicht helfen. Aber wenn ich die Problemstellung herausfinden will, kann ich zum Vorgesetzten gehen und sagen: »Lieber Chef, es ist mir wichtig, mich voll in dieser Abteilung zu integrieren, und darum würde mich interessieren, was Ihre Ziele, Wünsche und Ihre Vorstellungen sind.«

Du würdest da wirklich hingehen und das sagen?
Ja, das würde ich. Das würde ich sogar schon in einem Vorstellungsgespräch fragen. Da muss ich doch auch schon wissen, was die Firma überhaupt von mir will. Ich muss doch im

Bewerbungsgespräch herausfinden, ob ich ein Nutzenstifter für das Unternehmen sein kann. Ich weiß doch erst, welchen Nutzen ich biete, wenn ich weiß, was die Firma von mir will. Erst dann bin ich in der Lage, ja zu sagen, ja, mache ich. Und ich bin auch mein Geld wert.

Die meisten wollen doch nicht vorrangig ein Nutzenstifter sein, sondern einen Job haben.
Aber das ist ja das Problem. Es geht nicht darum, einen Job zu haben, sondern mit meiner Arbeit einen Wert zu erzielen, auf den ich einen Abschlag bekomme, in Form von Gehalt oder Lohn. Ein Beispiel: Ich habe früher mal einen großen Supermarkt geleitet, und ich habe meinen Mitarbeiterinnen versucht klar zu machen, dass sie ihr Gehalt nicht von mir kriegen, sondern vom Kunden, dass es sich deshalb lohnt, freundlich und aufmerksam zu ihm zu sein. Die haben mir das nicht geglaubt. Die haben gesagt, »das Geld kriegen wir doch von Ihnen«. Und ich habe versucht, ihnen klar zu machen, dass ich nur das Verrechnungskonto führe, auf dem die Kundengelder eingehen. Und die ich dann an sie weitergebe.

Verrechnungskonto klingt interessant.
Ich glaube, dass nach wie vor die meisten Angestellten nicht wissen, woher das Geld kommt, mit dem sie bezahlt werden. In einem Unternehmen, in dem ich regelmäßig Trainings mache, mache ich immer ein kleines Spielchen. Ich frage die Teilnehmer: Wie viel Prozent Ihres Gehalts kommt vom Kunden? Das diskutieren sie dann, und es kommt eine Zahl raus, wirklich, nach Diskussionen, und die Zahl lautet oft »60 Prozent«. Dann schreibe ich auf: 100 − 60 = 40. »Bitte diskutieren Sie mal, woher die restlichen 40 Prozent kommen.« Den meisten ist nicht klar, dass sie mit Kundengeld bezahlt werden. Und sonst gar nichts.

Was hat das jetzt für das Gespräch mit dem Chef zu bedeuten?
Zu wissen, dass jede Abteilung ein Profitcenter ist. Du kriegst dein Geld, weil du deinem Chef hilfst, seine Ziele zu erreichen.

Das heißt, du musst wissen, welche Ziele dein Chef/deine Chefin hat?
Genau. Und dein Chef kriegt Geld, weil er seinem Chef hilft, dessen Ziele zu erreichen. Und auch der oberste Chef kriegt Geld von seinen Chefs, sprich den Inhabern oder Shareholdern. Die geben immer nur ein klares Ziel vor: Wachstum. Wir müssen wissen: Eine Leistung wird erst dann zum Wert, wenn sie verkauft ist. Du kannst die beste Autorin der Welt sein, wenn du deine Bücher nicht verkaufst, hilft dir das auch nichts. Und das ist natürlich auch ein Punkt, dass die meisten Leistungen von Menschen zwar erbracht, aber nicht verkauft werden, in dem Sinn, dass sie von den Chefs nicht wahrgenommen werden.

Wie komme ich denn aber mit dem hochbeschäftigten Chef ins Gespräch?
Eine gute Möglichkeit wären natürlich regelmäßige Mitarbeitergespräche. Doch die laufen oft falsch, da geht es immer nur um Bewertungen dessen, was war. Viel wichtiger ist doch zu besprechen, was sein soll, also über Ziele zu reden. Und natürlich auch über die des Chefs. Ziele erreichen, das ist wie gemeinsam irgendwohin segeln, das Segel in den Wind setzen, es ausrichten, eine gute Crew sein. Aber in den meisten Mitarbeitergesprächen wird nur darüber geredet, wie das Segelboot geputzt ist. Aber nicht, wohin es fährt. Aber darüber muss man reden. Oder schau dir mal Stellenbeschreibungen an. Meistens das Langweiligste, was es gibt.

Und keiner hat was davon. Da wird nur über Werkzeuge geredet, aber nicht darüber, was mit diesen Werkzeugen erreicht werden soll. Ich liebe deshalb ergebnisbezogene Stellenbeschreibungen, »auf dieser Stelle sollen die und die Ergebnisse erreicht werden«.

Wenn es aber jetzt die Institution der Mitarbeitergespräche in meiner Firma nicht gibt?
Dann muss ich selbst Gelegenheiten schaffen, um über Ziele zu reden. Das kann nach einem wichtigen Unternehmensmeeting sein, an dem mein Vorgesetzter teilgenommen hat, dass ich ihn oder sie anschließend frage, welche Auswirkungen das auf unsere Arbeit hat. Das kann passieren, indem ich ihm oder ihr sage: »Mensch, hör mal, um dich richtig unterstützen zu können, müsste ich alle drei oder sechs Monate erfahren, wohin denn unsere Segel genau ausgerichtet werden.«

Und ein konservativer Chef wird sagen, das werden Sie schon noch rechtzeitig erfahren ...
Ja, und ein moderner Chef wird sagen, lassen Sie uns uns nächste Woche mal zusammensetzen. Doch auch im anderen Fall, dem klassischen, kann ich Informationen sammeln über das, was meine Vorgesetzten bewegt. Ich kann die Bilanzen, Geschäftsberichte, Veröffentlichungen, Presseberichte, Marktberichte meines Unternehmens anschauen oder auch die der Wettbewerber.

Klar, wenn ich in der Zeitung lese, der Oberboss hat das und das gesagt, kann ich mir vorstellen, was meine Chefin für Probleme hat.
Ja, durchaus. Es ist wichtig zu sehen, wo gibt es Änderungen, wo werden Marschrichtungen verändert. Und ich kann da-

rüber wieder den Weg zum Vorgesetzten finden: Sag mir, Vorgesetzter, ich habe jetzt einen Bericht gelesen, inwieweit wirkt sich das auf die Arbeit in unserer Abteilung aus? Ich bin da schon neugierig, weil sich gerade so viel tut. Wenn Sie mir mal zehn Minuten Zeit schenken. Inwieweit kann ich dazu beitragen, dass wir diese Ziele lebbar machen?

Gut, jetzt weiß ich, welcher Schuh meinen Chef drückt.
Das ist eine ganz wichtige Information. Denn dadurch wird der Chef berechenbar. Im positiven Sinn. Ich muss berechnen können, wie er tickt, welche Werte er hat, welche Glaubenssätze, wohin sein Streben geht.

Also ich muss nicht nur mein Mission Statement kennen, sondern auch seins?
Zumindest, um ihn besser einschätzen und argumentativ auf ihn eingehen zu können. Es ist übrigens oftmals völlig egal, wenn seine Mission ganz anders ist als meine, wenn er beispielsweise der größte, der berühmteste Vorstandsvorsitzende aller Zeiten werden will. Und ich nur viel Spaß in meinem Job haben möchte. Wenn ich mit meinem Spaß an der Arbeit ihm helfen kann, sein Ziel zu erreichen, dann können wir gemeinsam segeln. Solange wir im gleichen Boot sitzen, ist es gut. Dazu muss ich aber erst einmal herausfinden, wo will ich hin. Und wo will er hin. Was dient der Firma. Analyse ist meiner Meinung nach das Wichtigste. Wichtiger als irgendwelche schematisierten Rhabarber-Rhabarber-Rhetorik-Methoden. Wenn ich beispielsweise analysiere, dass mein Chef glaubt, wer daheim sitzt, schafft nichts, dann muss ich ganz anders argumentieren als bei jemandem, der denkt, nur wer kreativ ist, bringt Leistung. Im ersten Fall muss ich die optimale technische Ausstattung und die enge Bindung meines Home Office ans Unternehmen ins Spiel bringen, im zweiten

Fall erläutern, wann und wo ich bisher meine kreativsten Einfälle hatte und dass ich diese Situationen ausbauen möchte.

Mir hat der Chef damals entgegengesetzt, dass wir schließlich keine Schraubenfabrik seien. Ich habe nie verstanden, was er damit gemeint hat.
Vielleicht hatte er den Glaubenssatz, dass Journalisten nie auf die Uhr gucken dürften, da sie keine Beamten sind, also eigentlich immer im Einsatz. Und vielleicht wäre das ein besseres Argument gewesen. Dass du ja nicht nur, wenn du im Büro sitzt, an deine Arbeit denkst. Dass du aber mit etwas mehr Zeit noch mehr am Leben recherchieren und dadurch auf noch viel bessere Ideen kommen kannst oder so. Wenn wir die Glaubenssätze, Überzeugungen und Einwände unserer Vorgesetzten kennen, können wir argumentativ darauf eingehen.

Geht's noch ein bisschen konkreter?
In deinem Fall wäre es also vielleicht besser gewesen, nicht zu sagen, ich möchte meine Arbeitszeit verschieben wegen der Kinder, das interessiert einen Chef erst mal nicht. Sondern: Chef, es ist mir wichtig, dass wir gemeinsam ein Arbeitsklima finden, wo ich nicht nur die acht Stunden, die ich hier im Büro bin, arbeite, sondern darüber hinaus im Leben recherchiere, dafür brauche ich aber mehr Flexibilität. Um den hohen Ansprüchen unserer Leser zu genügen, muss ich mehr vor Ort recherchieren, die Zielgruppe treffen. Das hätte er vielleicht honoriert. Es gibt erst sehr wenige Firmen, die auch die privaten Belange ihrer Mitarbeiter als gleichwertig neben die unternehmerischen stellen.

Das heiß also, ich muss Argumentationsketten aufbauen?
Das ist jedenfalls hilfreich. Man sagt, man braucht drei

Hauptargumente, die für die gewünschte Lösung sprechen, genauso wie man sagt, du musst dreimal gute Leistungen zeigen, damit man dich als wertvollen Mitarbeiter wahrnimmt. Diese Hauptargumente dürfen keine Standardargumente sein, wie: »Dann wäre ich wesentlich motivierter«, sondern müssen tiefer gehen. Dazu muss als Erstes jeder seinen eigenen Arbeitsstil besser kennen. Wann bin ich besonders gut? Was macht mich wertvoll? Um das herauszufinden, gibt es beispielsweise den Sieben-Minuten-Test (siehe unten).

♦ ♦ ♦ ♦ ♦

DER SIEBEN-MINUTEN-TEST

Stell dir während deiner Arbeit den Wecker, am einfachsten eine digitale Eieruhr, und lass ihn alle sieben Minuten klingeln. Immer wenn er klingelt, schreibst du in einem Satz auf, woran du gerade arbeitest. Stellst ihn dann wieder auf Start, das ist ja in drei Sekunden erledigt. Und nach sieben Minuten lässt du ihn wieder klingeln. Dann hast du am Schluss eine Liste; bei grob neun Stichworten per Stunde sind das so an die 80 Punkte am Tag. Daran kannst du sehen, was du so den ganzen Tag lang tust.

♦ ♦ ♦ ♦ ♦

Was mache ich damit, wenn ich das weiß?
Daran kannst du dann sehr schön feststellen, wie du deinen Tag wirklich verbracht hast, mit welchen sinnvollen und welchen sinnlosen Dingen. Wann du wirklich wertschöpfend tätig bist und wofür deine Zeit eigentlich zu schade oder du zu teuer bist. Und du kannst mit dem Ergebnis zu deinem Vorgesetzten gehen: »Lieber Chef, ich habe in meiner Freizeit

eine Ausarbeitung gemacht... habe festgestellt, dass ich 30 Prozent meiner Zeit mit dem und 20 Prozent mit dem verbringe, und ich könnte mir vorstellen, dass ich mit dieser oder jener Veränderung auf diesem Gebiet mehr erreichen könnte...«

Je mehr Beweise ich für meinen Vorschlag habe, um so besser. Beweise, dass es richtig ist, was ich tue. Und Beweise, was ginge. Vielleicht weiß der Chef noch gar nicht, was man in Zeiten von E-Mails alles machen kann.

Ich kann ihm also helfen, seine Glaubenssätze zu verändern?
Ja und ihm damit unmerklich die Ängste nehmen, die er natürlich niemals ansprechen würde. Ich sollte mich also vorher auch fragen, welche Einwände würde er nie bringen, hat sie aber trotzdem. Ich muss diese Einwände unmerklich einflechten, beantworten und Sicherheit vermitteln. Also nicht hingehen und sagen: »Ich weiß, Chef, Sie haben Angst, dass ich Ihnen zu sehr flügge werde, und dass Sie mich lieber unter Kontrolle haben.« Sondern anbieten: »Ich würde gern mit Ihnen zusammen den ersten Monat controllen, wie die Lösung mit dem Home Office funktioniert. Ich schlage vor, dass ich in dieser Zeit jeden Tag mittags kurz einen Zwischenbericht gebe, per Telefon oder Mail, was Ihnen lieber ist.« Es ist immer gut, ein Projekt auf Bewährung anzubieten.

Man muss den Erfolg vom Zufall befreien.
Hermann Scherer, Erfolgstrainer

Ich kenne sehr viele Chefs, die dann eher bereit sind, ihr Okay zu geben, weil sie sich erst überzeugen lassen wollen, dass es wirklich funktioniert. Wir sollten immer daran denken, dass unser Chef, unsere Chefin die Veränderung ja wiederum nach oben vertreten muss. Und das fällt ihnen sicher leichter, wenn sie die Sicherheitsvorkehrungen gleich

mit verkaufen können. Eine bekannte Verkaufsregel heißt: Vergrößere den Kuchen, bevor du ihn teilst.
Es reicht also nicht zu sagen, das muss jetzt sein ...
... nein, sondern ich muss neben der Tatsache auch einen Nutzen formulieren und einen Beweis bringen. Allein die Erwähnung, dass man in seiner Freizeit an einem Konzept gearbeitet hat, ist ein Zusatzangebot. Wer fragt, führt. Wer begründet, überzeugt. Und wer beweist, ist glaubhaft. So ist es.

Man muss den Erfolg vom Zufall befreien. Sich klar machen, dass man selbst eine Menge dafür tun kann. Ein Beispiel: In der Pharmazie gab es eine Erfindung gegen Verschleimung, Acetylcystein, das wurde von vielen kopiert. Den Ärzten war aber das Wort zu lang, und deshalb haben sie meistens nur ACC auf das Rezept geschrieben. Der Erfinder nannte sein Produkt Fluimucil, ein witziger Mitbewerber kam auf die Idee: »Lass uns doch unser Produkt ACC nennen«, und ließ diesen Begriff schützen. Du kannst dir vorstellen, wer die größeren Marktanteile in Deutschland hat.

Was lernen wir daraus?
Oft ist die witzige Idee, sprich unser Denkpotenzial, verantwortlich für wirtschaftlichen Erfolg. Dies kann man sich argumentativ zunutze machen, wenn man mehr Freiräume zum Denken bekommen möchte. Erfüllung in der Arbeit kann eben auch mehr Fülle für das Unternehmen bringen.

Vielleicht noch ein hilfreicher Hinweis: Das eine ist das »Mehr-Bekommen« und das andere das »Weniger-Bekommen«. Doppelte Motivation kann in der Argumentation noch sehr hilfreich sein.

Hast du dafür ein Beispiel?
Man kann damit argumentieren, was weniger sein wird durch die Veränderung: weniger Reibung etwa oder weniger

Stress. Weniger Kosten oder weniger Aufwand. Es ist doch so: Ich will entweder weiterkommen, oder ich will etwas vermeiden. Oder beides.

Die doppelte Motivation geht aber noch weiter. Ich kann ansprechen, was passieren könnte, wenn wir meinen Vorschlag nicht verwirklichen. Was wir dann verlieren könnten. Man weiß, dass Dinge, wenn wir sie nicht tun, manchmal dramatische Auswirkungen haben können. Es gibt ja den Spruch: Wir sind nicht nur dafür verantwortlich, was wir tun, sondern auch dafür, was wir nicht tun. Ich kann also überlegen, was würde das Unternehmen verpassen, wenn es mein Pilotprojekt, so will ich es mal nennen, nicht akzeptiert, welche Weichen würden nicht gestellt, welche Trends nicht gesetzt, welche Entwicklungen verpasst, welches Feld den Mitbewerbern überlassen. Damit beweisen wir, dass wir nicht egoistisch denken, sondern unternehmerisch. Und das überzeugt meistens.

Überzeugen mit dem KISS-Prinzip

Ergänzend zu Hermann Scherers Argumentationshilfen empfehle ich meinen Klienten für die wichtigen Gespräche über ein Work-Life-Konzept mit Vorgesetzten das KISS-Prinzip. Sie kennen KISS vielleicht als Abkürzung für »Keep it short and simple«. Ist sicher auch nicht falsch. Mein KISS ist die Abkürzung für

- Konzentration
- Interesse
- Sympathie
- Selbstvergessenheit

Konzentration: Je besser Sie sich auf das Gespräch vorbereitet haben, je klarer Ihr Plan und Ihre Argumentationskette sind, umso konzentrierter können Sie auftreten. Lassen Sie sich nicht auf Gespräche zwischen Tür und Angel ein, sondern lassen Sie sich rechtzeitig einen Termin mit Zeitdepot geben. Aktivieren Sie im Gespräch dann all Ihre Sinne. Konzentrieren Sie sich in Ihrer Wahrnehmung auf Ihr Gegenüber, achten Sie auf dessen Worte, aber auch auf Gesten und die Sprache seiner Augen. Der Augenkontakt gibt Ihnen wertvolle Botschaften, was gut angekommen ist und was nicht. Wo Sie ein Okay bekommen haben und wo Sie noch Argumente nachschieben sollten.

Interesse: Wer nur sein eigenes Ding durchziehen will, stößt schnell auf Widerstand. Bereiten Sie deshalb das Feld gut vor, zeigen Sie Interesse an der Situation des anderen, an seinen Problemen oder Zielen. Zitieren Sie Aussagen Ihres Gegenübers, um Anknüpfungspunkte zu schaffen. Vernachlässigen Sie den Smalltalk vor der eigentlichen Verhandlung nicht. Reden Sie von einem Erwachsenen zum anderen, auf einer Ebene, nicht unterwürfig und nicht trotzig. Untersuchungen haben ergeben, dass sich oft schon in diesen ersten Wortspielen entscheidet, ob man zu einer Einigung kommt oder nicht. Sprich, ob man dem anderen vertraut und sich auf seine Vorschläge einlässt. Deshalb ist der nächste Punkt auch sehr wichtig.

Sympathie: Wenn Sie Ihren Chef, Ihre Chefin hassen oder verachten, können Sie Ihr Work-Life-Konzept glatt vergessen. So gute Schauspieler können wir gar nicht sein, dass die anderen das nicht merken würden. Gehören Sie zu der Spezies Mensch: »Alle doof, außer mich«, haben Sie ebenfalls ein Problem. Sympathie ist die Währung, mit der bei Verhandlungen gezahlt wird. Mag ich den anderen nicht, werde ich ihm auch keine Zugeständnisse abringen können, ganz einfach. Finden Sie Ihren Chef jetzt nicht gerade superklasse, überlegen Sie wenigstens: Was ist an ihm/ihr sympathisch, was können Sie anerkennen, in welchem Bereich ist er/sie richtig gut? Ich halte nichts von der Methode, sich den Chef in Unterhosen vorzustellen. Da geht das Wichtigste verloren: die Wertschätzung. Und ohne Wertschätzung erreichen wir gar nichts. Wenn Sie gar nichts finden, was Sie an Ihrem Vorgesetzten wertschätzen können, sollten Sie überlegen, ob Sie nicht sowieso Ihr Work-Life-Konzept ändern und sich nach einer anderen Arbeitsumgebung umsehen sollten.

Selbstvergessenheit: Wenn ich mich morgens persönlich gut auf das Gespräch vorbereitet habe, kann ich in der Situation ganz ins Thema eintauchen. Ziehen Sie sich angemessen an, achten Sie aber darauf, dass die Sachen eingetragen und bequem sind. Fühlen Sie sich mit Ihrer Frisur wohl? Sind die Fingernägel in Form, die Hände gepflegt? Das klingt ein wenig beckmesserisch. Doch glauben Sie mir: Haben Sie das »Beste aus Ihrem Typ« gemacht, dann können Sie beruhigt alles Äußerliche vergessen, brauchen nicht an sich rumnesteln oder die Hände ringen. Wer »außer sich« ist, ist nicht bei sich. Und verschenkt damit oft Chancen. Das wunderbare Wort Selbstvergessenheit schafft die souveränen Flügel, die uns in den Argumentationshimmel tragen können. Um unser Work-Life-Konzept zu einer unternehmerischen Glanzleistung zu machen.

> **Selbstvergessenheit schafft die souveränen Flügel, die uns in den Argumentationshimmel tragen können.**

Fünfte Etappe:
Das Reiseteam zusammenstellen

Was würden Sie lieber tun: Allein über den Atlantik segeln oder zusammen mit einer Crew? Wenn Sie lieber allein segeln würden: Wäre doch schon toll, wenn Sie Menschen hätten, die Ihnen bei der Vorbereitung helfen würden; jemanden, den Sie in Notfallsituationen anfunken könnten; mit dem Sie reden können, wenn Sie durchnässt und erschöpft einen Sturm überstanden haben; jemanden, der Sie im Notfall herausholt; und jemanden, der Sie im Zielhafen erwartet und in die Arme schließt.

Wenn Sie die Crew bevorzugen, wissen Sie, welche Vorteile das hat: Arbeiten können verteilt und Kräfte geschont werden. Jeder kann seine Talente einbringen und seine Ideen. Wenn der eine entmutigt ist, können die anderen ihn wieder aufbauen. Gemeinsam ist man schneller und belastbarer. Man kann sich mit der Bordwache abwechseln und gemeinsam an einem Strang ziehen. Man kann Fehler gegenseitig korrigieren und ist einfach nicht allein, wenn's brenzlig wird.

Doch nicht nur für einen Segeltörn ist ein Team sehr hilfreich. Was wäre eine Rallyefahrerin wie der Paris-Dhakar-Star Jutta Kleinschmidt ohne ihren Beifahrer? Wer würde die Karte lesen und ihr den Weg weisen? Wer würde sie auf Gefahren aufmerksam machen und die Reifenspuren deuten? Wer würde ihr die wichtigen Tipps für die richtige Geschwindigkeit in den Kurven geben oder bei Pannen helfen?

Niemals wäre Reinhold Messner auch nur auf einen der Himalaja-Achttausender gekommen ohne Basisteam, ohne Mitkletterer, vor allem ohne die hilfreichen Sherpas, die unglaubliche Lasten schleppen können und immer noch entspannt lächelnd atmen, während die ehrgeizigen Europäer schon nach Luft schnappen.

Ich werde nie vergessen, wie ich mich vor 25 Jahren mal allein auf dem Kairoer Bazar verlaufen habe. Es wurde dunkel, und ich hatte keine Ahnung, in welcher Richtung das Hotel lag, in dem meine Reisegruppe untergebracht war. Ein Taxi war nicht aufzufinden. Schließlich sprach ich einen hoch gewachsenen alten Ägypter in einem dunkelblauen Anzug an, von dem ich vermutete, dass er vielleicht Englisch verstand. Er trug einen eleganten Stockschirm überm Arm, das werde ich niemals vergessen. Er schulterte seinen Schirm, drehte sich majestätisch um und sagte nur: »Follow me!« Fast eine halbe Stunde lief ich wortlos hinter ihm her, bis wir an meinem Hotel ankamen. Als ich mich überschwänglich bei ihm bedankte, sagte er wieder nur ein Wort: »Welcome«.

Was ich Ihnen mit diesen Beispielen zeigen will: Längere Reisen sollten gut vorbereitet werden, und ein gutes Reiseteam oder ein Begleiter, der sich auskennt, ist sehr hilfreich. Ich empfehle Ihnen deshalb für Ihre Reise vom Eigentlichland in die Stadt Tun, sich ein gutes Team zusammenzustellen, das Sie bei der Umsetzung Ihres Work-Life-Konzepts unterstützen kann.

Zu den »Key Playern« Ihres Teams könnten gehören:

- Ihre Familie, Ihr/e Partner/in;
- Freunde oder Kollegen;
- ein Mentor/eine Mentorin;
- ein Coach;
- Netzwerke.

Vielleicht tendieren Sie eher zu einsamen Entschlüssen, möchten sich nicht reinreden lassen. Aber berücksichtigen Sie, was der bekannte amerikanische Toptrainer Jim Karas[47] mal geschrieben hat: »Wer nicht über seine Pläne spricht, will sie auch nicht wirklich umsetzen.« In seinem Fall geht es um Kunden, die er für 10 000 Dollar die Woche in Sachen »gesündere Lebensweise« berät. Und er propagiert: »Rede über dein Vorhaben, nur dann wirst du es ernsthaft betreiben. Wenn du niemandem davon erzählst, gehst du davon aus, dass du nicht durchhalten wirst.«

Im Gegensatz dazu brächte das offensive Bekanntgeben für den Einzelnen: selbst Klarheit zu bekommen; seinen Willen zu stärken und Ideen und Unterstützung von außen zu bekommen.

Sie kennen das vielleicht selbst: Sobald wir mit jemandem über noch ganz vage Vorstellungen sprechen, fügen sich die Gedanken plötzlich in unserem Kopf und strukturieren sich, nehmen Phantasien konkrete Formen an. Das ist, wie wenn man jemanden etwas fragt, und in dem Augenblick, in dem wir die Frage stellen, fällt uns die Antwort wieder ein. »Ach, danke, ist schon gut.« Und auf der anderen Seite bringt dieses An-die-Öffentlichkeit-Gehen auch den nötigen Druck, den Veränderungen brauchen. Das weiß, glaube ich, jeder, der schon mal versucht hat, sich das Rauchen abzugewöhnen. Wenn man allen davon erzählt, haben mir jedenfalls Exraucher berichtet, hält man besser durch.

Es geht also nicht nur darum, ein Team zusammenzustellen, sondern den Mitgliedern, den Key Playern, die Wünsche, Ziele und Pläne auch zu erläutern. Und vor allem: ihnen zu sagen, welche Unterstützung man von ihnen erwartet, wo

---

47 Jim Karas: The Business Plan for Your Body, Three Rivers Print, 2001

und wofür man sie ganz dringend braucht. Ich weiß, viele von uns haben gelernt, dass sie alles allein schaffen müssen. Aber das ist Schmarrn von gestern. In Zeiten der Teamarbeit wissen wir inzwischen doch wirklich, dass in der Zusammenarbeit die Stärke liegt.

Hilfe vom Partner

Keine Frage, dass Sie als Erstes mit Ihren engsten, liebsten Menschen reden sollten, auf die Ihre Entscheidung ja auch die nachhaltigste Auswirkung haben wird. Es spielt auch für Ihre Frau/Ihren Mann und die Kinder eine Rolle, ob Sie flexiblere Arbeitszeiten erreichen, sich einen anderen Job mit mehr Sinnhaftigkeit oder Spaß suchen, ob Sie sich selbständig machen oder einen Job in einer anderen Stadt oder gar in einem anderen Land annehmen wollen. Nehmen Sie sich Zeit, Ihre Pläne zu erläutern. Und rechnen Sie auch mit Widerständen. Nicht alle werden es toll finden, wenn Sie sich selbst verwirklichen wollen. Besonders bei Frauen und Männern, die bisher eher den Familienpart übernommen haben und jetzt durchstarten wollen. Aus vielen Gesprächen weiß ich, dass der Partner oder die Partnerin nicht immer begeistert ist, wenn sich Veränderungen abzeichnen. Widerstände werden oft durch Ängste ausgelöst. Wenn wir uns beruflich verändern wollen, könnten ja auch andere Veränderungen folgen. Wenn wir im Beruf nicht mehr glücklich sind, werden wir demnächst noch glücklich in unserer Partnerschaft sein? Und welche Auswirkungen werden die Veränderungen auf den Job des anderen, auf die Kinderbetreuung, auf die Zukunftspläne haben? Je offener zu Beginn die Ängste ausgesprochen werden, umso besser. Es gibt eine wunderbare Weisheit: Klarheit schafft Harmonie!

Auf der anderen Seite erlebe ich auch immer wieder mit, wie überrascht Klienten manchmal sind, mit welcher Bereitschaft ihre Partner sie auf ihrem neuen Weg unterstützen wollen. Sie konnten es oft nicht wissen, weil sie noch nie offen über ihre Sehnsüchte und Wünsche gesprochen hatten. Ich erinnere mich noch, wie ich meinem Mann erzählt habe, dass ich kündigen und mich selbständig machen möchte. Ich hatte einige Wenn und Aber von ihm erwartet, aber er sagte nur: »Na endlich. Herzlichen Glückwunsch.« Er hatte mich schon lange in meiner neuen Rolle gesehen, hatte die Belastung durch zwei Jobs parallel mit Besorgnis beobachtet, hätte mich aber nie gedrängt, mich zu entscheiden.

Wer ein Aber hatte, war meine damals 18-jährige Tochter. Sie fragte: »Aber Mami, was ist mit der Sicherheit?« Und ich versuchte ihr klar zu machen, dass Sicherheit nicht in einem Job liegt. Ich erklärte ihr: »Wenn eine neue Chefredakteurin käme, die mich nicht mag, bräuchte die nur mit den Fingern zu schnipsen, und ich wäre weg.« Sicherheit liegt aber in mir, in meinen Fähigkeiten und in dem Wissen, dass es einen Markt dafür gibt. Ich habe so eine Grundüberzeugung in mir, dass ich immer einen Job finden würde. Ich bat meinen Mann und die Kinder, mich in der ersten Zeit der Selbständigkeit zu unterstützen, Verständnis zu haben und mir den Rücken zu stärken. Und sie wurden ein wundervolles Erfolgsteam.

Vorsicht ist geraten, wenn jüngere »Reisende« ihre Eltern ins Team holen wollen. Manchmal kann es klappen, wie bei Barbara Wittmann, die wieder bei den Eltern einziehen konnte, um sich in Ruhe umzuschauen. Aber sehr oft erlebe ich, dass das Erwachsenwerden dadurch verzögert oder sogar retardiert wird. Eine 34-jährige Frau erzählte mir mal im Coaching: »Ich arbeite meiner Mutter zuliebe wieder in der Firma meines Vaters mit, der nicht mehr so kann. Aber ich merke, wie ich ganz schleichend wieder zum Kind werde. Meine Mutter kocht für mich, wäscht meine Wäsche, und wir sitzen oft am Wochenende zusammen. Es ist so herrlich bequem, sich wieder verwöhnen zu lassen. Aber ich falle hinter meine Entwicklung zurück, das erschreckt mich. Außerdem gehe ich kaum noch aus, bin zu viel unter alten Leuten.« Etwas später bekam ich eine Mitteilung von ihr, dass das Unternehmen verkauft worden sei und sie demnächst in eine andere Stadt ziehen werde – und sehr glücklich darüber sei.

Wer immer Ihr familiäres Teammitglied wird: Sagen Sie ihm ganz genau, welche Art Unterstützung Sie von ihm erwarten. Wie kann diese Person Ihnen helfen? Brauchen Sie die finanzielle Unterstützung für eine Ausbildung, eine Existenzgründung? Brauchen Sie Hilfe beim Suchen einer neuen Stelle? Einen Diskussionspartner? Einen Ideengeber? Oder einfach eine starke männliche oder weibliche Schulter?

Feedback von Freunden

Haben Sie einen besten Freund, eine beste Freundin, auf die Sie 100-prozentig bauen können? Vielleicht gehören die in Ihr Team. Weil sie

- Sie gut genug kennen und einschätzen;
- Ihnen ehrliches Feedback geben;
- Ihnen beim Denken und Planen helfen können;
- Ihre Sehnsüchte verstehen;
- Ihnen Mut machen können;
- Ihnen ihre Kontakte zur Verfügung stellen können.

So toll es ist, solch einen unterstützenden Freund oder eine vertraute Kollegin zu haben, eines sollten wir nie vergessen: Unsere Freunde werden niemals objektiv sein. Weil auch sie Karten in diesem Spiel haben. Das heißt, dass auch sie emotional beteiligt sind. Unsere Veränderungen können ihnen Angst machen oder sie verunsichern – wo bleiben sie?

Wir sollten auch sehr gut zwischen Bedenkenträgern und Vorantreibern unterscheiden. Kennen Sie die, die immer sagen: »Aber in diesen Zeiten muss man doch froh sein, einen Job zu haben!« Oder: »Sei doch zufrieden!« Die scheiden leider als Key Player aus, weil ihre Ängste uns eher bremsen, als dass sie uns einen Schritt weiterbringen. Auf der anderen Seite gibt es Vorantreiber, die uns ein bisschen als Versuchskaninchen sehen: Mach du's vor, vielleicht mache ich es später auch. Sie scheiden als objektive Ratgeber ebenfalls aus.

Kollegen, auch frühere, können gute Ratgeber sein, weil sie uns in unserem beruflichen Umfeld erlebt haben, wissen, wovon wir sprechen, und die Situation einschätzen können. Vielleicht haben sie gute Kontakte, die sie uns zur Verfügung stellen können, oder können uns Tipps aus der Branche geben. Wenn Sie solche Kollegen in Ihr Erfolgsteam aufnehmen wollen, denken Sie nur daran, dass Vertraulichkeit höchstes Gebot ist. Sind Sie ganz sicher, dass sich ihre Vertrauenspersonen gegenüber Dritten niemals verplappern werden? Nun gut, dass kann Ihnen selbst zwar auch passieren, aber das ist etwas anderes. Das ist dann allein Ihre Verantwortung. Vertraulichkeit ist also bei diesen Teammitgliedern unerlässlich.

Mut vom Mentor

Sie kennen sicher die alte Geschichte: Bevor Odysseus auf seine lange Reise ging, bat er seinen alten Freund Mentor, sich um seinen Sohn Telemach zu kümmern. Etwa seitdem kennt man den Begriff Mentor. In Wirtschaft und Politik hat es immer Mentoren gegeben, die junge aufstrebende Nachwuchskräfte unterstützt haben. Meist weil sie ihr Ebenbild in dem jungen Menschen gesehen haben, wie mal erforscht wurde. Das neudeutsche Wort für diese Form der Unterstützung kommt, wie so vieles, aus dem Amerikanischen, und heißt Mentoring. Neu daran ist vor allem, dass es über die »zufälligen« Patenschaften hinaus regelrechte Mentoring-Programme in Unternehmen gibt, und zweitens, dass jetzt auch zunehmend Frauen in den Genuss von Mentoren oder Mentorinnen kommen. Ich kenne Dutzende von Firmen, die solche Programme innerhalb des Unternehmens oder firmenübergreifend, im so genannten Cross Mentoring, anbieten, darunter die Lufthansa, die Deutsche Bank und die Commerzbank, den Flughafen Frankfurt, Procter & Gamble, die Telekom, Bosch... Aber auch Berufsverbände und Netzwerke, Landesregierungen oder Stadtverwaltungen organisieren Mentoring-Programme. Wann immer Sie an einem solchen Programm teilnehmen können, rate ich Ihnen, tun Sie es, Sie können nur profitieren.

Ein bisschen stolz bin ich, dass ich dazu beitragen durfte, den Mentoring-Begriff in Deutschland zu etablieren. Schon 1996 initiierte ich in der *Cosmopolitan* ein Mentoring-Projekt. In jedem Heft stellten wir eine erfolgreiche Frau aus der Wirtschaft vor, die einer Leserin für ein Jahr als Mentorin zur Verfügung stand. Inzwischen habe ich einige Mentoring-Programme als Beraterin, Trainerin oder selbst Mentorin unterstützt und freue mich an den guten Resultaten.

Was haben Sie als so genannte/r Mentee von dem Rat eines/r Älteren? Sie profitieren von der Erfahrung und von Kontakten, Sie können Ihr Projekt mit dem Mentor besprechen und die Spielregeln im Business lernen, Sie bekommen ein fundiertes Feedback und lernen alternative Sichtweisen kennen. Sie können schlicht um Rat fragen und sich schlau machen, klüger werden.

Zögern Sie nicht, von sich aus einen älteren, erfahrenen Businessmenschen zu fragen, ob er Ihr Mentor, Ihre Mentorin werden möchte. Oder vorsichtiger ausgedrückt, ob Sie mit ihm oder ihr mal über bestimmte berufliche Projekte sprechen könnten. Die meisten fühlen sich geehrt, und die anderen scheuen sich sicher nicht, nein zu sagen, wenn sie keine Zeit dafür haben.

Denken Sie bei Ihrer Anfrage daran: Ein Mentoring-Verhältnis bringt beiden Seiten Vorteile. Alle Mentor/innen, die ich dazu interviewt habe, sagten übereinstimmend, dass sie die Gespräche mit dem Mentee in der Mehrzahl genießen. Sie schätzen seine Fragen, und die nötige Selbstreflexion bringt sie selbst weiter. Manche Führungskräfte werden mit der Zeit auch ein bisschen einsam und freuen sich durchaus, sich mit einem jüngeren Menschen austauschen zu können.

Der Mentor kann durchaus der eigene Chef sein, der Sie fördert und unterstützt und vielleicht sogar zu seinem/r Nachfolger/in aufbaut. Es kann aber auch ein Vorgesetzter der übernächsten Hierarchiestufe sein, ein früherer Chef, jemand aus einem anderen Unternehmen oder gar aus einer anderen Branche. Manchmal ist der Abstand von Vorteil. Übrigens: Groß reden würde ich im Kollegenkreis an Ihrer Stelle über das selbst initiierte Mentoring nicht. Dies lief jahrtausendelang ganz gut ohne Öffentlichkeitsarbeit. Tun Sie's einfach.

Konzept vom Coach

Das ist ein Freund, der keine Karten im Spiel hat. Der den nötigen Abstand hat, um Ihnen relativ objektiv dabei zu helfen, herauszufinden, was Sie möchten und wie Sie es erreichen. Jemand, der Ihnen Strategien aufzeigen kann und anderes Handwerkszeug beibringt. Der die richtigen Fragen stellt, damit Sie Ihre eigene Lösung finden. Wenn Sie Glück haben, finden Sie einen solchen Coach im Bekanntenkreis oder unter früheren Chefs, und es kostet Sie ab und zu ein Abendessen. Wenn nicht, dann finden Sie sicher einen unter den Hunderten (Tausenden?) von Psychologen, Therapeuten, Managementtrainern oder Erwachsenenbildern, die inzwischen in Deutschland Coaching anbieten. Und das kostet Sie im Schnitt zwischen 80 und 750 Euro die Stunde, soweit ich das beobachtet habe. Ein Coaching kann eine Stunde dauern oder einen Tag, kann begleitend über Monate, ja manchmal Jahre gehen (obwohl ich Letzteres eher für Therapie halte).

Was ist eigentlich ein Coach? Der Begriff Coaching kommt aus dem Sport und wurde Anfang der 80er Jahre von Trainern in der Wirtschaft übernommen, die einzelne Personen beraten. Weil auch sie den »Erfolg trainieren«. Gibt man beispielsweise im Internet in der Suchmaschine Yahoo den Begriff »Coach« ein, kommen sofort einmal über 1000 Seiten – die meisten allerdings zu Fußballcoaches, wie man die Trainer neudeutsch nennt. Bei »Business Coach« sind es aber auch schon 175 Homepages, die aufgezeigt werden.

Versuchen wir einige andere Definitionen: Ein Coach ist ein Seminarleiter für eine einzelne Person. Kann sein, dass er mit seinem Klienten ein Medien- oder Redentraining macht oder ihm Prozesssteuerung beibringt. Wobei das mehr Training als Coaching im eigentlichen Sinn ist.

Ein Coach ist ein Seelsorger mit Betriebswirtschaftskenntnissen, dem einsame Führungskräfte ihr Herz ausschütten können. Stimmt. Oder wie es Christine Kaul, 50, Führungskraft-Coach bei VW, ausdrückt: »Vor allem für extrem erfolgsorientierte Leute ist Coaching wichtig. Sie setzen sich ja immer höhere Ziele. Sie sind nie zufrieden.«[48] Der Hauptgrund übrigens, warum die meisten ihr Angebot eines Coachings annehmen, ist: »Unsicherheit bei neuen Herausforderungen.« Bei VW ist Coaching inzwischen völlig »normal«; das Vorurteil, es sei ein Zeichen von Schwäche, sei überwunden, verflogen. »Wir haben jetzt sogar Leute, die ihren Coach mit in Besprechungen nehmen. Die erklären ihren Kollegen einfach: Der schaut mir auf die Finger, nicht euch.«

Ein Coach kann Teams beobachten, analysieren und begleiten. Ja, stimmt auch. Aber ein Coach ist noch viel mehr.

Für mich ist ein guter Coach jemand, der

- genau hinhören kann,
- Berufserfahrung besitzt,
- Lebenserfahrung hat,
- sich in Unternehmen auskennt,
- in Hierarchien gearbeitet hat,
- sich zurücknehmen kann,
- Dinge auf den Punkt bringt,
- etwas von Pädagogik versteht,
- keine Vorurteile hat,
- zielorientiert arbeitet,
- weiß, wie Menschen ticken,
- die richtigen Fragen stellt,
- Talente erkennt,

---

[48] *manager magazin* 5/2001

- Kontakte und Beziehungen hat,
- Menschen wertschätzt,
- Eigenverantwortung respektiert,
- motivieren kann,
- strategien- und methodensicher ist,
- ehrliches Feedback gibt,
- Träume akzeptieren kann.

Klingt ziemlich umfassend, ist es auch. Denn die Mischung zwischen Zuwendung und Zurücknahme ist, glaube ich, das Geheimnis. Ein witziger Vergleich fällt mir da gerade ein: Das ist vielleicht wie bei einer guten Hebamme. Sie weiß, wie man Kinder kriegt, kann dabei helfen, sie weiß aber auch, dass immer noch die Frau selbst das Kind kriegen muss. Und wenn sie nicht gut drauf ist, geht es allen schlecht.

Dieses Sich-zurücknehmen-Können unterscheidet einen Coach auch von einem Berater. Der Berater sagt: »Das müsst Ihr so und so machen. Hier greift Methode X. Nach den Zahlen bedeutet es ...« Ein Coach fragt: »Wie würden Sie es am liebsten machen? Welches Bild haben Sie dazu im Kopf? Was spricht dafür, was dagegen? Haben Sie überlegt, ob ...? Kann es sein, dass Sie ...? Haben Sie schon mal versucht ...« Er fragt das natürlich nicht aus persönlicher Neugier oder weil ihm nichts einfällt, sondern weil er darauf vertraut, dass die Menschen, die zu ihm kommen, die Lösungen schon mitbringen und nur einen »Öffner« brauchen, damit die Ideen sprudeln können.

Wie finden Sie einen guten Coach? Übers Internet? Kann ich mir nicht gut vorstellen. Homepages sind geduldig. Und der Begriff Coach ist nicht geschützt. Über Bücher? Ist wohl möglich. Man bekommt auf jeden Fall ein Bild des Menschen, der auch Coach ist (wenn er die Bücher selbst geschrieben hat, jedenfalls). Über Auftritte? Eher schon. Ist sicher die ehrlichste Form der Vorstellung.

Ich habe für die Recherche dieses Kapitels meine Kunden gefragt, wie sie auf mich gekommen sind. Meine Hitliste: Die meisten sind durch ein Buch auf Asgodom Live aufmerksam geworden. An zweiter Stelle stehen die, die mich auf einer Veranstaltung oder einem Seminar erlebt haben. Diese beiden Gruppen kommen, weil sie das Gefühl haben, dass ich »ihre Sprache spreche«, dass eine gemeinsame Wellenlänge da ist.

Die drittgrößte Gruppe kommt aufgrund von Empfehlungen, weil sie von ihren Vorgesetzten oder von ihren Partnern »geschickt« werden, die mich irgendwo erlebt haben. Oder weil eine Freundin/ein Freund mich empfohlen hat.

Und ab und zu kommt jemand, weil er mich im Fernsehen oder im Rundfunk gehört hat. »Aus Zufall«, also beispielsweise übers Suchen im Internet, ist noch niemand gekommen. Und das kann ich Ihnen auch nicht empfehlen.

Das Empfehlungsmanagement selbst ist durchaus empfehlenswert: Fragen Sie im Bekanntenkreis oder in Ihrem Berufsverband nach: Wer kennt einen Coach, wer hat welche Erfahrung gemacht? Bietet vielleicht sogar Ihr Unternehmen, über die Personalentwicklung, Coaching an? Nutzen Sie es. Allerdings muss mit dem Coach, den der eine gut findet, der andere noch lange nicht harmonieren.

In jedem Fall rate ich Ihnen: Wollen Sie herausfinden, ob Sie den richtigen Coach gefunden haben, führen Sie ein Vorgespräch, lassen Sie dabei Ihre Intuition, Ihr »Bauchgefühl« sprechen. Einigen Sie sich auch auf eine konkrete Coachingdauer und auf ein Coachingziel, damit die Zeit nicht »verplaudert« wird, sondern Sie tatsächlich Lösungen erarbeiten.

Kontakte vom Netzwerk

Was die Seilschaft nach oben ist, sind die Netzwerke in die Breite: hilfreiche Kontakte, die uns wertvolle Hinweise für die Umsetzung unseres Work-Life-Konzepts geben. Nun gibt es informelle und offizielle Netzwerke. Zum informellen gehört ganz schlicht der Kreis von Menschen, die Sie kennen. Checken Sie doch mal ab, wen Sie kennen, wer was weiß oder welche Erfahrung hat. Sie werden merken, welches Wissenspotenzial sich um Sie herum befindet, das Sie abzapfen können. Viele Menschen scheuen sich davor, alte Bekannte oder frühere Kollegen anzurufen, wenn Sie einen Rat brauchen: »Das kann ich doch nicht machen?« Ich finde, solange Sie nur Informationen brauchen und denen keinen Staubsauger oder das große Kosmetikset verkaufen wollen, dürfen Sie durchaus. Was hindert Sie daran, die Headhunterin anzurufen, die Sie neulich auf einem Kongress kennen gelernt haben? Glauben Sie mir, die ist geschult genug, Sie abzuwimmeln, wenn sie sich nichts von dem Kontakt mit Ihnen verspricht.

Die Scheu ist manchmal wirklich völlig unverständlich. Da hat ein Klient von mir ein Traumunternehmen im Auge, für das er furchtbar gern arbeiten würde. Er kennt auch jemanden in der Führungsspitze, ist sogar mit dem verwandt. Und würde sich lieber die Zunge abbeißen, als den zu fragen. Warum? »Das macht man doch nicht!«

Oh, du liebe Erziehung! Warum denn nicht? Natürlich macht es keinen Sinn, Bittebitte zu sagen und auf Protektion zu hoffen. Aber warum nicht nach der entsprechenden Person fragen, an die man sich wenden soll? Ein bisschen von seinen Plänen, Konzepten, Ideen oder Erfahrungen erzählen. Vielleicht nicht direkt auf der Hochzeitsparty, wenn die »Zielperson« auch noch der Bräutigam ist. Aber ein Anruf muss unter Bekannten oder Verwandten doch immer drin sein. Sonst kann man sie sowieso vergessen.

Allen Zögerlichen halte ich immer noch gern die Untersuchung unter die Nase, die ich 1995 in der amerikanischen *Cosmopolitan* gefunden habe, und die Sie vielleicht auch schon kennen: Beim Konzern IBM in den USA waren Entscheider gefragt worden, welche Kriterien ausschlaggebend für beruflichen Erfolg wären, und als Hauptfaktor kam Kontakte und Beziehungen heraus, mit 60 Prozent! Die restlichen Prozente verteilten sich auf Leistung (10) und Selbstdarstellung (30). Inzwischen soll es auch eine deutsche Untersuchung geben, die beim Senat in Berlin durchgeführt wurde und das gleiche Ergebnis brachte. Kontakte pflegen, Beziehungen aufbauen haben dabei direkt etwas mit Kommunikation zu tun.

Also scheuen Sie sich nicht, Ihre Kontakte und Beziehungen zu nutzen, um Ihr Work-Life-Konzept umzusetzen, für mehr Lebensfreude zu sorgen. Beziehungen sind das Salz des Lebens! Ohne Kontakte würde ich keinen einzigen Auftrag bekommen. Ohne Beziehungen könnte ich niemanden empfehlen. Ohne die Kunst der Selbst-PR wäre ich nicht innerhalb von drei Jahren in die höchste Trainerriege im deutschsprachigen Raum aufgestiegen. Gerade wieder hat mich ein Trainerkollege, den ich über einen gemeinsamen Bekannten kenne und der daraufhin mal in meinem Seminar war, in die Schweiz empfohlen. Wie hätten die Auftraggeber sonst von mir erfahren sollen?! Glauben Sie mir: Nutzen Sie Ihre Kontakte und Beziehungen. Es tut gar nicht weh!

Das gilt natürlich auch für alle offiziellen Netzwerke. Ich bin Mitglied im Journalistinnenbund, bei den Bücherfrauen, beim European Women's Management Development Network, im Förderkreis der Deutschen Journalistenschule und der Europäischen Akademie für Frauen sowie im Verein Taten statt Worte. Um nur mal die Netzwerke zu nennen. In einigen Vereinen, deren Ziele ich unterstütze, bin ich auch noch, aber nur als Beitrag zahlendes Mitglied. Und das gilt nicht als Netzwerk.

Recherchieren Sie als ersten Schritt auf diesem Kamelpfad zu guten Kontakten: Welche Netzwerke gibt es für Ihren Beruf, Ihre Tätigkeit, Ihre Ziele? Sind es die Wirtschaftsjunioren oder der Marketingclub, der Berufsverband Sekretariat und Assistenz oder der der deutschen Ingenieure oder der der Ökotrophologen? Passen Sie in den Ärztinnenbund oder einen Verein wie Rotary oder Lions? Es gibt fast keinen Verband, den es nicht gibt. Adressen bekommen Sie über einschlägige Bücher oder, hier wieder sehr sinnvoll, übers Internet.

Haben Sie einen Kontakt, schnuppern Sie dann dort einfach mal rein (wenn schnuppern erlaubt ist) oder lassen Sie sich Informationsmaterial schicken. Fragen Sie Ihre Kolleg/innen, wo sie engagiert sind, und lassen Sie sich einmal mitnehmen. Überlegen Sie, ob Sie Lust hätten, in dieses Beziehungsmanagement zu investieren, ob Ihnen die Leute gefallen und die Themen. Ob ein solcher Abend eine Bereicherung für Ihr Leben wäre. (Übrigens: Wenn nicht, dann wäre mir persönlich der Preis zu hoch.) Bedenken Sie dabei immer die Grundregeln des guten Netzwerkens:

♦ Richtig interessant wird es immer nach dem offiziellen Teil, nach dem Vortrag. Also gehen Sie noch mit in die Bar und nicht gleich nach Hause.
♦ Machen Sie den Mund auf und erzählen Sie von sich. Aber hören Sie auch gut zu und sammeln Sie Informationen.
♦ Pflegen Sie die neu gewonnenen Kontakte, aber strapazieren Sie sie nicht.
♦ Gehen Sie nicht als Konsument in ein Netzwerk, sondern als ein Beitragende/r.

♦ Gutes Netzwerken ist wie Fitness: Es zahlt sich immer erst nach einer gewissen Zeit aus.
♦ Und haben Sie vor allem um Himmels willen kein schlechtes Gewissen, wenn Sie vom Netzwerk profitieren, eine hilfreiche Adresse oder einen Auftrag bekommen: Das ist der Sinn der Sache!

Wir reisen doch auch nicht mit anderen Menschen zusammen, um während der ganzen Reise von Ihnen keinen einzigen Müsliriegel anzunehmen oder den Hinweis auf diese umwerfende Madonna in dieser reizenden Kirche in diesem zauberhaften Dorf... Ein starkes Reiseteam hilft uns, unser Ziel gestärkt und fröhlich anzupeilen, uns auf die Reise zu freuen und die weiteren Vorbereitungen zu treffen. Wohlan.

Klare Regeln auf dem Traumschiff

Jemand, der in der glücklichen Lage ist, auch beruflich sein Reiseteam selbst zusammenzustellen, ist Erwin Staudt, Vorstandsvorsitzender bei IBM Deutschland. Ich dachte mir, er würde gut in dieses Buch passen, weil er mit Leidenschaft sein »Traumschiff« führt und es interessant ist, mal zu hören, wie die Zukunft der Arbeit aus der Sicht eines Global Players aussieht. Ich wollte von ihm wissen, welche Vorstellungen er von einem unternehmerischen Dreamteam hat, wie er sein Team organisiert und wer eine Chance hat, als Mitsegler in seine Traumschiff-Crew zu kommen. Es wurde ein hochspannendes Gespräch.

Ich treffe Erwin Staudt auf seinem »Kommandostand« in der deutschen IBM-Zentrale in Stuttgart-Vaihingen. Und muss erst zweimal schauen. Er residiert nämlich nicht in einem eindrucksvollen Chefbüro, mit Vorzimmer und imponierenden Ausmaßen, sondern in einer Großraumetage: Schränke, Schreibtisch, Staudt, Schränke, Schreibtisch ... Zum Gespräch gehen wir in einen Glaskasten in der Mitte der Etage, das Besprechungszimmer.

Herr Staudt, das sieht nicht nach einer klassischen Vorstandsetage aus?
Ist es aber trotzdem. Da sitzt der Finanzchef, hier der Vorsitzende, dort der Sales Operation Executive und so weiter. Es ist nicht so, dass ich nicht gern ein großes repräsentatives Einzelzimmer gehabt hätte, sondern ich habe von unserem gesamten Führungsteam verlangt, dass sie auf ihre Privilegien verzichten. Und das konnte ich nur tun, indem ich mich selbst hingestellt und gesagt habe, ihr braucht nicht mit mir zu diskutieren, ich lebe euch das vor. Und das mache ich jetzt hier.

Aber es ist schon eine Umstellung, oder?
Für mich ist es super. Wenn ich morgens ins Geschäft komme, sehe ich auf einen Blick, wer da ist. Sonst bin ich ins Geschäft gekommen und habe zu meiner Sekretärin gesagt, gucken Sie mal, ob der Herr Leicht da ist. Ja, ist da. Dann fragen Sie ihn mal, wann er heute Zeit hat, und dann waren die Leute in der Regel so zugemauert, dass nicht einmal ein gemeinsames Mittagessen oder so was rauskam. Jetzt kann ich über den Schrank gucken und sagen: Hast du geschwind Zeit? Dann trinken wir kurz eine Tasse Kaffee im Stehen und unterhalten uns über den Quartalsabschluss.

Sie überwinden also Kommunikationsgrenzen mit diesem Konzept?
Ja, und diese Vorstopper, diese Frauen, die auf die Männer aufpassen. Das Verrückte ist ja auch, wenn Sie jemanden an-

rufen und fragen, hast du Zeit, dann wollen manche permanent vorspielen, dass sie überlastet und unabkömmlich sind. Hier sehe ich ganz genau, wie ausgelastet die Menschen sind.

Trauen die sich denn überhaupt noch mal, am Bleistift zu kauen?
Je länger sie hier sitzen, merken sie auch, dass auch mal was Privates zwischendurch sein darf. Das ist ganz normal.

Wird dieses Konzept auf allen Ebenen verwirklicht?
Ja, wir haben seit 1994 die Arbeitsplätze hier im Haus generell verringert, waren damit die ersten, und streben mit dem Shared-Desk-Konzept ein Verhältnis von 1:3 an, also ein Schreibtisch für drei Mitarbeiter. Das ist genau die Methode, mit der der Mitarbeiter auch mit physischen Mitteln darauf hingewiesen wird, dass sein Platz in der Nähe des Kunden ist und nicht etwa in der Nähe der Kantine oder des Kaffeeautomaten.

Wie reagieren die Mitarbeiter darauf?
Am Anfang hatten wir große Vorbehalte, aber im Lauf der Praxis legte sich das. Das Ganze funktioniert nur deshalb, weil wir konsequent Technik einsetzen, um Distanz zu überbrücken oder gar nicht entstehen zu lassen. So kann der Mitarbeiter – Stichwort »Arbeite, wo du willst« – zu Hause arbeiten, im Auto auf dem Parkplatz oder beim Kunden. Und eigentlich sollte der Aufenthalt in IBM-Räumen die Ausnahme darstellen.

Wie kommen die Führungskräfte damit zurecht, die ja meistens gerne ihre Leute um sich scharen?
Also ein Vertriebsleiter muss große Unsicherheit verspüren, wenn seine Leute alle da sind. Unser Business Partner Execu-

tive hat gerade einen Extreme Sales Day verkündet, und das sieht so aus: Er sagt den Leuten: »Ich will am Dienstag keinen einzigen Außendienstmitarbeiter in unseren Räumen sehen. Nicht einmal zum Essen. Geht hin, zu den Kunden, aber nicht hierher.«

Welche positiven Effekte erzielen Sie mit dem Shared-Desk-Konzept?
Also, dieses Konzept führt dazu, dass wir rund um unsere Hauptverwaltung alle angemieteten Räume aufgeben konnten und 800 zusätzliche Mitarbeiter in die Hauptverwaltung reinkriegen. Das heißt: ein verbessertes Kommunikationsangebot. Kürzere Wege und, was mir ganz wichtig ist: Ich möchte, dass der Manager wieder der Mittelpunkt seiner Mitarbeiter ist. Ein General muss in der Mitte seiner Soldaten sein, der muss mit denen im Feld übernachten. Er muss spüren, wenn es kalt ist. Er muss auch riechen, wenn Schlachtgetümmel ist, und er muss die Fahne hochhalten, wenn die Leute den Mut sinken lassen.

Ich will auch, dass die Mitarbeiter spüren, dass der Chef antastbar ist, dass er auch für die täglichen Probleme zur Verfügung steht, ohne dass man jedes Mal einen Termin bei der Sekretärin machen muss. Es ist praktisch auch ein Führungsideal, das wir hier umzusetzen versuchen.

Welche Auswirkungen hat dies auf die Motivation der Mitarbeiter?
Ich hoffe sehr, dass es die Motivation steigert, denn wir möchten gern eine hierarchielose Gesellschaft hier haben. Wir streichen die Stellen, die zwischen mir und den Mitarbeitern sind. Wir hatten Zeiten, da waren zwischen dem normalen Mitarbeiter und der Führungsspitze sieben Ebenen. Heute, gehen wir mal vom Vertrieb aus, sind es noch zwei.

Schneller, direkter, gleicher. Vor allem, um unseren Kunden einen besseren Service bieten zu können. Denn das steckt ja hinter der Geschichte. Das Geschäft hat sich kolossal verändert in den letzten Jahren. Ich bin jetzt 28 Jahre in der Firma, sieht mir keiner an, aber es ist so.

So ein junger Spund wie Sie?
(Lacht:) Danke, Sie können jederzeit wiederkommen. Also, in 28 Jahren hat sich das Geschäft grundlegend verändert. Als wir hier angefangen haben, waren wir ein typischer Hardwarehersteller, wie wir im Volksmund sagen: ein Kistenschieber. Dann wurden die Aufgaben komplexer, weil unsere Geräte leistungsfähiger wurden, und da wollten die Kunden Anwendungen haben. Die wollten ihre Probleme lösen. Dann haben wir angefangen, mit den Maschinen den Service anzubieten – und zwar frei. Es war uns damals untersagt, eine müde Mark dafür zu verlangen, denn in den 70er Jahren war die Philosophie: Hardware zu verkaufen sei unsere Aufgabe.

Wenn Sie mich damals gefragt hätten, was ist das größte Problem der IBM, dann hätte ich gesagt, dass wir nicht genügend Fabriken haben, um Geräte herzustellen. Wir haben damals Großsysteme am Tag der Verfügbarkeit mit dem Notar unter den Interessenten verlost! Ich weiß noch aus meiner Zeit als Vertriebsbeauftragter: Wir konnten uns manchmal wochenlang nicht beim Kunden blicken lassen, weil er die Geräte nicht gekriegt hat. Dann ist der Markt breiter geworden, wir haben immer mehr Mitbewerber bekommen, und dann hat der Kunde als Differenzierungsmerkmal nicht mehr die Hardware, sondern das Drumherum gewertet, also den Service. Das haben wir endlich gemerkt und haben auch Geld dafür genommen. In der Zwischenzeit ist die große Stärke der IBM, dass die Hardware vielleicht noch 40 Prozent unseres Geschäfts ausmacht, 60 Prozent sind Software und Services.

Bedeutet das nicht auch, dass der einzelne Mitarbeiter immer wichtiger wird?
Ja, natürlich, von dem Typ, der die Schraubenzieher verwaltet, sind wir übergegangen zu dem, der die Informationen verwaltet. Den können Sie praktisch überall einsetzen. Dem ist es egal, ob er in der Personalabteilung arbeitet oder im Finanzbereich oder im Vertrieb, ob er Adressen verwaltet oder die Zugänge zum Internet, dem ist das Wurscht. Für ihn oder sie besteht das Leben nur aus einem Werkzeug, und das ist der PC. Die Hauptsprache ist Englisch. Der/die kann also jede Broschüre lesen und jedes Programm installieren. Man weiß, was neu auf dem Markt ist. Er geht abends heim und beschäftigt sich mit dem Internet. Wenn er eine freie Minute hat, dann surft er. Wenn seine Frau ihn zum Essen holen will, muss sie ihn in der Regel nicht aus dem Garten holen, sondern vom PC.
Und dann gibt es noch andere, so wie mich.

Aber Sie sind doch auch nicht der Work-Life-Balance-Mensch? Werden Sie später mal sagen, hätte ich mir doch mehr Zeit genommen für die Kinder?
Nee, das war einfach unmöglich. Das wissen meine Kinder auch ganz genau, die sind jetzt 26, 24 und 17. Ich kenne viele Ehepaare auf der Welt, die die gleiche Einstellung haben wie wir. Wenn einer in der Familie die Chance hat, Karriere zu machen, mit seinen Fähigkeiten optimal anzukommen und das Maximale rauszuholen an Karriere, dann muss er das nutzen. Egal, ob die Stärke beim Mann liegt oder bei der Frau. Wir haben das offen ausdiskutiert und uns entschieden.

Sind Ihre Nachwuchskräfte auch noch so wie Sie?
Bei den Nachwuchsleuten ist das Letzte, was ich gesagt habe, noch weiter verbreitet, dass dadurch sogar die »Karrieresüchtigkeit«, sag ich mal, verloren geht. Die Jungs haben heute gleichberechtigte Partnerinnen zu Hause, die haben beide studiert, und die Männer sind absolut in der Lage, den Job an den Nagel zu hängen und zu sagen, ich werde Hausmann. Das ist heute leichter, weil es gesellschaftlich auch anerkannt wird.

Müssen Sie als Unternehmen auf diese Veränderungen eingehen?
Ja sicher, wir müssen entsprechende Angebote machen. Wir machen auch, wie heißt das, Home-leave, dass einer ein Jahr zu Hause bleibt, auch als Mann. Und wir dann den Einstieg in seine Karriere ermöglichen, das machen wir für Männer wie Frauen.

Wird das genutzt?
Ja, schon, aber es bleibt jetzt nicht jeder zweite Mann zu Hause. Auch unser Teilzeitangebot, das wir schon hatten, als es noch kein Gesetz dazu gab, wird vor allem von Frauen wahrgenommen.

Ist das dann nicht karriereverhindernd?
Na ja, wenn einer mich beerben will, dann sollte er kein Ausnahmetyp sein.

Und Sie gehen auch nicht um 17 Uhr nach Hause?
Zurzeit achte ich schon darauf, rechtzeitig rauszukommen, weil so schönes Wetter ist. Aber ansonsten habe ich das nicht unter Kontrolle. Ich habe normalerweise einen total langen Tag, jeden Tag.

Woraus ziehen Sie Ihre Energie?
Ich kann ziemlich gut abschalten. Wenn ich raus bin, bin ich raus. Ich bekomme neue Energie über die Leute, mit denen ich zusammen bin, ich bin gern mit netten Leuten zusammen, nicht mit Jasagern oder Speichelleckern, sondern mit Leuten, mit denen ich Hobbys teile, mit meinen Fußballkollegen oder in der Kunstszene. Bei mir geht's abends nicht mehr ums Geschäft. Bei mir sind Sport, Musik und Kunst wichtig in der Freizeit. Da kann ich mich total reinhängen. Wenn ich Fußball spiele, vergesse ich alles andere. Ich weiß auch genau, welche Musik ich abends auflegen muss, damit ich schnell wieder auf Vordermann komme.

Können das die jungen Wissensmanager auch?
Ja, ich glaube, die empfinden keinen Stress. Ich unterhalte mich oft mit dem Betriebsrat. Ich kenne kein Burnout hier. Ich denke, der ideale Mitarbeiter hat ein hohes Maß an Eigenmotivation, und der hat auch Sensoren für das, was man ihm aus dem Umfeld Gutes tut. Wir haben beispielsweise versucht, über unsere Arbeitszeitregelung eine Vertrauenskultur zu schaffen. Wir haben keine Stempeluhren mehr. Die haben wir abgeschafft, als ich vor drei Jahren hier als Vorsitzender angefangen habe. Das war meine erste Amtshandlung. Die letzte hängt bei mir zu Hause neben dem Schreibtisch. Vertrauenskultur heißt, dass die Leute zwischen sechs Uhr morgens und acht Uhr abends ihre acht Stunden schaffen müssen. Und wenn die zwischendurch mal zum Friseur gehen oder lieber nach Stuttgart zum Essen als in unsere Kantine, dann ist das ihre Sache. Sie müssen auch nicht hier sitzen, sondern können das zu Hause machen.

Gibt es da irgendein Kontrollsystem?
Ja. Aufgabenorientiert. Der Manager guckt natürlich schon,

dass seine Leute die Aufgaben bewältigen, und steuert das. Aber ansonsten lassen wir die Leute sich selbst steuern.

Und die können das alle?
Wir haben überdurchschnittlich gute Leute, behaupte ich jetzt mal einfach so.

Warum kommen die zu IBM?
Wohl aus demselben Grund, warum auch ich gekommen bin. IBM ist ein Unternehmen, das wohltuend offen ist, bei dem ich das Gefühl habe, hier kann ich mit meinen Fähigkeiten was aus mir machen. Der Zweite: IBM hat nach wie vor so einen Peter-Stuyvesant-Duft der großen weiten Welt. Das ist das, was mich gereizt hat und was viele Menschen reizt. Du lernst auch international was kennen, interessante Leute. Und es ist eine sehr angenehme Atmosphäre, hier zu arbeiten.

Stellen Sie heute andere Leute ein als früher?
Ja, unsere Einstellungskriterien haben sich schon entwickelt. Vor Jahren haben wir fast ausschließlich Spezialisten gesucht, die Prozesse genau kennen, wir hatten damals wahnsinnig viele ehemalige Sparkassenangestellte, also Bankspezialisten. Was heute von uns verlangt wird, ist die Kompetenz, Probleme in Lösungen umzusetzen. Die Lösungswelt besteht ja aus Beratung, aus reinen Serviceleistungen, aus technischem Wissen, aus Softwarewissen. Alle diese Komponenten, die kann ein Mensch allein gar nicht beherrschen. Deswegen brauchen wir Menschen, die nahtlos zusammenarbeiten, gute Teamplayer eben. Dieser Mensch muss also Fachmann oder Fachfrau sein und die Komponenten zusammenführen können. Sie muss Teamplayer sein und Führungsqualitäten haben. Denn praktisch ist jeder eine Führungskraft, weil er oder sie permanent in einer Gruppen-

situation ist, in der Verantwortung übernommen werden muss. Deshalb sind wir ein Laden, der nur aus Führungskräften besteht. Vielleicht auch deshalb haben wir eine sehr niedrige Fluktuation, die liegt derzeit bei unter zwei Prozent, und dafür beneidet uns die ganze Branche. Also ich bin stolz, bei dieser Firma zu sein, und hoffe, dass meine 26 000 Kollegen und Kolleginnen auch so denken.

Ist Stolz genauso ein Motivationsfaktor wie Geld?
Ja, ich glaube schon. Okay, beides ist wichtig. Natürlich kann man vom Stolz nicht essen und kein Benzin kaufen. Stolz zu sein auf sein Unternehmen ist hier im Schwäbischen natürlich besonders ausgeprägt. Ich selbst habe Stolz quasi mit der Muttermilch aufgesogen, die Menschen hier waren immer schon stolz auf ihren Verein, die waren stolz auf ihren Bosch, ihren Daimler, ihre IBM.

Als ich ein Junge war, kam öfter ein Freund meines Vaters zu Besuch, der war Führungskraft bei IBM. Eine ausgewogene Persönlichkeit. Er saß bei meinem Vater in der Werkstatt und hat erzählt: Er kommt gerade aus Genf, und jetzt muss er wieder in die USA, und er muss zwei Jahre nach San José gehen. Der war für mich der Wahnsinn. Und der hat fünf Mark aus der Tasche gezogen, das war damals sehr viel Geld, und hat gesagt, kauf dir ein Eis. Ich glaube, der war mit ein Grund, warum ich später zur IBM gegangen bin. Am Sportplatz, wenn man die Älteren belauscht hat, dann hat man so mitgekriegt, die haben vom Bosch erzählt, und das hieß, wenn man beim Bosch ist, da brauchst du gar nicht zu widersprechen. Oder Daimler. Das waren die ganz Großen. Die haben ja alle ihre Jahreswagen gehabt, die normalen Malocher, die sind Mercedes gefahren. Den hatte ja sonst nur der Metzger oder der Bäcker, oder der Arzt, oder die zwei, drei Unternehmer. Aber dieser Mann von IBM, mit seinem San José, der hat mir imponiert. Die Leute da draußen halten IBM nach wie vor für ein Topunternehmen, das seine Leute sehr streng aussucht. Die glauben, wenn du bei IBM bist, bist du eine Kanone, hast eine supergute Ausbildung. Auch wenn Sie Studenten fragen – die machen ja laufend Umfragen: Wer ist der beliebteste Arbeitgeber, wo würdest du am liebsten arbeiten? –, dann ist IBM immer die Eins oder Zwei.

Wie wichtig ist das Image für ein Unternehmen?
100-prozentig. IBM ist ein Unternehmen, das sehr starke gesellschaftliche Verantwortung entfaltet und auch darüber redet. Ich persönlich bin der oberste Gesellschaftsredner, sozusagen. Also bei uns kann keiner sagen, ich würde ihm nicht helfen auf der Sinnsuche. Zum Beispiel mit der Initiative 21. Ich habe gesagt, wer zum Teufel soll den Karren anschieben, wenn nicht der Chef des Nummer-eins-Unternehmens. Es ist uns gelungen, die Wirtschaft zu aktivieren, die Politiker wachzuküssen, ach was, wachzurütteln. Die Technikausstattung in den Schulen ist durch uns schneller geworden, es sind inzwischen Millionen in die Schulen geflossen, und kein Ministerpräsident der Republik traut sich heute mehr zu sagen, ich kann kein Geld für die Ausstattung meiner Schulen bereitstellen.

♦♦♦♦♦

»*Die fünf Voraussetzungen, um für mich zu arbeiten:*
1. *Verantwortungsbewusstsein*
2. *Guter Teamplayer sein*
3. *Fleiß*
4. *Enthusiasmus*
5. *Kommunikationsstärke*«
Erwin Staudt, IBM-Vorstandsvorsitzender

♦♦♦♦♦

Sie fordern ja schon den PC für den Kindergarten. Warum machen Sie das?
Wir haben festgestellt, dass im Gegensatz zu den Japanern oder Amerikanern der deutsche Durchschnittsabiturient stark zu »weichen« Studiengängen tendiert. Aus verschiedenen Gründen. Uns fehlen heute die Informatiker, die Ingenieurwissenschaftler. Also haben wir gesagt, wir müssen schon mit den Kindern reden und sie interessieren. Dafür genügt es nicht, ein Flugblatt zu verteilen. Sondern solche Typen wie ich oder meine Kollegen müssen rausgehen und sagen: »Schaut mich an. Ich bin 28 Jahre in der und der Firma. Ich habe mein Haus, mein Auto und bin glücklich für alles, was man sich in einem Illustriertenartikel unter einem erfolgreichen Familienvater vorstellt.«

Das musst du den Kindern erzählen, und dann gehen sie vielleicht heim und sagen, ich will auch so ein Leben wie der Staudt, ich will auch in die Informatik.

Also auch in diesem Fall denken Sie ergebnisorientiert?
Ich habe zu meinen Mitarbeitern gesagt: Leute, ich brauche jetzt ganz schnell Botschafter, die rausgehen in die Schulen, die im Internet zur Verfügung stehen, damit sie angefordert werden können, um positiv über Informatik zu reden. Dann haben sich bei uns knapp 1000 Leute gemeldet! Ich habe aber von vornherein gesagt, ich brauche keine Bedenkenträger, sondern Leute, die hemmungslos begeistert sind. Und die sind dann losgezogen in die Gymnasien.

Der Erfolg: Die Studentenzahlen sind enorm hochgegangen: im Wintersemester um 36 Prozent bei den Universitäten und um stattliche 56 Prozent bei den Fachhochschulen. Also, das ist doch enorm! Auch unsere Kunden machen da begeistert mit.

Wenn Sie die Traummitarbeiter, Traummitarbeiterinnen der nächsten zehn Jahre beschreiben, was müssen die haben?
Als Erstes den Willen, Verantwortung zu übernehmen. Dann die Eigenschaft, Teamplayer zu sein, und Freude am Umgang mit anderen. Dann muss er/sie fleißig sein. Also ich sage immer, ein fauler Mensch wird hier nichts. Dann Enthusiasmus, das ist besser als Leidenschaft. Wenn so ein enthusiastischer Mensch strahlend durch die Tür reinkommt, dann brechen alle Dämme. Was für ein Unterschied zu den erloschenen Vulkanen, die zum Teil rumhängen.

Ich wurde mal gefragt, was würden Sie machen, wenn Sie nicht der Chef bei IBM wären? Dann habe ich gesagt, wenn jetzt jemand bestimmen würde, du übernimmst die Kantine, dann hätte ich mir schon überlegt, was ich machen würde. Dann würde ich mit meinen Leuten die einzige Kantine in Deutschland aufbauen, die einen Michelinstern hat. Und wenn jemand sagen würde, du fegst jetzt den Parkplatz, dann würde ich so lange fegen und Dinge organisieren, vielleicht Blümchen streuen, bis die *Bild*-Zeitung schreibt, der hat den besten Parkplatz, den die Welt je gesehen hat. Mit so einer Einstellung muss man rangehen. Sei enthusiastisch, egal was du tust! Und das Nächste ist die Kommunikationsfähigkeit.

Nehmen Sie hier meinen Assistenten, den Thomas Hager, er kann das größte Talent aller Zeiten sein und von mir gefördert, gehätschelt und gepflegt werden. Wenn er dumm ist und mit niemandem da draußen redet, wenn es ihm nicht gelingt, die Leute in seinen Werdegang mit einzubeziehen, also aufgeschlossen und kollegial zu sein, einer, mit dem man

> **Wenn ein enthusiastischer Mensch strahlend durch die Tür reinkommt, dann brechen alle Dämme. Was für ein Unterschied zu den erloschenen Vulkanen, die zum Teil rumhängen.**
> Erwin Staudt

gern zusammenarbeitet, wird er nie Karriere machen. Er könnte nie Erfolg haben, wenn die Leute ihn ablehnen. Deshalb die Kommunikationsfähigkeit. Du musst deinen Geist darauf verwenden: Wie kann ich andere für meine Ziele begeistern? Wie kann ich dadurch auch den Neid niedrig halten, dass die anderen sagen können, es ist zwar schlimm, dass der den Job kriegt, den ich auch gern bekommen hätte, aber ich gönne es ihm? So einer kommt dann auch später mit den Leuten gut zurecht.

Bedeutet das ein Ende der Ellenbogenmenschen?
Ja, die werden das nicht schaffen. Du nominierst so einen Antitypen, und du kriegst als Chef Widerstand. Und ich will doch als Chef, dass die Leute nachher kommen und sagen, gute Entscheidung, der richtige Mann am richtigen Platz.

Ich habe schon als Kind gelernt: Wenn Menschen im Laden sind, kannste Umsätze machen, wenn keiner reinkommt, machste keinen Umsatz.
Erwin Staudt

Was raten Sie einem fleißigen, enthusiastischen jungen Menschen, der gern bei IBM arbeiten würde?
Was soll er oder sie tun?
Verkaufen! Ich rate jedem Menschen, egal was er will, er muss einmal verkauft haben. Denn wenn du als Bewerber hier nie einen Kunden gesehen hast, hast du schon einen Mangel an Glaubwürdigkeit. Hier kommen nur Verkäufer an die Spitze.

Sie selbst sind auch Verkäufer?
100-prozentiger Verkäufer. Angefangen im Vertrieb. Ich bin ja direkt nach dem Studium hierhergekommen. Ich komme aus einem Verkäuferhaushalt, meine Eltern hatten ein Geschäft. Und ich habe gelernt: Wenn Menschen im Laden sind, kannste Umsätze machen, wenn keiner

reinkommt, machste keinen Umsatz. Mein Vater hat manchmal nachts um drei Kunden mitgebracht. Wenn er in der Kneipe saß und einer hat gesagt, ich brauche einen Jagdanzug, dann hat er den Laden aufgesperrt und hat einen Jagdanzug verkauft.

Was braucht der erfolgreiche Mitarbeiter von morgen noch?
PC-Willigkeit. Und natürlich Englisch. Meine These ist, Englisch muss wie eine zweite Muttersprache behandelt werden. Die Fremdsprachen fangen bei mir hinter Englisch an. Ich bin 100-prozentig dafür, dass jede Grundschule heute schon Englischkenntnisse vermitteln muss. Auch ein Tankwart muss Englisch können, wenn er einen Ausländer bedient. Zumindest Grundbegriffe.

Was möchten Sie noch lernen?
Wenn ich hier mal rausgehe, als Pensionär, können Sie mich erleben, wie ich sofort ein Taxi nach Stuttgart bestelle und zu einer Sprachenschule fahre. Und ich werde mit dem Schulleiter vereinbaren, wie ich innerhalb von acht Wochen Italienisch lerne, mit einem 24-Stunden-Crashkurs. Mein sehnlichster Wunsch ist, Italienisch zu reden wie ein Italiener.

Vielen Dank, Herr Staudt, für dieses interessante Gespräch.

Sechste Etappe:
Die Reisedauer festlegen

Veränderungsworkshops haben das Ziel, Veränderungen zu bewirken. Ich liebe Veränderungsworkshops, weil darin eine ungeheure Energie zu spüren ist, Begeisterung sich breit macht und erste konkrete Schritte geplant werden. Die Euphorie verleitet die Teilnehmer/innen allerdings oft dazu, sich zu große Ziele zu setzen: »Ich werde nie wieder Überstunden machen.« Oder: »Ich werde mein Leben umkrempeln.« Wann immer ich das höre, greife ich ein. Und versuche, den begeisterten Ansatz auf das wahre Leben runterzubrechen. »Was genau werden Sie als ersten Schritt tun? Und bis wann? Sagen Sie mir ein konkretes Datum.« Ich gebe zu, ich bin da ein bisschen gnadenlos. Aber ich meine halt, dass Seminare zu teuer sind, um nur rumzuspinnen (und das könnten die meisten auch allein).

Dies kann ein Anhaltspunkt für Ihre Ziele und Ihre Planung sein: Je euphorischer Ihr Vorhaben klingt, umso mehr sollten Sie aufpassen, dass Sie sich nicht vergaloppieren. Ein gutes Mittel, um nicht nur Luftschlösser zu bauen, ist eine klare (aber großzügige) zeitliche Vorgabe. Wenn wir uns nämlich selbst überfordern und unrealistische Zeitrahmen stecken, die wir gar nicht einhalten können, dann scheitert meistens das ganze Projekt. Ich frage deshalb auch lieber noch zweimal nach: Haben Sie Zeit dazu? Wann? Haben Sie bedacht, dass Weihnachten dazwischen liegt (oder Ihr Urlaub, oder die Messe, die Sie betreuen)?

Lassen Sie uns das an dem klassischen Maximalveränderungsvorhaben durchspielen: »Ich werde reich, berühmt und glücklich!« Und bleiben im Beispiel mal bei dem Wunsch »reich werden«.

Als Erstes würde ich nachfragen, um das Ziel zu konkretisieren: »Was bedeutet reich für Sie?« Kommt ein »Kann ich nicht sagen«, sollten wir den Antwortenden einfach weiterträumen lassen. Aber die meisten können das schon erläutern, und es ist oft viel weniger dramatisch, als es anfangs klingt. Mögliche Antworten: »Immer mehr Geld zu haben, als ich ausgeben möchte.« Oder: »Genug Geld auf der Bank haben.«

Wenn Sie sich im Vergleich Ihr Mission Statement einmal anschauen, wären die konkretisierenden Fragen beispielsweise: Was bedeutet für Sie, glücklich zu sein? Was können Sie dafür tun? Oder Sinn? Wie muss eine Arbeit aussehen, die Sinn für Sie macht? Oder mehr Zeit für mich haben? Wie viele Stunden mehr Zeit? Wofür? ...

Die nächste Frage ist dann: Was wollen Sie dafür tun? Im Fall »reich« könnte als Antwort kommen: »Lotto spielen« (nein, nicht ernsthaft). Sehr viel häufiger: »Ich müsste mehr Geld für meine Leistung bekommen.« Ich frage nach: Was können Sie dafür tun? Die mögliche Zahl der Antworten ist wahrscheinlich unendlich. Einige Beispiele: »Mit meinem Chef über eine Gehaltserhöhung reden«, »Mir eine andere Stelle suchen«, »Mich selbständig machen«, »Meine Preise erhöhen«, aber auch »Weniger Geld ausgeben« – nach dem alten Rothschild-Motto: »Reich wird man nicht von dem Geld, was man verdient, sondern durch das, was man nicht ausgibt.«

Wir nähern uns langsam von einem diffusen Traum einem realistischen Ziel. Meine nächste Frage ist dann: »Wie viel mehr Geld möchten Sie heraushandeln?« oder »Wie viel mehr Geld bräuchten Sie im Monat?« Wieder ein konkretes

Das bin ich mir wert

Ein Rechenexempel für alle, die Tagessätze verlangen

1. Was will ich im Jahr netto verdienen?

   _____ Euro

2. Was muss ich dann im Jahr brutto verdienen?
(Nettoverdienst plus Steuern, Versicherungen, Abgaben, Kosten wie Büro, Telefon, Porto, Büromaterial, Auto, Reisen, etc.)

   _____ Euro

   _____

   _____

   _____

3. An wie vielen Tagen möchte ich mein Geld verdienen?

(Ein Beispiel: Das Jahr hat 365 Tage; da ich nicht am Wochenende arbeiten möchte, ziehe ich 104 Tage ab, bleiben 261; minus Feiertage sind es noch etwa 247; rechne ich noch sechs Wochen für Urlaub und Fortbildung ab, sind es noch 205; minus knapp 50 Bürotage, bleiben maximal 150 mögliche Tage.)

_____ verkaufte Tage im Jahr

_____

_____

_____

4. Wie hoch muss dann mein Tagessatz sein, um meinen gewünschten Bruttoumsatz zu erreichen?

_____ Euro

5. Markt-Check
Gibt der Markt für meine Dienstleistung einen solchen Tagessatz her? Sind meine Erwartungen unrealistisch? Werde ich mehr Tage für den gewünschten Umsatz verkaufen müssen? Oder weniger?

_____

_____

_____

_____

_____

_____

Puzzleteilchen zur Umsetzung. Oft stellt sich nämlich heraus, dass die Summen gar nicht so exorbitant sind, wie zu vermuten wäre, sondern in realistischem Rahmen liegen. Es geht nur darum, sie auch zu verlangen.

Mit Selbständigen mache ich gern die Übung »Das bin ich mir wert«, die ich Ihnen sehr empfehlen kann, wenn Sie mit Tagessätzen arbeiten (siehe Kasten). Ein Rechenbeispiel: Jemand, der sich gerade als Trainer selbständig gemacht hat, möchte im Monat 5000 Euro, also im Jahr 60 000 Euro netto verdienen. Macht brutto nach seiner Einschätzung 150 000 Euro. Sein Ziel ist es, höchstens 150 Tage im Jahr zu arbeiten, also muss er – nach Abzug eines Bürotags pro Woche – 100 Tage im Jahr verkaufen. Das bedeutet einen Tagessatz von 1500 Euro. Klingt erst mal gut.

Einige Quergedanken dazu: Wenn er noch keinen Ruf in der Branche hat oder keine Stammkunden, wird es sicher schwer, auf 100 verkaufte Tage zu kommen. Wenn er als Neuling verschiedene Trainings anbietet, wird ihm zur Vor- und Nachbereitung der eine Bürotag wahrscheinlich nicht ausreichen. Und als Newcomer sind die 1500 Euro auch ziemlich hoch angesetzt.

Ich beobachte immer wieder, dass sich viele Menschen (darunter überdurchschnittlich viele Frauen) in ihrer Preisgestaltung zu sehr bescheiden und manche (darunter überdurchschnittlich viele Männer) ziemlich überzogene Vorstellungen haben, wie einfach sich Geld verdienen lässt. Ohne Berücksichtigung der Tatsache, dass man dafür erst einiges investieren muss.

Nun ist es nicht sehr sinnvoll, als Seminarleiterin oder Coach Menschen nachhaltig zu demotivieren. Ich biete deswegen lieber eine mentale »Brücke« an: »Bis wann möchten Sie die 5000 Euro netto im Monat verdienen?« Und wir kommen wieder zusammen. Als Ziel ist eine so schöne Summe natürlich klasse, realistisch wird es nur mit einer Zeitvorgabe. Heißt die Antwort: »Bis in zwei Jahren«, kann man darüber reden, was ihn einzigartig macht, mit welchen Mitteln er sich Referenzen beschaffen, seinen Namen bekannt machen und sich sonst wie positionieren kann. Nur mit dem nötigen Schuss Realismus und einer klaren Zeitschiene kommt man »vom Wünschen ins Handeln«, wie es Reinhardt Sprenger nennt.

Die Zeitschiene fürs Buchmarathon
Hier noch ein Beispiel, wie wichtig Zeitvorgaben sind: Ohne eine klare Zeitschiene, ohne die Reisedauer festzulegen, wäre es für mich beispielsweise unmöglich, ein Buch fertig zu schreiben. Ich beginne deshalb nach Vertragsunterschrift sofort, die Etappen festzulegen. Denn in diesem Moment steht fest, wann das Buch erscheinen soll und damit auch ganz genau, wann ich Abgabetermin habe.

Ich beginne bei der Zeitplanung von hinten nach vorn. Ein Beispiel, wenn wir davon ausgehen, dass ich nichts anderes zu tun hätte und sehr schnell schreiben kann:

- Vorgegebener Abgabetermin ist der 17. Dezember.
- Das heißt, ich muss am 15. fertig mit Schreiben sein, um noch mal drüberzugehen.
- Wenn ich davon ausgehe, dass ich am Tag circa 15 Seiten schreiben kann, muss ich bei 300 Seiten mit 20 Tagen reiner Schreibzeit rechnen.
- Plus zehn Tage Pufferzeit, weil ich nicht jeden Tag gleich gut drauf bin.
- Plus fünf Tage Erholung zwischendrin.
- Macht insgesamt 35 Tage.
- Das heißt, ich muss spätestens am 11. November mit dem Schreiben anfangen.

◆ Vorher brauche ich eine Woche, um die Struktur zu erstellen, das heißt, am 4. November müssen alle Recherchen erledigt sein.
◆ Wenn ich berechne, dass ich etwa drei Monate für die Recherche und die Interviews brauche, muss ich spätestens am 4. August mit den Arbeiten anfangen.

Ohne eine solch klare Zeitschiene (und mehrere Packungen Ferrero Rocher) würde ich ehrlich gesagt niemals die Disziplin aufbringen, mich konzentriert an die Arbeit zu machen. Bedenken Sie, falls Sie tatsächlich vorhaben, ein Buch zu schreiben, dass ich gelernte Journalistin bin, also ziemlich schnell schreibe, mehrere Bücher fertiggestellt habe und im Beispiel davon ausgegangen bin, dass nichts dazwischenkommt. Allen Erstlingsschreibern rate ich, sich auf ein Jahr bis zum Abgabetermin einzustellen. Ich habe die Erfahrung gemacht: Druck ist schon wichtig, ein zu starker Druck kann aber auch lähmend wirken!

»Committen« Sie sich

Wie sieht Ihre Zeitschiene für Ihre Reise zu mehr Lebensfreude, in die schöne Stadt Tun aus? Wie viel Zeit geben Sie sich für die einzelnen Schritte, die Sie Ihrem Ziel näher bringen? Ich empfehle Ihnen, sich ähnlich einem Buchabgabemarathon ebenfalls feste Termine zu setzen: Bis wann wollen Sie den ersten Schritt erledigt haben? Bis wann den nächsten? Schreiben Sie es auf, mit konkreten Daten, wälzen Sie Ihren Kalender, achten Sie auf Urlaube, Feiertage, Dienstreisen etc.

Sie nehmen sich selbst mit dieser Übung in die Pflicht, »committen« sich sozusagen zu dem Vorhaben und kommen endgültig aus der Eigentlichland-Schiene heraus.

Sie erinnern sich doch: Wenn wir den ersten kleinen Schritt nicht machen, wird aus der ganzen Reise nichts. Wer keine Laufschuhe hat, wird niemals anfangen zu joggen. Wer keine Kontaktadresse hat, kann sich nicht zum Sprachkurs anmelden. Wer nicht im Internet oder in der Wochenend-*FAZ* oder -*SZ* nachschaut, weiß nicht, welches Unternehmen genau so jemanden wie ihn/sie sucht. Der erste Schritt kostet oft nur Cents, aber er wird teuer, wenn wir ihn unterlassen. Überspitzt könnte man sagen: Er kostet uns auf Dauer das Leben.

Erfolg mit Savoir-vivre

Ausreichend Zeit hat sich Hanna Raissle gelassen, um ihren Traum umzusetzen, und in den letzten drei Jahren ist ihr Unternehmen regelrecht explodiert. Den ersten Schritt dazu hat sie aber schon vor etwa 20 Jahren gemacht. Ihr Erfolgsmotto nennt die heute 51-Jährige im Rückblick: »Trauen und Tun.« Es ist sehr wahrscheinlich, dass Sie die zauberhaften Ergebnisse dieses Tuns schon einmal irgendwo gesehen haben: in einer Zeitschrift, einem Buch, in einem Restaurant, auf einem rauschenden Fest oder im Fernsehen bei einer großen Gala.

Hanna Raissle ist eine der gefragtesten Festdekorateurinnen Deutschlands, ihre Firma heißt Floral Design[49], und sie beschäftigt inzwischen 14 Leute, die zum festen Team gehören, und dazu jede Menge Aushilfen.

Nach der Schule wäre Hanna Raissle gern Biologin geworden, aber da die Eltern eine eigene Gärtnerei hatten, musste sie Gärtnerin werden. Und das, obwohl sie, wie sie

---

49 www.hanna.raissle.de

sagt, »überhaupt keinen grünen Daumen« hat. »Ich habe keine Zimmerpflanzen, die gehen immer ein.« Aber dafür einen begnadeten »bunten«.

Anschließend erkämpfte sie sich noch eine Floristenausbildung. Mit 22 Jahren heiratete sie, bekam einen Sohn und arbeitete halbtags im elterlichen Betrieb. Nach einem Umzug nach München – der Sohn war acht – begann sie sofort, an verschiedenen Volkshochschulen im Umkreis von München Kurse zum Thema Floristik anzubieten. »Das waren nicht so Hausfrauenkurse, wie binde ich Blumen, sondern fast wie eine Berufsausbildung. Ich gab alles weiter, was ich wusste, und mehr noch, was ich in Sachen Dekoration und Blumen fühlte. Ich hatte Teilnehmerinnen, die mir 14 Jahre treu waren.«

Sie verdiente ihr eigenes Geld und fand das für sich »sehr wichtig«, es brachte ihr darüber hinaus Energie und eine »Wertigkeit«, wie sie sagt. Dazu versuchte sie selbst stets am Ball zu bleiben, besuchte Ausstellungen, Seminare und Trendschulungen für Floristik.

Kochen war eine weitere Leidenschaft von ihr. Zu Hause lud sie sich Gäste ein, um die tollsten Menüs, meistens aktuelle Rezepte von Spitzenköchen, die sie aus Zeitschriften kopierte, und die dazu passenden Dekorationen auszuprobieren. Als der Sohn 16 war, »und mich wirklich nicht mehr brauchte«, wurde ihr die Volkshochschulwelt zu klein. »Ich wollte möglichst alle Fähigkeiten einsetzen, die ich habe, wollte einen Sinn in meiner Arbeit sehen, mit Menschen kommunizieren und meinen Kunden möglichst viel geben.«

Heute wundert sie sich noch, wie sie aus ihrem Hausfrauenstatus rausgekommen ist – »ich hatte kein allzu hohes Selbstbewusstsein«. Die damals 38-Jährige nahm schließlich all ihren Mut zusammen und beschloss, Münchner Spitzenköche, die sie ja von ihrer Kochleidenschaft her kannte, zu fragen, ob sie nicht die Dekoration in ihren Lokalen machen dürfte.

»Ich bin stundenlang um das Telefon rumgeschlichen. Wie eine geprügelte Katze. Und dann habe ich als Erstes im Bogenhauser Hof angerufen: ›Ich mache ... haben Sie Bedarf?‹ Und gleich die Erste sagt ›Ja‹, stellen Sie sich das mal vor.« Die Besitzerin der noblen Adresse in Bogenhausen gehört übrigens auch heute noch zu Hanna Raissles Kunden. Der zweite Anruf brachte den zweiten Kunden, die »Post« in Sauerlach. Und von da an machte sie die wöchentliche Dekoration des Lokals sowie zu besonderen Anlässen.

Das reichte ihr aber längst nicht, sie beschloss jetzt in die Offensive zu gehen. Sie beriet sich mit einem jungen Werbemenschen und schrieb die sternenbekränzten Restaurants Aubergine, Tantris und Le Gourmet an, und zwar dreimal hintereinander. Warum dreimal? »Der Werbemensch hatte mir gesagt, den ersten Brief schmeißt man weg, den zweiten auch, beim dritten merkt man auf.« Warum gerade die drei Restaurants? »Deren Rezepte habe ich am liebsten nachgekocht.« Im ersten Brief stellte sie ihr Angebot vor. Keine Resonanz. In der zweiten Runde schickte sie eine kleine Schachtel mit einem floralen Inhalt mit. Funkstille. Und als Drittes schickte sie eine große Tischdekoration an Otto Koch, den Starkoch vom Le Gourmet. Und hatte bald einen prominenten Kunden mehr.

Sie erinnert sich noch, wie sie mit bangem Herzen ihre erste bezahlte Dekoration für den Starkoch ablieferte: einen Riesenstrauß für die Theke (750 Euro) plus drei weitere Sträuße und etliche Tischdekorationen. Und sie weiß auch noch genau, dass sie für die dunklen Räume klassisch-edelherrschaftliche Sträuße machte, in Rot-Gelb. Sie kamen blendend an.

Von da an lieferte sie regelmäßig jede Woche: »Der Otto Koch hat mich richtig gefordert, ich habe in dieser Zeit unheimlich viel gelernt. Wir hatten eine gemeinsame Wellenlänge, das merkten wir schnell.« 1992 bekam sie den ersten Auftrag von ihm für eine große Zeltgestaltung, mit Lichterketten und Sternenhimmel. »Für den war klar, das kann ich. Aber mir war wochenlang richtig schlecht. Ich bin rumgerast, um Leute zu finden, die mir helfen, habe zeitweise mit 20 Leuten gearbeitet, Dekorateuren, Stoffmenschen, Grafikern, Lichtmenschen und so. Und es hat funktioniert. Obwohl ich doch keine Ahnung hatte, wie man so was berechnet, habe ich sogar Geld damit verdient!«

◆ ◆ ◆ ◆ ◆
HILFREICHE REGELN FÜR VERÄNDERUNGSPROZESSE

- *Ich übernehme die Verantwortung für mein Leben!*
- *Ich setze mir Zwischenziele!*
- *Ich darf mir Hilfe holen!*
- *Ich habe Geduld mit mir!*
- *Ich darf mir Handwerkszeug aneignen!*
- *Der Gang durch die Frustration gehört mit zum Prozess!*
- *Ich darf auch mal scheitern!*
- *Ich bin ein unvollkommener Mensch in einer unvollkommenen Welt!*

◆ ◆ ◆ ◆ ◆

Dieser Auftrag brachte ihr persönlich den Durchbruch, oder wie sie heute sagt: »Mir ist ein Stein von der Seele gefallen, ein dicker, schwarzer Brocken. Und seither weiß ich, ich kann es!« Im dritten Jahr hatte sie einige feste Kunden, einen Monatsumsatz von 2500 Euro, sie fand das ganz okay, wollte ja auch noch Zeit für ihre Familie. Dann passierte etwas Gravierendes: Das Le Gourmet schloss. Und damit fiel ihr größter Kunde weg. »Erst ein Schock, aber dann dachte ich, vielleicht ganz gut, dann kommt etwas Neues.«

Sie kam auf die Idee, ein Buch zu machen, mit einem guten Fotografen, in einem kleinen Verlag. »Ich wusste, das kann ich, das macht mir Spaß.« Im Oktober 1998 kam es heraus, der Titel: »Rosenrot und Veilchenblau«. Dann kam es Schlag auf Schlag: eine Artikelserie in *Savoir Vivre*; Auftritte in der »Drehscheibe« und bei »TV München«; Stylingaufträge für Food-Zeitschriften; Zusammenarbeit mit weiteren Spitzenköchen.

»Der Nächste, der mir gefallen hat, war Hans Haas vom Tantris. Der war gradlinig, ehrlich, schnörkellos. Wie seine Küche, aber phantastisch.« Sie überzeugte ihn, gemeinsam ein Buch zu machen, »Lust auf Genuss«. Es bekam auf der Frankfurter Buchmesse eine Goldmedaille von der »Gastronomischen Akademie«. Hanna Raissle veranstaltete Ausstellungen in Banken, »Tischlein deck dich«, für die sie 14 Tische mit Situationsbildern dekorierte, einschließlich Geschirr, Stoffen und Paravents.

Inzwischen hat sie auch eine ganze Reihe großer Firmenkunden – einen »Traum-Kundenkreis«, wie sie sagt –, für die sie Feste verschönt, darunter Swatch, Siemens, Softlab, die ARD, für die sie seit Jahren die Sport-Gala dekoriert. Sie hat für die »drei Tenöre« in der Olympiahalle 360 Tische für fast 4000 Gäste dekoriert. Ihr Umsatz hat sich in den letzten Jahren vervielfacht. Sie arbeitet mit ausgesuchten Eventagenturen zusammen sowie mit Cateringfirmen. Auf dem Münchner Olympiaturm hatte sie die Ausstellung »Tische auf hohem Niveau«, bei der sie 36 verschiedene Tisch- und Fensterdekorationen komponierte.

Das ist es sowieso, was sie an ihrem Beruf reizt: »Ich habe noch nie zweimal die gleiche Dekoration gemacht, in all den Jahren. Und das größte Lob ist, wenn mir meine Auftraggeber hinterher sagen: Wir haben es uns schon schön vorgestellt, aber so schön auch wieder nicht.«

Dieser Ehrgeiz, immer originell zu bleiben, die maßgeschneiderte Lösung zu bieten, Stimmung zu schaffen, mit verschiedenen Materialien zu zaubern, die Jahreszeiten zu berücksichtigen, hält sie davon ab, größer zu werden: »Ich möchte der kreative Kopf bleiben und bei den großen Sachen selbst dabei sein. Mein Erfolg kommt schließlich von meiner Kreativität. Ich glaube, so habe ich mehr Freiheit als mit einem großen Betrieb am Hals.« Und dann sagt die elegante, charmante Frau noch: »Man muss es wagen, sonst kommt nichts zustande. Auch wenn ich tausend Tode gestorben bin, möchte ich auf keine Minute meines Lebens verzichten. Und ich freue mich auf alles, was noch kommt.«

Gelassen in die Puschen kommen

Was mir an der Geschichte von Hanna Raissle am besten gefällt, ist neben dem ungeheuren Mut, den sie bewiesen hat, die Gelassenheit, die sie im Lauf der Jahre entwickelt hat. Ich denke, dieses Stück Gelassenheit gehört auch zur Reise. Sich auch über kleine Fortschritte zu freuen, bei Schwierigkeiten und Umwegen das Ziel nicht aus den Augen zu verlieren, aber auch nicht »pushy« zu sein, also zu viel Druck zu machen.

Vielleicht haben Sie auch schon mal Menschen beobachtet, die am Flughafen oder am Bahnhof wegen Verspätungen schier verrückt werden, die in Arztpraxen oder Behörden die Mitwartenden terrorisieren. Oder vielleicht haben Sie schon mal im Stau beobachtet, wie manche Autofahrer am liebsten ins Lenkrad beißen würden. Welch eine Verschwendung von Energie. Welche Überschätzung auch der eigenen Wichtigkeit.

Ich weiß wohl: Wenn man erfolgreich ist, gerät man leicht in Gefahr zu glauben, ohne einen geht es an einem anderen Ort nicht. Wer sich mit dem Thema Gelassenheit befasst, weiß einfach, dass dem meistens nicht so ist. Oder wie es der Autor Jonathon Lazear ausdrückt: »Nichts ist so eilig, wie wir glauben. Abgesehen davon, wir sind für eine Herztransplantation verantwortlich.«

Um keinen Irrtum aufkommen zu lassen: Gelassenheit hat nichts mit Lässigkeit oder gar Nachlässigkeit zu tun, aber sehr viel mit einem effektiven Energiemanagement. Wie heißt der schöne Satz: Herr, lass mich ändern, was ich ändern kann, und ertragen, was ich nicht ändern kann, und gib mir die Weisheit, das eine von dem anderen zu unterscheiden.

Bei aller Weisheit ist es nie zu spät, »in die Puschen zu kommen«. Vielleicht ist das eine Beruhigung für Menschen unter 40 und eine Ermutigung für Menschen über 40, dass die Reise nicht mit 40 aufhört, sondern sehr oft erst richtig beginnt! Dass dann oft erst die Voraussetzungen geschaffen sind, den eigenen Weg klar zu erkennen, die Etappen benennen und angehen zu können und die Erfüllung zu finden.

Dieses ist mir bei der Recherche zu diesem Buch endgültig klar geworden. Es ist nie zu spät, sich auf die Socken zu machen. Und wir müssen gar nicht so hetzen, um anzukommen. Die Hauptsache ist, dass wir uns auf den Weg machen. Aber damit kommen wir schon zum Schlusskapitel dieses Buches: Ankommen und feiern.

Siebte Etappe:
Ankommen und feiern

Willkommen in der Stadt Tun. Ich freue mich, dass Sie an unserer kleinen Stadtrundfahrt teilnehmen wollen. Bitte machen Sie es sich bequem. Wir starten: Wir fahren in südliche Richtung durch die Straße der großen Chancen. Links und rechts sehen Sie gelungene Beispiele großartigen Jobdesigns: maßgeschneiderte Karrieren, fein skizzierte Existenzgründungen, ausbalancierte Lebenswege, steile Haarnadelkurven, und hier das Haus der Entscheidungen, ein Meisterwerk erfahrener Lebensarchitekten.

Wir kommen ins Versicherungsviertel, Anziehungspunkt für alle, die genug von Risiko und Vabanquespielen haben und die ihrem Leben einen ruhigeren Verlauf geben wollen. Im gleichen Maß, wie dieses Viertel von dem einen Teil der Bevölkerung vor allem wegen der Ruhe geschätzt wird, so wird es von den anderen gemieden, die eine gewisse Langeweile, die dieses Viertel für sie ausstrahlt, beklagen.

Dieser andere Teil der Tun-Bevölkerung bevorzugt es, vor allem an lauen Sommerabenden, durch die laute und von bunten Lichtern erhellte Fun Street zu spazieren, die Sie dort drüben abzweigen sehen. Dort suchen sie das Abenteuer, das prickelnde Leben, die Herausforderungen. Dies ist nicht jedermanns Sache. Und manche halten dieses Viertel sogar für etwas gefährlich. Aber das ist das Schöne an unserer Stadt Tun, sie bietet Platz für alle.

Dort vorn rechts finden Sie das prachtvolle Portfolio-Palais, in dem die zahlreichen phantastischen Talente in dieser

Stadt registriert werden. Und dort drüben links, das kleine hübsche Rokokoschloss im romantischen Park der Träume, beherbergt die Wünsche und Sehnsüchte unserer Bewohner, von denen es ebenfalls reichlich in dieser Stadt gibt.

Wir fahren jetzt durch ein weniger attraktives Gebiet, die Straße der Neider. Sie wird zwar ständig restauriert, doch halten sich unschöne Schlaglöcher und tiefe Risse in der Straße. Noch haben die Bewohner dieser Stadt diesem Übel nicht Herr werden können, aber die meisten haben sich damit abgefunden und umkurven die gefährlichen Stellen schon ziemlich elegant. Erst vor kurzem wurde eine Namensänderung in Mitleidstraße aber abgelehnt, dann wollten die Bewohner doch lieber den Neid ertragen.

Wir fahren jetzt an der alten Stadtmauer entlang, die über so lange Jahre leider viele abgehalten hat, sich hier niederzulassen. Sie ist von draußen gespickt mit Verbotstafeln wie »Das tut man nicht!«, »Sei brav!«, »Das brauchst du nicht!«, »Sei still!, »Das kannst du nicht!«, »Was sollen denn die Nachbarn sagen!«. Glücklicherweise lassen sich immer weniger Reisende davon abhalten, diese Mauer zu überwinden und ihr Glück hier in unserer schönen Stadt zu versuchen. Dazu beigetragen hat sicher die Öffnung weiterer Einlässe, wie des Netzwerk-Tors, der Glücks-Passage, der Erfüllungs-Furt und der Selbstbewusstseins-Brücke.

Bitte beachten Sie, dass es innerhalb der Stadtgrenzen keinerlei Verbote gibt, sondern dass sich die Menschen in dieser Stadt freiwillig Spielregeln geben, um ein freundliches und rücksichtsvolles Zusammenleben zu gestalten. Sie werden bemerken, dass es in unserer Stadt viele Menschen gibt, die ihren Beruf mit großer Begeisterung und viel Engagement ausüben, doch für Workaholics ist in diesen Mauern kein Platz.

Wir haben übrigens gerade fast unbemerkt den großen

Platz der ewigen Zweifel überquert, auf den fast alle Bewohner einmal im Jahr kommen, um ihn so schnell wie möglich wieder zu verlassen. Das wollen auch wir tun und fahren jetzt ganz langsam durch das wunderschöne Tor der Hoffnung. Jedem, der hier durchfährt, wird, so sagt eine alte Geschichte, neue Hoffnung geschenkt, seine Ziele anzustreben und Hindernisse zu überwinden. Ein sehr beliebter Ort übrigens für Berufsanfänger und Menschen, die sich selbständig machen wollen, die hier Mut und Energie tanken.

Unsere kleine Stadtrundfahrt nähert sich dem Ende. Wir erreichen jetzt den Mittelpunkt der Stadt: den Platz der Lebensfreude. Von hier aus darf ich Sie bitten, auf eigene Faust die Stadt zu erkunden, hineinzuschnuppern in die Straßen und Gassen, sich mit den freundlichen Bewohnern zu mischen und in den kleinen Bars und Bodegas anzustoßen auf eine glorreiche Zukunft:

Erobern Sie sich die Stadt Tun, sie liegt Ihnen zu Füßen!

Literatur

Alles Kunst? Wie arbeiten die Menschen im neuen Jahrtausend? Liebeskind, Reemtsma u. a., Rowohlt Verlag, Hamburg 2001

Das Revolutionäre Unternehmen, Gary Hamel, Econ Verlag, München 2001

Die 7 e-trends; Uwe Sander und Gerhard Thomssen, EconVerlag, München 2001

Die Angst der Manager, Joachim Freimuth (Hrsg.), Verlag für angewandte Psychologie, Göttingen 1999

Eigenlob stimmt. Die Kunst der Selbst-PR, Sabine Asgodom, Econ Verlag, München, 4. Auflage 2001

Ein Strand für meine Träume, Sergio Bambaren, Piper Verlag, München 2001

Ethik in Organisationen, Gerhard Blickle (Hrsg.), Verlag für angewandte Psychologie, Göttingen 1998

Faulheit ist das halbe Leben, Dr. Inge Hofmann, Mosaik Verlag, München 2000

Frauen erben anders, Marita Haibach, Ulrike Helmer Verlag, Königstein 2001

Meine vielen Gesichter, Virginia Satir, Kösel Verlag, München 1988

Planen, gründen, wachsen. Mit dem professionellen Businessplan zum Erfolg, McKinsey & Company, Zürich 1997

The Business Plan for Your Body, Jim Karas, Three Rivers Print, New York 2001

The Man Who Mistook His Job for a Life, Jonathon Lazear, Crown Publishers, New York 2001

Von den Besten profitieren, Erfolgswissen von 12 bekannten Managementtrainern, Hermann Scherer (Hrsg.), Gabal Verlag, Offenbach 2001

Asgodom live

Möchten Sie mehr von Sabine Asgodom und ihrem Unternehmen Asgodom live wissen:

Deutschlands Selbstvermarktungsexpertin Nummer Eins führt Seminare zu folgenden Themen durch:

Eigenlob stimmt – Erfolg durch Selbst-PR
Weck die Kraft, die in dir steckt – Potenzialentwicklung
Überzeugende Presse- und Öffentlichkeitsarbeit
So nutzen Sie Ihre sieben Sinne zum Erfolg
Standing ovations – Überzeugend auftreten
Von der Präsentation zur Performance
Die sieben Schlüssel zur Gelassenheit
Work-Life-Balance

Sabine Asgodom bietet daneben persönliche Coachings:

Sie stehen im Mittelpunkt: Durch gezielte Fragen potenzieren wir Ihre Fähigkeiten, richten die Perspektive von Schwächen auf Stärken. Sie bekommen Methoden und Strategien in die Hand, um Träume in erreichbare Ziele zu verwandeln. Wir finden gemeinsam die besten aller Lösungen – Ihre eigenen. Wir bieten zweistündige Kick-off-Coachings und Intensiv-Tagestermine, entweder einmalige Starthilfe oder Begleitung über mehrere Monate.

Mögliche Coaching-Themen:

Potenzialentwicklung
Bewerbungsberatung
Selbst-PR

Beziehungsmanagement
Work-Life-Balance
Redetraining
Konfliktmanagement
Medienauftritte
Existenzgründung
Train-the-Trainer

Mehr Informationen bei:

ASGODOM LIVE
Bülowstraße 5
81679 München
Tel. 0 89/9 82 47 49-0
Fax 0 89/9 82 47 49-8

Oder besuchen Sie uns auf unserer Homepage im Internet:

www.asgodom.de